슬픈 경계선

반드시 그어지는
사람이 존재하는 한

憂鬱的邊界

Copyright © 2013 by Huang Yi Ying
Korean Translation Copyright © 2020 by Chungrim Publishing Co., Ltd.
This translation is published by arrangement with WALKERS CULTURAL ENTERPRISE LTD.
through SilkRoad Agency, Seoul , Korea.
All rights reserved.

이 책의 한국어판 저작권은 실크로드 에이전시를 통해 WALKERS CULTURAL ENTERPRISE LTD.와 독점 계약한 청림출판㈜에 있습니다. 저작권법에 의해 한국 내에서 보호를 받는 저작물이므로 무단 전재와 복제를 금합니다.

슬픈 경계선

반드시 그어지는

사람이 존재하는 한

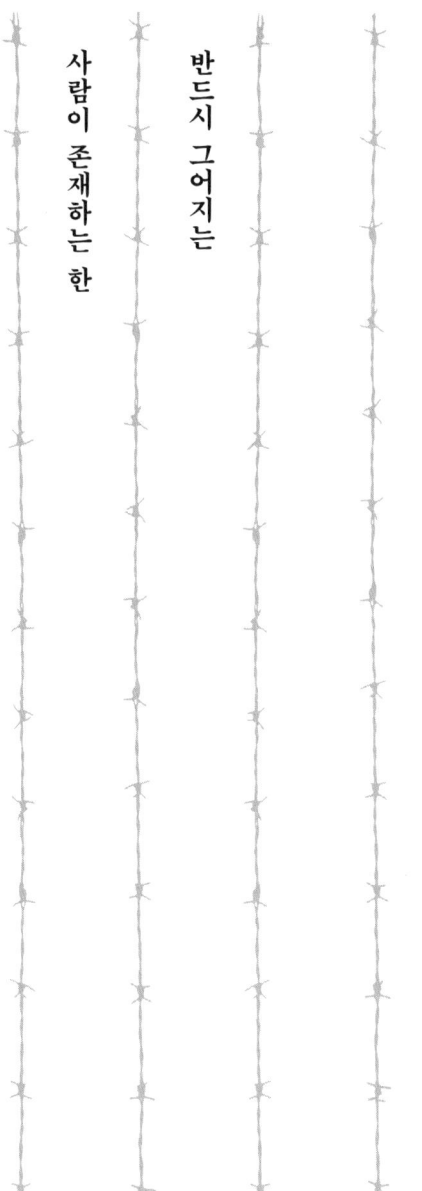

아포阿瀌 지음 · 김새봄 옮김

추수밭

한 그루의 나무가 모여 푸른 숲을 이루듯이
청림의 책들은 삶을 풍요롭게 합니다.

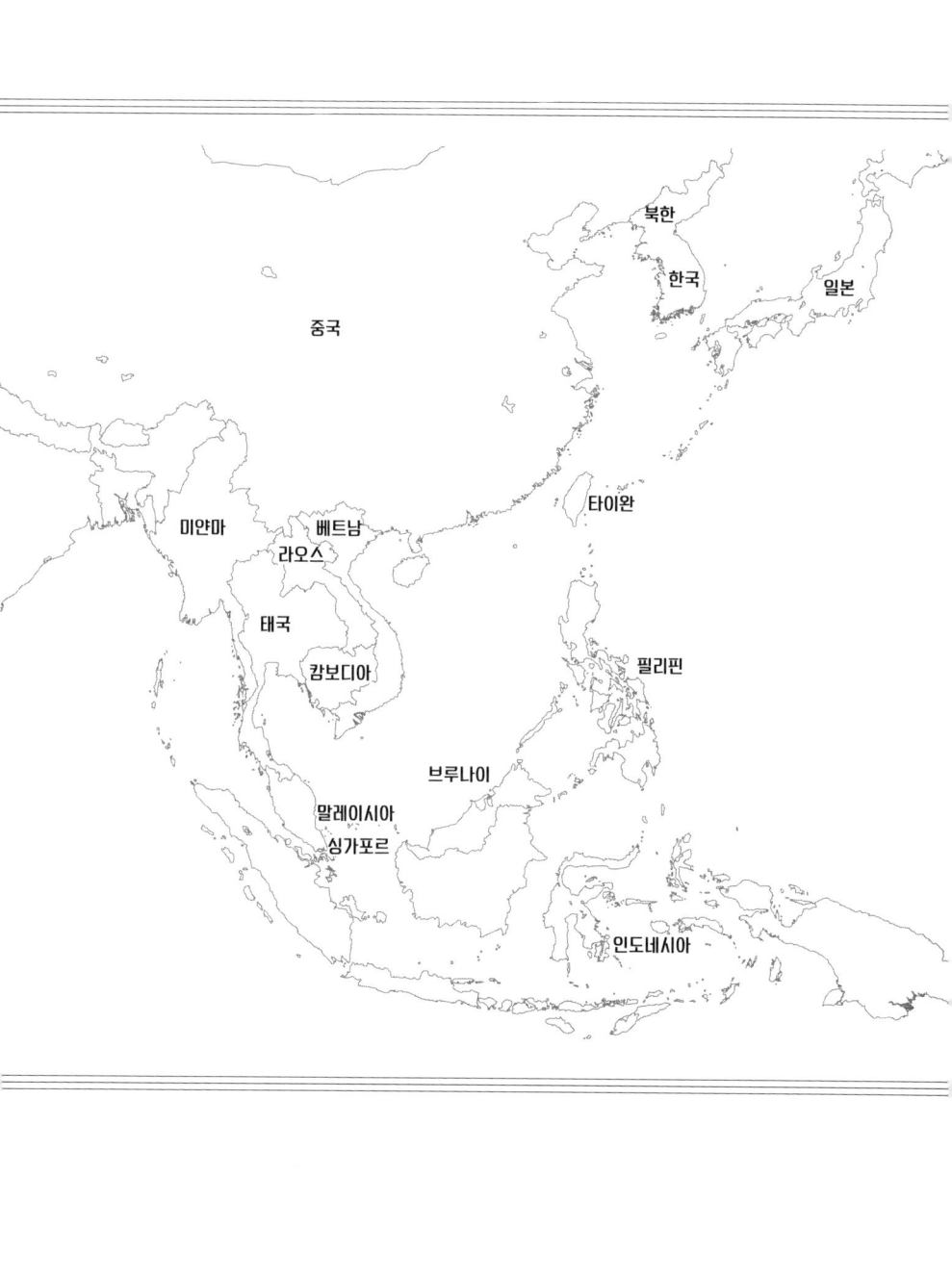

한국어판 서문

한국의 독자들께
손을 내밀며

요 몇 년 사이 한국을 자주 방문하게 되었습니다. '아시아 독재의 역사와 전환기 정의transitional justice의 관계', 즉 과거사 청산을 연구하기 위해서였지요. 한국은 주변 아시아 국가들 중에서도 사회운동에 남다른 열정을 보여왔고, 역사를 비판적으로 바라보며 반성하고 또 성찰해왔습니다. 저는 많은 창작자들이 사회 이슈들을 소재로 삼아 활발하게 소설을 쓰고 영화를 만드는 한국이 부러웠습니다. 이러한 감정은 한국을 보다 잘 이해하고 싶다는 동기로 이어져 반 년 간 한국어를 공부했고, 이런 한국어 문장을 배우기도 했습니다.

"역사를 잊은 민족에게 미래는 없다."

한국으로 처음 여행을 떠났던 2001년 당시를 되돌아봅니다. 한국에 대해 아는 것은 없고 호기심만 가득했었지요. 그러다가 〈명성황후〉를 비롯한 드라마들과 여러 책들을 접하면서 한반도가 줄곧 외부의 위협을 받아왔고 또 강대국들에 의해 통제를 당했으며, 그렇기에 한국인들에게는 스스로의 주인이 되고자 하는 강한 열망이 있다는 사실을 알게 됐습니다.

제가 살고 있는 타이완도 마찬가지입니다. 한국을 잘 아는 타이완인, 타이완을 잘 아는 한국인은 이렇게 말할지도 모르겠습니다. 둘은 식민, 전쟁, 독재, 경제발전, 민주화운동, 과거사 청산 등의 경험에 있어서 거울처럼 서로를 비추는 쌍둥이 형제나 다름없다고. 실제로 둘 모두 대국 사이에 끼어 있고 항상 외부의 위협에 직면해왔기에 '생존'을 최우선시할 수밖에 없었지요.

그러나 또 한편으론 타이완과 한국은 여전히 다릅니다. 오늘날 타이완에서 살아가는 사람들 대부분은 외부에서 유입된 종족으로, 따라서 타이완인은 이른바 '단일 민족'이라는 역사적 서사를 공유하지 않습니다. 일찌감치 하나의 범위로 아울러진 한반도와는 다르게 타이완 섬에서는 역사상 통일 왕조도 없었지요. 근대사에서 타이완은 사실상 거의 통치를 받아왔고, 현대사에 이르러서도 여전히 국제사회로부터 하나의 '국가'로 인정받지 못하고 있습니다.

그러다 보니 타이완인은 항상 '나는 누구인가', '나는 어디에서 왔는가'와 같은 물음을 안고 있지만, 그 물음에 어찌 답해야 할지 주저하고 있습니다. 물론 최근 몇 년 사이 타이완 내에서 민주주의가 발전하고 주체의식이 고양되면서 타이완인들은 자연스럽게 확고한 '타이완 정체성'을 갖춰 나갔습니다. 하지만 우리는 여전히 외부인들에게 스스로를 소개할 때 '타이완은 중국과 다르며, 왜 그리고 무엇이 다른지'를 설명해야만 합니다.

타이완 사람인 제가 이 책《슬픈 경계선》을 쓰기 위해 펜을 집어든 계기 역시 바로 여느 타이완인들이 스스로에게 묻는 바로 그 질문들에서 비롯되었습니다. 오늘날 우리에게 '국가란 무엇인가?' 그리고 '나는 누구인가?'

저는 십여 년 동안 동아시아와 동남아시아를 여행해왔으며, 거쳐간 국가들의 역사와 그곳에서 살아가는 사람들이 겪은 일을 가까이에서 듣고자 했습니다. 아시아 국가들 가운데 대부분은 식민 경험을 겪었고, 2차 세계대전 이후에야 '국가'로 독립했습니다. 다시 말해 아시아인들에게 국가란 본래 존재하는 것이 아니라 세계대전 이후 생겨난 것이었습니다. 따라서 '나는 누구인가'는 타이완 사람뿐만 아니라 오늘날 대부분의 아시아인들이 마주하게 되는 질문이기도 합니다. 그런 의미에서 타이완과 한국뿐만이 아니라 아시아 사람 모두가 서로를 비추는 형제일지도 모르겠습니다. 우리 모두는 스스로의 주인이 되고 싶어 하니까요.

"역사를 잊은 민족에게 미래는 없다."

지금 한국인들이 자주 꺼내보는 이 문구가 바로 이 책이 여러분께 들려주고 싶었던 말입니다. 어제의 경험이 오늘을 만들었듯이, 어제를 바탕으로 삼아 오늘 이웃들을 힘껏 끌어안음으로써 함께 내일로 나아가기를 바랍니다.

  최근 몇 년 사이 많은 한국 친구들을 사귀었고, 한국 영화와 책도 많이 접했습니다. 이번에는 제 글이 존경하는 한국 독자들에게 선보인다니 기쁠 따름입니다. 이 책이 한국에서 많은 사랑을 받길 바랍니다.

2020년 5월
아포

들어가는 글

나는 왜
경계를 걷는가?

'슬픈 경계선: 한 풋내기 인류학자의 여행과 사유'라는 제목으로 책을 낸 시기를 돌아보니 2013년 1월이다. 이후 그간의 여정을 바탕으로 책을 쓰기로 했던 날로부터 다시 몇 년의 시간이 지났다.

아직 펜을 들기 전이었을 것이다. 출판사 팔기문화八旗文化의 편집장인 푸차富察가 목표를 하나 던져줬다. "5년 이내, 그 누구도 넘어서질 못할 정도로 제대로 써보는 겁니다!" 이 말은 출판사 측에서 저자에게 거는 기대였지만 동시에 저자로서 스스로에게 지우는 다짐도 되었다.

나는 "최대한 노력해야죠"라고 대답하기는 했지만 확신하지는 못했다. 출판 시장을 둘러보니 인류학 분야의 대중서 자체가 너무 부족하기도 했고 '동남아시아'에 대해 이야기하는 책들 또한 지독한 불황을 겪고 있었다. 사실 내 일 자체가 변두리에서 길을 찾는 것이다 보니 애초에 다른 사람은 가지 않는 길이었고, 경쟁조차 있을 리 없었다.

다만 책을 낸다는 것은 흥행을 위한 경쟁이 아니라 일종의 약속이다. 학생으로 돌아가 공부하던 시절, 국제자원봉사자 양성반을 맡았던 궈후이얼郭惠二 교수는 내게 몇 번이고 당부했다. "나중에 초등학생도 읽고 이해할 수 있는 인류학 서적을 꼭 한 권 쓰시게." 그는 수년간 아프리카에서 헌신했으며 타이완을 벗어나 서구권에서 유학한 적도 있기에 인류학의 중요성을 잘 알고 있었다.

그렇게 다른 곳을 경험하고 타이완으로 돌아온 궈후이얼 교수는 한탄했다. 인류학이란 결국 다른 문화를 이해하려는 노력이다. 그래서 서구 교육과정에서는 기초과목으로 다뤄지는데, 타이완은 여전히 관련 교육도 부족하고 따라서 시야도 좁았다. "인류학 지식과 태도는 외교뿐만이 아니라 비즈니스, 정치, 경제 등 사회 전반에서 필요한데 말이야." 이어서 그는 고개를 내저었다. "그러니 이 지경이지."

그가 출판에 관한 얘기를 꺼낼 때마다 나는 반문했다. "교수님, 제가 어떻게 책을 써요." 말은 그렇게 했지만 그가 가진 고민과 아쉬움은 분명 내 생각과 통하는 데가 있었다. 왜 전문가들이란 사람들은 자기 분야 말고는 하나같이 기본적인 인류학적 소양이 부족한 걸까? 나는 누구나 쉽게 읽을 수 있는 글 속에 슬그머니 인류학적 사유들을 넣어볼 수 있지 않을까 하는 바람을 품었다.

그래서 일단 블로그에서부터 직접 시도해봤다. 나는 영국의 인류학자 '말리노프스키Malinowski'를 닉네임으로 삼아 인류학 관련 시험을 준

비하거나 또는 급하게 보고서를 써야 하는 학생들을 대상으로 한 글들을 블로그에다가 꾸준하게 올렸다. 그렇게 온라인 플랫폼에서의 활동을 통해 이 책의 근간이 되는 사유를 조금씩 확장해나갔다.

다만 그렇게 모인 글들을 그저 긁어모아 한 권의 책으로 엮으려고 하지는 않았다. 뚜렷한 주제를 바탕으로 삼되 개인적인 생각에 그치는 수준이 아니라 학술이론을 중심으로 글을 재구성하고자 했다. 당시 나는 인류학이라는 학문을 탐구한 지 고작 삼 년밖에 되지 않고, 학과 성적도 지극히 평범한 수준이었다. 따라서 저자 소개를 한답시고 '인류학자'라는 타이틀을 내걸기에는 무모하고 건방져 보였다.

하지만 그렇게라도 하지 않으면 책을 쓸 수 없을 것 같았다. 사람들이 나를 어떻게 보고, 내 글을 어떻게 평가하든지 간에 '인류학'이라는 세 글자는 꼭 들어가야 한다고 생각했다. 나는 인류학에 대해 전혀 몰랐거나 또는 관심만 있는 학생들이 나를 따라오며 풍경의 일부나마 어렵지 않게 감상할 수 있기를 바랐다. 너무나 다행스럽게도 책이 출간된 다음 인류학계에서 긍정적인 평가와 격려를 보내주셨다.

●

내게는 한 가지 목표가 있었다. 바로 타이완 주변 국가들을 책 속으로 끌어와 이곳 섬나라 한복판에 놓은 다음, 나란히 저울에 올려 직접 비교하며 비슷한 점과 다른 점을 느껴볼 수 있길 바랐다.

의도와는 다르게 《슬픈 경계선》 초판은 '동남아시아'를 이해하기 위한 책으로 받아들여졌지만, 사실 나로 하여금 펜을 드는 계기가 된 공간은 오키나와였다. 2010년, 오키나와에 도착하고 나서야 나는 오키나와 열도가 타이완으로부터 지리적으로도 가깝고, 역사적으로도 관계가 깊다는 사실을 알게 되었다.

그동안 타이완 사람들은 그 북쪽 섬을 그저 컨딩墾丁(타이완 남부의 핑둥 현에 있는 열대식물 공원) 정도로 생각해왔다. 우리에게 오키나와란 관광지에 지나지 않았던 것이다. 타이완으로부터 '북쪽'에 위치하고 있다는 것도 알지 못했고, 그곳이 겪고 있는 크나큰 고통은 대수롭지 않게 넘겨왔다. 그러나 주의 깊게 들여다본 오키나와는 밝게 빛나는 휴양지라기보다는 슬픔이 자욱한 공간이었다.

강연을 할 때마다 나는 청중들에게 오키나와에 대한 생각을 물은 다음 이렇게 말했다. "만약에 2차 세계대전 당시 오키나와 전투가 벌어지지 않았다면 연합군이 접수 및 관할한 곳은 타이완이 되었을지도 모릅니다. 또 만약에 미군 기지가 타이완에 있었다면, 그 이후의 한국전쟁과 베트남전쟁, 이라크전쟁에서 군용기가 이륙한 거점은 타이완이 되었을 거예요."

한국전쟁과 베트남전쟁은 일정 부분 타이완에게 득을 가져다줬다. 그로 인해 타이완은 미군으로부터 방어와 원조라는 수혜를 받았다(물론 동시에 백색테러도 심화시켰다). 그럼에도 불구하고 우리는 우리 주변에서 벌어진 전쟁들과 우리 주변 이웃들을 우리완 전혀 상관없다는 듯 대했고, 무심한 눈빛으로 타자를 바라봐왔다.

다시 말하고 싶다. 이 책을 집필한 목적은 '동남아시아'에 대한 이해를 돕는 데 있지 않다. 나는 휴가를 준비하는 독자들에게 동남아시아 여행을 부추기거나, 또는 무지를 시험하라고 권하거나, 혹은 관광 명소들을 소개하려고 이 글을 쓰지 않았다. 이를테면 캄보디아 챕터에서 다룬 여행 방식처럼 '똑같은 엽서를 여러 장 찍어내듯이 세상의 유산들을 남들과 비슷한 각도에서 사진으로 찍고, 천편일률적인 언어로 그것들을 묘사해 인터넷에 올리는 것'을 원치 않는다.

나는 독자들이 남들과 똑같은 서술 방식이나 고정관념으로 쏠리지 않는 태도를 터득하기를 바란다. 자신이 자라온 곳을 포함해 사회와 문화를 이해하는 자신만의 시각을 찾기를, 동서남북 어느 곳을 향하든지 맹목적으로 따라가지는 않기를 진심으로 바란다.

●

이러한 나의 바람과는 상관없이 독자들께서 이 책이 자신들을 어떻게 동남아시아 혹은 자신만의 땅으로 안내했는지, 그곳으로 갈 수 있는 계기가 되어줬는지 알려줄 때면 나는 마음속으로 눈물을 흘렸다. 내 글에 대한 호응에 감사할 따름이다. 다만 내 책이 그들을 움직이게 만든 직접적인 계기는 아니라고 생각한다. 그들은 '바뀌고자 하는' 사회적 흐름에 응했을 뿐이다.

2010년 펜을 들었던 당시의 '황량함'에 비하면 개정판을 내고 부제를 다시 정하려 할 즈음인 2017년 무렵 타이완 사회 내 아시아를 바라보는 온도는 확연히 달라져 있었다. 신문 1면에 '남향南向'이 표제로 등장했고, 심지어 그것이 정책으로 만들어지기도 했다. 신주민新住民(1990년대 이후 결혼 이주 혹은 다른 이유로 타이완 국적을 취득한 자)이 입법위원이 되고, 그 2세가 타이완 10대 우수 청년으로 뽑히기도 했다. 극소수를 제외하고 동남아시아에 눈길조차 주지 않았던 출판계에서도 관련 서적을 잇달아 번역 및 출간했다. 온라인에서도 관련 글이나 논평이 대거 쏟아져 나왔다. 수많은 타이완 청년들이 아시아 전역으로 깊숙이 들어가 그곳 언어를 공부하고, 사회운동에 적극적으로 참여하며, 현지 문화 속으로 융화되어갔다.

약속했던 5년이 되기도 전에 인류학, 민족학 분야는 물론이고 동남아시아 관련 분야까지 갖가지 성과들이 쏟아져 나왔다. 수많은 젊고 유능한 작가들과 저널리스트들이 남아시아뿐만 아니라 중국, 한국, 오키나와 등 아시아 전역으로 뛰어들어 이야기들을 한보따리씩 들고 왔다. 운이 좋게 한 발 앞섰기에 망정이지 조금만 늦었어도 이러한 성과들 사이에 묻혔을지도 모르겠다는 생각도 든다.

그리고 다행이라는 생각은 다음과 같은 의문으로 이어졌다. 굳이 지금《슬픈 경계선》의 개정판을 낼 필요가 있을까? 사회적 요구에 여전히 호응할 수 있을까? 이 책이 어떤 문제에 다시 답할 수 있을까? 그저 내가 할 수 있는 말은 초판에서 잘못되거나 부족한 부분을 메우는 것은 내 몫이겠지만, 이제 그 나머지는 독자와 도서 시장이 답해야 하는 영역이 되었다는 것이다.

●

이번 책에서는 이전에 썼던 글의 문장을 다듬거나 문단을 다시 정리하곤 했다. 아마 가장 많은 수정이 가해진 부분은 오키나와 챕터일 것이다. 그러나 기존의 글에서 새로이 글을 보태거나 처음부터 다시 쓴 부분은 없다. 물론 책으로 가공된 글을 다시 볼 때마다 매번 부족함을 느끼지만, 그것은 전부 내가 그만큼 많이 읽지 못하고, 멀리 가지 못하고, 깊게 생각하지 못하고, 더 철저하게 묻지 못했기 때문이다. 부족함을 보완하기 위해선 이미 퇴고한 글을 보탤 것이 아니라 더 많이 읽고, 더 많은 이야기를 듣고, 더 많은 현지로 가고, 더 많이 토론하는 수밖에 없을 것이다.

《슬픈 경계선》 초판 출간 이후 지금까지 약 1,500일에 가까운 시간 동안 나는 계속해서 여행하고 토론했으며, 글을 쓰고 읽어갔다. 특히 오키나와 한국 부분에서 그랬다. 나는 더 많은 이야기를 축적해 사유에 보탰고, 더 많이 여행함으로써 스스로의 경험과 대화하고 토론하며 논쟁했다. 그 과정에서 내 글이 인터넷에도 드문드문하게나마 소개되어 더 많은 독자들이 오키나와, 일본, 한국 관련 글들을 통해 나를 알게 됐다. 그래서 내게 있어 이 책은 여행의 끝이 아니라 시작이다.

이 책을 읽는 독자들 또한 낯선 곳이나 낯선 사람과 마주했을 때 그저 하나의 사연이나 역사를 보는 데 그치지 않고 타인을 이해하는 방식과 태도에 대해 고민하고, 누군가를 자신의 입맛에 맞게 재단하기보다는 직접 다가가 직접 보고 또 귀 기울이려고 노력하기를 기대한다.

나아가 문제를 제기하고, 그러한 자신의 문제의식을 다시 들여다보며 결국에는 저마다의 답까지 찾을 수 있길 바란다. 나는 아직도 길 위에 있다. 나의 독자들 역시 그랬으면 한다.

마지막으로, 내 책을 꼼꼼히 읽고 피드백을 해준 독자들께 진심으로 고마움을 전한다. 저술은 정말이지 쉽지 않은 일이다. 하지만 내 책을 읽은 다음 느낀 바를 진지하게 글로 써보거나, 또는 떠오른 생각을 행동으로 실천한 이들이 있었다. 나 또한 그들을 통해 더 넓은 시야와 새로운 풍경을 받았다. 그것이야말로 단순한 책 한 권 이상의 가치이자, 저술의 의미일 것이다.

타이중台中에서 아포

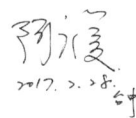

차례

한국어판 서문 / 한국의 독자들께 손을 내밀며 006

들어가는 글 / 나는 왜 경계를 걷는가? 010

| 1부 |
모호한 경계선

베트남 · 당신과 나 사이, 오해받는 경계 022

캄보디아 · 빛 바랜 유적 위에 파여진 선명한 핏빛 경계 040

라오스 · 어느 곳에나 흐르지만 어디에도 속하지 않는 메콩강 066

인도네시아 · 경계에서 희미해진 타인과 나 사이의 간격 088

태국과 미얀마 사이 · 경계에서 정체성을 상실한 이방인 114

싱가포르 · 말레이시아와 바다 사이에 놓인 경계인의 섬 130

| 2부 |
시간과 기억의 경계선

오키나와 · 류큐와 일본 사이, 미국과 일본 사이 그들은 누구인가?   150

대한민국 · 당신들이 그어 내게 남겨진 고요한 분열의 기억   174

중국 조선족 자치구 · 한국과 중국 사이, 저는 조선족입니다   194

'전쟁'이 아닌 베트남 · 낭만으로 소비되는 타인의 전쟁   214

보르네오 · 마음속에 경계를 간직한 우림 속 옛 전사들   234

| 3부 |
경계에 서 있는 정체성

홍콩 · 중국인이나 영국인이 아닌 홍콩인으로 산다는 것   260

마카오 · 세 권의 여권, 그리고 어디에도 없는 고향   278

말레이시아 · 저는 말레이시아 사람이니 화교라고 부르지 마세요   294

미얀마 · 어느 곳이 나의 국가인가? 무엇이 나의 역사인가?   316

베트남 · 그래서 타이완 사람들의 가격은 얼마나 되나요?   340

나가는 글 / 당신과 나는 우리가 될 수 있을까?   356

1부 모호한 경계선

베트남

당신과 나 사이,
오해받는 경계

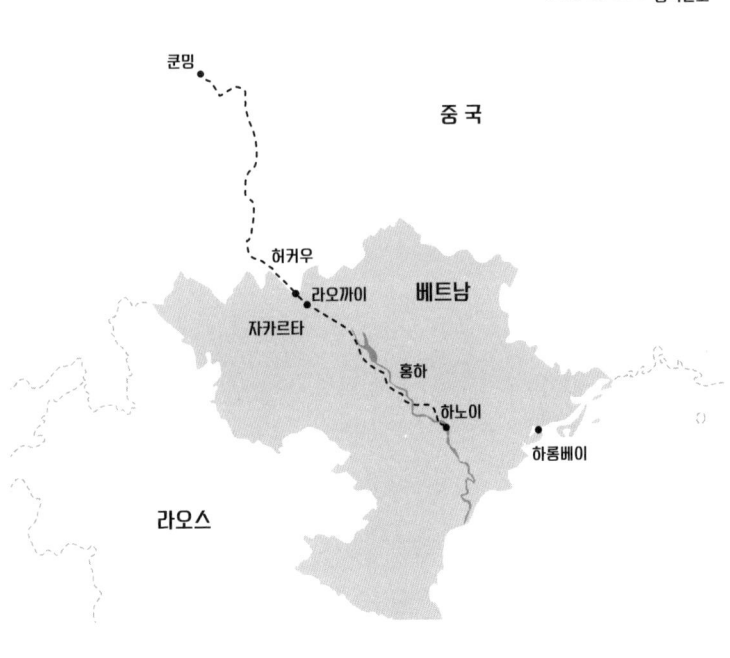

베트남 북부 라오까이에서 하노이로 돌아가는 야간열차 안이다. 우리는 잘 준비를 하던 참이었다. 갑자기 들려온 노크 소리가 잠을 깨웠다. 빳빳한 제복을 차려입은 경찰이 문을 열고 들어오더니 승차권과 여권을 꺼내라고 소리를 꽥 질렀다. 곧장 찾아서 보여주자 애매한 미소를 띤 채 우리의 검푸른 여권 두 권을 들춰봤다. 그러더니 표지에 쓰인 '타이완Republic of China'에서 그나마 아는 글자를 찾았는지, "차이나, 차이나…"라며 중얼거렸다. 공권력을 가진 이 사내 뒤에는 하얀 제복 차림의 차장이 이 모든 게 자신과는 무관한 일이라는 듯 먼 산만 바라보며 멀뚱히 서 있었다.

객실이 흔들리며 덜커덩거리는 소리가 어둠을 깼고, 어느새 우리는 열차 안 가장 비좁은 칸으로 떠밀어져 있었다. 슬슬 울화통이 터졌다. 그렇지 않아도 잘 통하지 않던 공기가 긴장된 분위기 속에서 한층 더 탁해지면서 숨이 막혀왔다. 경찰은 베트남어로 빼곡한 서류 하나를 눈앞에 들이밀더니 상단에 서명을 하라는 손짓을 했다. 우리는 어째서 그 정체 모를 서류에 서명을 해야 하는지 이해가 가지 않았고, 내용을 설명하거나 통역해주는 이도 없었다. 그래서 끝까지 그 서류를 되돌려주며 세차게 고개를 내저었다. 그러자 경찰이 웃음기를 싹 거두고 빤히 쳐다봤다. "중국이 아닙니다. 타이완에서 왔다고요 Not China, we are from Taiwan." 열렬하게 해명해봤지만 도통 알아듣는 것 같지 않았고, 그렇게 옥신각신하다가 바벨탑에라도 갇힌 듯 불통 상태에 빠졌다.

"아마도 우리를 중국에서 온 밀입국자로 본 것 같아." 나는 동료에게 나직하게 속삭였다.

●

2002년 여름이었다. 인류학 연구소에 들어간 첫해 여름방학, 나는 베트남 남쪽에서부터 북쪽 맨 끝에 있는 도시 라오까이까지 여행하고 있었다. 라오까이는 얼핏 보기엔 베트남의 다른 도시들과 크게 다르지 않았다. 행상인들은 물건이 담긴 크고 작은 보따리를 머리에 이고 장터로 몰려들었고 인력거, 오토바이, 택시 등이 길가에 대기한 채 손님을 잡기 위해 앞 다퉜다. 유일하게 다른 도시들과 구별되는 풍경이 있다면 중국과 베트남 간 국경을 넘나드는 소수민족과 중국 상인들이 뒤섞여 있다는 것이었다.

라오까이에서 홍하紅河(중국 윈난성에서 발원해 베트남 북부를 거쳐 남중국해로 흐르는 강. 송코이강으로도 불린다)만 건너면 바로 중국 땅에 발을 디딜 수 있다. 홍하 남쪽 연안에 자리한 라오까이는 중국 윈난성 허커우河口와 인접해 있어 중국과 베트남 양국 사이에서 교통 요지로 꼽힌다. 이곳은 1979년 중월전쟁 당시 중국군(중공군)으로부터 점령당한 적이 있는데, 전쟁이 끝난 다음 중국군이 물러가고 계속해서 팽팽한 대치 국면 속에 있다가 1993년에 이르러 비로소 양국 관계가 정상화되면서 국경을 재개방한다. 그러면서 황량했던 분위기에서 벗어나 예전과 같은 활기를 되찾게 되었다.

사실상 아주 오랜 기간 동안 중국과 베트남 사이에는 명확한 국경선이 존재하지 않았다. 제국주의 세력이 베트남 남부를 침략하면서 문화 역사적인 경계뿐만 아니라 국경까지 전부 모호하게 만들어버렸기 때문이다. 이후 중화인민공화국이 수립되고 베트남이 독립하는 등 양국이 각각 주권을 갖게 되면서 비로소 진정한 의미에서의 국경 획정 작업이 시작되었다.

그러나 양국이 국경을 놓고 전쟁과 같은 극단적인 갈등으로까지 치달으면서, 장장 1,350킬로미터에 달하는 국경선은 언젠가 아물기만을 기다려야 하는 상처로 남았다. 이 상처는 2000년대 들어와 〈중월 육상국경 획정 조약〉을 체결하면서 봉합된다. 양국은 갈등이 존재하던 227제곱킬로미터에 해당하는 지대를 케이크를 조각내듯이 반으로 나눴다. 113제곱킬로미터의 면적은 베트남, 114제곱킬로미터의 땅은 중국으로 귀속됨에 따라 일단 표면적으로는 공평함을 이룬 것이다.

국경은 경계비를 사이에 두고 획정되었다. 하지만 우리네 서민들은 그러한 경계 따위는 아랑곳하지 않는다는 듯이 예전과 똑같이 그 사이를 오갔다. 위에서 행하는 정치가 어찌 되든 그들은 자신의 삶을 살아내고 있었다. 국경 지대에 거주하는 중국 윈난의 다이족傣族, 이족彝族 등은 경계비를 넘어 베트남으로부터 농작물을 들여왔고, 둥그런 전통 모자인 논라를 쓴 베트남 여성들은 중국 의류와 일용품을 자전거에 가득 싣고 베트남으로 돌아갔다. 중국에서 들여온 각종 물건들은 베트남의 최북단인 이곳 기차역에서 동남아시아 각국으로 퍼져나간다. 시골

벅적한 역 주변, 상인들이 들거나 메고 있는 상자에는 중국어가 함께 표기되어 있어 새삼 이곳이 중국과 매우 가깝다는 사실을 일깨워준다.

상황이 이러하니 중국인들의 베트남 밀입국 소식이 심심치 않게 들려오는 것도 어찌 보면 당연한 일이었다. 열차를 타고 라오까이에서 출발해 하노이로 향하는 노선은 바로 이러한 중국-베트남 간 국경을 넘는 핵심 구간이기 때문에 열차에 탑승한 중국인들은 특별 검문 대상이 되곤 한다.

하지만 우리 일행은 타이완 여권이며 비자, 승차권까지 어느 하나 빠뜨리지 않고 전부 가지고 있었고, 누가 봐도 그저 평범한 관광객이었다. 그런데도 경찰이 왜 멋대로 우릴 중국인으로 판단하고, 무엇인지 알지도 못할 서류에 서명하도록 강요하는지 도무지 이해할 수 없었다. 그 먼 산만 바라보던 차장의 비좁은 방 안에 이렇게 옹기종기 모여 있어야 하는 상황 또한 납득이 가지 않았다.

말도 통하지 않아 침묵으로 대치 중인 밀폐된 공간에서 어느새 내 머릿속에는 추리물 한 편이 만들어지고 있었다. '이 열차 속, 상황을 이렇게 만든 주범은 과연 누구일까?'

●

나는 베트남인들이 중국인을 좋아하지는 않더라도 최소한 혐오하는 수준은 아니라고 믿어왔다. 항상 '오천 년 문명을 가진 우리'로 시작하는 역사 교과서는 우리에게 베트남이 본래 '우리 나라'의 속국이었다고 알려줬다. 베트남은 중국 역대 왕조를 신하의 예의로 받들고, 중화로부터 교화를 받았다는 것이다. 하지만 이렇게 베트남에서 마주한 실상은 책에서 배운 것과는 전혀 달랐다. 오랜 기간 베트남에게 중국은 줄곧 가장 두렵고 극도로 증오하는 이웃이었다. 그리고 중국을 위협적인 존재로 느끼는 정서는 오늘날까지 이어지고 있었다. 중국인들은 베트남인들에게 중국이 어두운 그림자와 같은 존재라는 생각을 해본 적이 있을까?

몇 년 후 나는 타이베이에서 베트남 화교인 라오뤄老羅를 만났는데, 그는 기다렸다는 듯이 이야기를 풀어놓았다. 나는 '베트남인'이었던 그가 '아버지의 나라'를 어떻게 바라보는지 궁금했다. 그는 최근 몇 년 전의 신문기사를 예로 들며 베트남인들의 정서를 설명해줬다.

"중국 자본이 대량으로 동남아시아에 진출하고 베트남을 포함한 여러 국가의 인프라 건설을 중국이 맡고 있지. 하지만 베트남 정부는 여전히 중국을 경계해. 최근에 일본 쪽에 맡기기로 한 고속철도 건설 관련 안건이 있었는데, 원가가 너무 높아서 정부 재정으로는 도저히 감당할 수가 없었지. 그래서 베트남 국회에서 부결됐어. 그 일을 중국에 맡기면 원가를 3분의 1로 절감할 수 있고, 당국자들도 그 점을 분명히 알고 있었어. 하지만 그 누구도 감히 해당 안건의 발의를 입 밖으로 꺼내지 못했어. 이유는 딱 하나야. 내심 찜찜했거든. 문을 열면 곧바로 트로이 목마가 쳐들어오기라도 할 것처럼 말이야."

중국에 대한 베트남의 경계심은 길거리에서도 볼 수 있었다. 베트남 도시들 곳곳에서 민족 영웅의 이름을 거리명으로 사용하고 있음을 확인할 수 있었는데, 가령 호찌민시에 있는 하이바쯩 거리는 과거 중국의 침입에 저항했던 쯩자매를 기리고 있다. 또한 13세기 몽골의 침입을 물리친 쩐흥다오와 청군을 섬멸한 장군 응우옌후에도 각자 자신의 이름이 붙은 길을 가지고 있다.

물론 베트남이 중국만 적으로 보는 것은 아니기에 프랑스를 상대로 한 베트남독립전쟁, 제1차 인도차이나전쟁을 기념하는 남끼 커이 이아 거리와 같은 곳도 있다. 여행서를 뒤적이다 보면 이러한 베트남인들의 저항이 베트남 역사 곳곳에 녹아 있다. 비록 관광지, 건축물, 지도, 거리명을 중심으로 산발적으로 기술되어 있지만, 그럼에도 불구하고 무심코 페이지를 넘기는 와중에도 강렬한 인상을 받게 된다.

이와 관련해 호안끼엠 호수에 얽힌 전설이 있다. 하노이 중심에 펼쳐진 호안끼엠 호수는 도시의 허파로 불리며 현지인들에게 휴식 공간이 되어주는데, 아침이면 노인들이 나와 운동을 하고 밤이면 연인들이 산책을 즐긴다. 여행객들의 눈에는 유유자적한 호수 분위기에 '호안끼엠', 베트남어로 '검을 돌려줬다(환검還劍)'는 뜻의 조금은 살기 어린 호수 이름은 어울리지 않아 모순적으로 보일 것이다.

그 명칭의 유래를 좇으면 15세기 여왕조로까지 거슬러 올라간다. 당시 중국 명이 베트남에 침략해 영토를 점령하자 도처에서 저항 운동이 일어난다. 그 가운데 레 러이를 중심으로 한 의병 부대가 십여 년간의 독립운동 끝에 명으로부터 정전 선언을 받아내 베트남은 독립을 되찾는다. 전설에 따르면 레 러이는 하늘로부터 검을 빌려 명군을 물리쳤으며, 전쟁이 끝난 다음 배를 타고 호수 한가운데로 가서 거북 신에게 돌려줬다고 한다. 그리하여 호수에 호안끼엠이라는 이름이 붙게 된 것이다.

호안끼엠 호수에 서린 베트남인들의 저항과 증오는 여기서 끝이 아니다. 호수 중간에 위치한 옥산 사당에서는 중국에 저항한 또 다른 영웅인 쩐흥다오를 모시고 있다. 13세기 쩐왕조의 장군이었던 그는 두 차례에 걸친 몽골의 침입을 성공적으로 물리쳤다. 그 공을 인정받아 왕으로 봉해졌으며, 사후에는 민간에서 여성의 불임과 난산을 고쳐주는 신으로 모셨다.

쩐흥다오의 몽골에 대한 저항, 그리고 레 러이의 명에 대한 저항 서사는 하롱베이에서도 찾아볼 수 있다. 중국과 상당히 가까운 그곳은 카르스트 지형에 속하는 군도다. 우리 일행은 라오까이에 가기 전 잠시 짬을 이용해 그 유명한 관광지에 들렀다. '하롱'은 '용이 내려온다'라는 뜻으로, 옥황상제가 하늘의 용과 그 자손에게 바다를 통해 쳐들어오는 몽골의 침입을 막아내도록 명했다는 전설이 있다. 전해지는 바에 따르면 후에 다시 승천하려던 용이 꼬리를 휘두르자 본래 그곳에 있던 고산 협곡이 본토로 떨어지고, 들썩여진 바닷물이 그 빈 곳을 가득 메웠다. 뜻밖의 걸작이 탄생한 데 만족한 용은 하롱베이에 남기로 했고, 그에 따라 이 같은 영웅적인 전설도 함께 남겨졌다고 한다. 하롱베이의 최고 경관으로 꼽히는 천궁 동굴 안에는 용 모양과 흡사한 종유석이 있고 동굴 바닥에는 큰 구멍이 나 있는데, 그곳이 바로 용이 승천하기 위한 출구라고 전해진다.

●

우리가 석회암 동굴 주변을 빙빙 돌고 있을 때, 베트남 가이드가 돌벽에 흐릿하게 새겨진 한자를 가리키며 그곳이 본래 전쟁터였다는 눈물겨운 전쟁 이야기를 들려줬다. 1288년 쩐흥다오가 그곳에서 몽골 대군의 공격을 막아냈다. 당시 그는 하롱베이 인근 바익당강에 말뚝을 심어 함정을 파 놓았고, 조수가 빠질 때를 틈타 몽골군이 함정에 빠지도록 유인했다. 실제로 몽골 군함은 조수가 빠지면서 말뚝에 의해 파손됐고 베트남군은 대승을 거둔다.

그로부터 약 200년 후에는 명 수군이 침입해 오는데 마찬가지로 레러이가 이곳에서 명군을 격파했다고 한다. 신비롭고 변화무쌍한 하롱베이의 독특성이 이곳을 북방의 강적들을 포위해 막아내기 좋은 장소로 만들어준 것이다. 가이드가 가리킨 글자들은 아마도 그러한 역사를 증명해주는 것 같았다. 관광객들에게 중국이 베트남을 탄압한 역사들을 확실히 각인시키는 것이다.

"역사적으로 우리는 줄곧 중국인들의 위협에 시달려야 했습니다."
이 말을 끝으로 가이드는 설명을 마쳤다. 그러자 서양에서 온 관광객들이 일제히 우릴 쳐다봤다. 관광객 무리에서 우리 둘만 아시아인으로 보였기에 "우린 타이완 사람입니다 We are Taiwanese"라고 다급히 해명해야 했다. 이번 여정에서 우리가 중국인으로 보이지 않도록 수시로 해명하는 것은 본능적인 반응이 되었다.

"타이완에서 왔다고요? 제가 훙하이鴻海(타이완의 전자제품 수탁제조서비스 업체)에서 일한 적이 있어요." 싱가포르에서 왔다는 에릭이란 사람이 하롱베이를 둘러보는 유람선 안에서 인사를 건넸다. 그렇게 시작된 대화가 잘 통했는지 에릭 부부는 라오까이와 사파로 향하는 우리의 다음 일정에 합류하기로 했다. 그때까지만 해도 그들과의 만남이 이번 여정에서 최고의 행운이 될 것임을 알지 못했다.

●

함께 하노이로 돌아온 우리는 현지 여행사에 들러 라오까이행 열차표를 샀다. 말이 열차표지, 대충 손으로 휘갈겨 쓴 종이 쪼가리 한 장뿐이었다. 베트남에서 관광업은 이제 막 서로 경쟁하며 성장하는 중이었고, 따라서 온갖 상황과 갖가지 문제들이 다 벌어졌다. 우리 같은 여행객이 할 수 있는 일은 그저 그러한 '개발도상국'에서 벌어지는 예측 불가능한 혼란들을 감내하는 것뿐이었다. 상황이 이러하니 종이 한 장 달랑 주는 게 미심쩍다 하더라도 묵묵히 받아들이는 것 외에 달리 도리가 없었다.

"그럼 돌아오는 표는 어떻게 되는 거지?" 내가 의문을 제기하자 여행사 직원이 말하길 라오까이에 도착하면 그곳 숙소에서 줄 것이란다.

아니, 열차표를 포함해 트레킹 패키지와 관련된 모든 것들을 하노이에서 샀는데, 달랑 편도표 한 장 주면서 나머지는 전부 라오까이에 도착한 후 다시 얘기하라고? 직원의 설명에 따르면 가이드며 돌아오는 열차표까지 모두가 그곳에서 우릴 기다리고 있을 것이라고 했다.

그런데 도착해보니 정말 그랬다. 라오까이에 도착해 산속 숙소에 들어가니 가이드가 일찌감치 와서 기다리고 있었다. 우리 일행은 그를 따라 이틀간의 산악 트레킹 일정을 무사히 마칠 수 있었다. 문제는 그 다음에 벌어졌다.

우리가 열차를 타고 다시 하노이로 돌아가려 하기 직전, 숙소 직원이 에릭 부부에게는 열차표를 주면서 우리 둘에게는 좀 더 기다리라고 했다. 넷이 전부 똑같이 손으로 쓴 종이 쪼가리를 받아왔고 똑같은 일정에 똑같은 열차표를 구매한 일행인데, 심지어 애당초 열차 칸도 4인실인데 도대체 왜 우리 둘만 기다리라는 것일까?

열차는 하루에 딱 한 편만 있었기에 우리는 계속 독촉하며 열차를 놓칠 경우 책임을 묻겠다고 했다. 결국 출발 직전에 숙소 직원이 우리 둘에게도 돌아가는 열차표를 줬고, 그제야 우리는 황급히 하노이행 열차편에 올라탈 수 있었다.

우리는 중국어로 말을 걸며 짐과 옷자락을 잡아끄는 구두닦이 소년들을 지나치며 객실을 찾았다. 하지만 거의 열차 끄트머리까지 다다랐음에도 우리 객실이 보이지 않았다. 열차 마지막 칸이 떨어져 나가기라도 한 듯 허공으로 사라진 것이다. 맨 마지막 침대칸 객실 번호가 24번이었는데, 우리 손에 쥐어져 있는 표는 29번과 30번이었다.

잠시 얼이 나가 있는 우리를 본 한 장사꾼이 표를 살펴보더니 열차에서 내려 차장을 찾아가보라고 잡아끌었다. 차장은 표를 힐끗 쳐다보더니 고개를 절레절레 흔들며 '가짜표'라고 말해주고선 뒤돌아섰다. 우리는 눈에 보이지도 않는 주먹에 얻어맞기라도 한 듯 기절하기 직전인 상태가 되었다. 이때 동료가 차장 등 뒤에 대고 경찰에 신고하겠다고 소리를 질렀다.

그 말을 알아들었는지 차장이 돌아오더니 매정했던 표정을 거둬들이곤 자신을 따라오라며 황급히 우릴 열차 안으로 떠밀었다. 그렇게 떠밀리듯 도착한 곳은 차장실이었다. 근근이 그의 말을 주워듣던 우리 일행은 마침내 그 의미를 깨달았다. 지금부터 이곳이 우리 객실이었다.

도대체 차장은 왜 우리에게 자신의 방을 내어주는 것일까? 우리가 가진 게 정말 가짜표라면 차장 입장에서는 굳이 우리 자리를 찾아줄 의무는 없었다. 차장실에 우릴 쑤셔 넣기보다는 경찰에 신고하도록 놔두면 편하게 끝날 일이었다. 어쩌면 이런 일이 비일비재하거나, 괜히 긁어 부스럼 만들까봐 덮어두려는 것일 수도 있겠지만, 차장의 그런 갑작스러운 '관대함'이 신기하기도 하고 더 의심스럽기도 해 화가 났다.

줄곧 우리 뒤에서 의아해하고 있던 에릭은 자신의 침대칸으로 돌아가 '갑자기 등장한' 룸메이트 둘에게 자초지종을 물었다. 듣자 하니 유럽에서 온 두 사람은 라오까이에 올 때만 해도 버스를 탔었다고 했다. 그런데 열악한 도로 사정 탓에 13시간 동안 심한 덜컹거림을 견디면서 오느라 죽을 지경이었고, 다른 버스가 사고 난 모습까지 목격하니 놀란 나머지 두 배 가격을 주고 열차표를 샀다고 한다. 그게 바로 우리 표였다. 숙소 직원이 두 배의 돈을 받고 우리 표를 팔아치운 것이다. 이 외국인 둘이 어수룩하게도 그 표를 받자 숙소 직원은 가짜표 두 장을 급조한 다음 우리 두 타이완 여인의 일을 대충 무마하려 한 것이었다.

왜 가짜표를 받아든 게 하필 우리여야 했을까? 혹시 우리가 힘 없는 나라에서 와서 그런 걸까? 아니면 우리가 여성이라고 무시한 걸까? 이유는 알지 못했지만 여러모로 우리는 열세였다. 생각해보면 누군가를 속여먹고자 할 때 가장 만만한 약자를 목표물로 삼는 것이 자연스러운 선택이기는 했다.

●

누가 경찰에게 일러바쳤는지는 몰라도, 불쑥 차장실에 들어온 경찰은 우리에게 이것저것 꼬치꼬치 캐물었다. 밖은 고요하고 모두가 꿈나라에 가 있을 시간이었다. 하다못해 복도에서 중국어로 말을 걸며 물건을 팔던 장사꾼이나 구두닦이 소년도 진작 열차에서 내렸을 것이기에 아무도 우리 처지를 경찰에게 통역해주지 못했다. 결국 우리는 도무지 알아듣지 못할 베트남어 앞에서 죄인처럼 항변도 제대로 하지 못하고 경찰과 서로 쏘아보며 한참을 대치하고 있었다.

그때 우리를 걱정한 에릭이 다시 찾아왔다. 때마침 그의 등장이 정적을 깼다. 그는 경찰에게 우리가 자신의 일행이고, 표도 함께 구매한 단순한 관광객일 뿐이며, 숙소에서 속아 가짜표를 받아온 것이라고 목소리를 높였다. 그런데 영어를 못 알아들은 것인지 아니면 시치미 떼고 못 알아들은 체하는 것인지 경찰은 무표정인 채 우리를 쳐다보고만 있었다. 아무리 말을 걸어도 소용이 없자 에릭은 자신의 싱가포르 여권을 꺼내들고, 가짜표 뒷면에 적혀 있는 여행사 번호를 가리키며 전화를 걸어 물어보라는 몸짓을 취했다. 그때 갑자기 경찰은 무언가 크게 깨달았다는 표정을 짓더니 우리가 중국인인 줄 알았다며 재빨리 문을 열고 그대로 나갔다.

경찰 뒤에서 서성이던 차장은 우리가 정말 전화라도 걸까 봐 걱정이 된 것인지 수첩을 펼쳐들곤 우리에게 열차표 한 장을 새로 써줬다. 그러고선 가짜표를 회수해갔다. 에릭 부부는 또 무슨 문제가 생길 것을 우려해 우리에게 한숨 자도록 침대칸을 양보해주고 자신들은 차장실에 남았다.

열차가 하노이역에 들어설 무렵까지 동은 트지 않았고 밤새 시달린 우리는 지칠 대로 지쳐 있었다. 잠시 악몽을 꾼 듯이 몽롱했는데 객실을 빠져나온 후에도 여전히 꿈을 꾸는 듯한 상태에 있었다. 하지만 차장이 우리를 부르는 소리가 확실히 잠을 깨워줬다. 그는 우리에게 다시 한 번 열차표를 확인하더니 이제야 안심이라는 듯한 표정으로 가도 된다는 손짓을 했다.

다른 타이완인들은 베트남을 여행할 때 어떤지 모르겠다. 설마 이런 문제나 오해를 우리만 겪은 것일까? 2002년 당시 베트남 여행 중에 타이완인이라고 스스로를 소개하면 항상 언급되는 단골 화제가 두 가지 있었다. 바로 베트남 신부 아니면 천수이볜陳水扁(타이완 제10대, 11대 총통)이었다. "타이완에서 왔다고? 그럼 천수이볜에 대해 어떻게 생각해?" 타이완 밖에서 만난 이웃들은 천수이볜이 타이완에 대해 궁금한 전부인 것 같았다.

그해 미국 부시 대통령이 중국에 방문하고, 중국의 장쩌민 주석이 양안 관계에 있어서 '평화통일과 일국양제'의 원칙을 재확인한 터였다. 그런데 타이완 총통인 천수이볜이 타이완과 중국은 각각 하나의 국가라는 '일변일국론'을 내놓자 타이완해협이 순식간에 얼어붙으면서 이웃 국가들 또한 위기감을 느꼈다.

하노이에 있는 여행사에서 열차표를 살 때 중국과 베트남 간 국경 지대에 관한 것들을 물어본 적이 있다. 여행사 직원의 말에 따르면 라오까이역에서 나가 북쪽으로 조금 걸어가다 보면 곧바로 검문소가 나오고, 그곳에 있는 다리만 건너면 중국 땅에 닿는다고 한다. 우리 눈이 설명하는 그의 손짓을 따라갔다. 그의 손가락은 지도 위에서 앞쪽으로 천천히 이동하더니 곧장 국경을 넘었다. 국경 넘기가 횡단보도 하나 건너듯이 간단하고 쉬워 보였다. 우리는 빨리 가보고 싶어 온몸이 근질거렸고 들뜬 마음에 방방 뛰기까지 했다. 하지만 마지막에 그가 덧붙인 한 마디가 찬물을 끼얹었다. "그런데 너희는 못 가."

"어째서!" 항의하듯 반문하는 우리 목소리는 회전도 힘겨워 보이는 낡은 선풍기 속으로 빨려 들어갔고 삐걱거리는 소리만 울려 퍼졌다.

그는 고개를 세차게 내저으며 단호하게 대답했다. "타이완인이니까!"

"왜 타이완 사람은 국경을 넘어 중국에 가지 못하는 거지?" 정말이지 납득하기 어려웠다. 그러자 우리 앞에 있는 가무잡잡한 피부에 키가 작은 사내가 서류 더미 속에서 다시 고개를 들며 놀리듯이 말했다. "그거야 천수이볜 때문이지."

●

천수이볜은 그저 둘러대기 편한 얘깃거리에 불과했을 것이다. 그것이 양안 관계에 대한 베트남인들의 이해 정도를 보여줬다. 사실 우리가 베트남에서 중국으로 넘어가지 못한 이유는 천수이볜과는 무관했다. 그보다는 당시에만 해도 타이완 동포증('타이완 주민 대륙 왕래 통행증'. 2015년부터 발급하기 시작했다)이 발급되지 않았다. 국경을 넘나들 때에는 여권이 필요하기 마련인데, 전 세계에서 통하는 타이완 여권이 중국 세관에만 가면 무효가 되었다. 여권은 한 국가의 국민이라는 신분을 대표하는데 중국에게 타이완이란 독립된 국가가 아니라 중국의 일부이기 때문이다.

모순되게도 중국에게 타이완 사람이란 중국의 일원이면서도 특수 허가증 및 승인 따위가 있어야만 중국 땅에 발을 디딜 수 있는 존재였다. 그와 같이 양안 사이 왕래에 있어 필요한 여행 관련 허가증이나 절차 등이 그 자체적으로 이미 양국의 '특수 관계'를 충분히 설명해주고 있었다. 천수이볜을 들먹이며 빈정대듯 우리를 대한 베트남 여행사 직원은 어쩌면 그러한 상황을 잘 알고 있으면서도, 동시에 천수이볜이 양안 간의 거리를 멀어지게 해 이러한 특수성을 심화시켰다고 여겼을 수도 있다.

국가, 국민, 정체성 등은 당시 타이완 내에서 뜨거운 주제였다. 사실 내게 있어서는 그것들이 쉬운 것 같으면서도 잘 안 잡히고, 중요한 듯하면서도 당장은 시급하지 않은 이슈로 보였다. 그런데 이 순진한 섬나라 국민은 국경 근처에 와서야 비로소 '내가 누구인지' 정확히 알 수 있었다. 그것의 의미는 '나'라는 한 개인에 있는 게 아니라, 나와 타인 사이에 놓인 연결과 단절에 있었다.

나는 타이완 사람이다. 그리고 나의 국가가 내게 준 합법적인 통행허가증이 어떤 국경은 넘을 수 있게 도와주면서도, 한편으로는 특정 국경으로의 진입을 가로막기도 했다. 여권은 우리 국가와 다른 국가 간의 차이를 보여주는 경계선이었고, 나로 하여금 여정 속에서 '내가 누구인지' 만인에게 선포할 수 있는 기회였다.

그전까지만 해도 국가가 내게 발급해준 여권이 나를 증명해주지 못할 것이라고는 꿈에서도 생각하지 못했다. 나는 이런 일을 겪고 나서야 "국가란 무엇인가?", "국가는 홀로 존재할 수 있는 것인가?"와 같은 물음들을 놓고 고민하기 시작했다.

베트남 여행을 마친 다음 학업을 시작한 인류학 연구소에서의 경험들도 나를 따라서 인류학의 영역으로 들어왔다. 그때 나는 비로소 국경, 민족 간의 경계, 그리고 정체성에 관한 것들이 얼마나 큰 과제인지

체감했다. 그 숙제들은 나와 타이완 동포들만이 풀어야 하는 문제가 아니었다. 여러 국가, 민족에 속한 이들에게 공통적으로 주어진 물음이기도 했기 때문이다.

어떤 물음들은 영원히 풀지 못할지도 모른다. 그런데 '국민', '정치' 따위에 비해 서류의 형식을 바꾸는 것은 쉬운 일이다. 내가 베트남에서 돌아온 다음 타이완은 새로운 여권을 쓰게 되었다. 국가에서 마침내 검푸른 여권 상에 '타이완Taiwan'이라는 글자를 새겨준 것이다.

바뀐 여권도 중국 국경을 넘을 수 있게 해주지는 못한다. 열차에서 오해받는 일이 벌어지지 않도록 나를 보호해줄 수 있으리라 생각하지도 않는다. 그럼에도 이 금박으로 처리된 영어 철자를 가리키며 경찰에게 더 우렁찬 목소리로 말할 수 있게는 되었다. "타이완이에요, 중국이 아니라고요Taiwan, Not China!"

캄보디아

빛 바랜 유적 위에 파여진
선명한 핏빛 경계

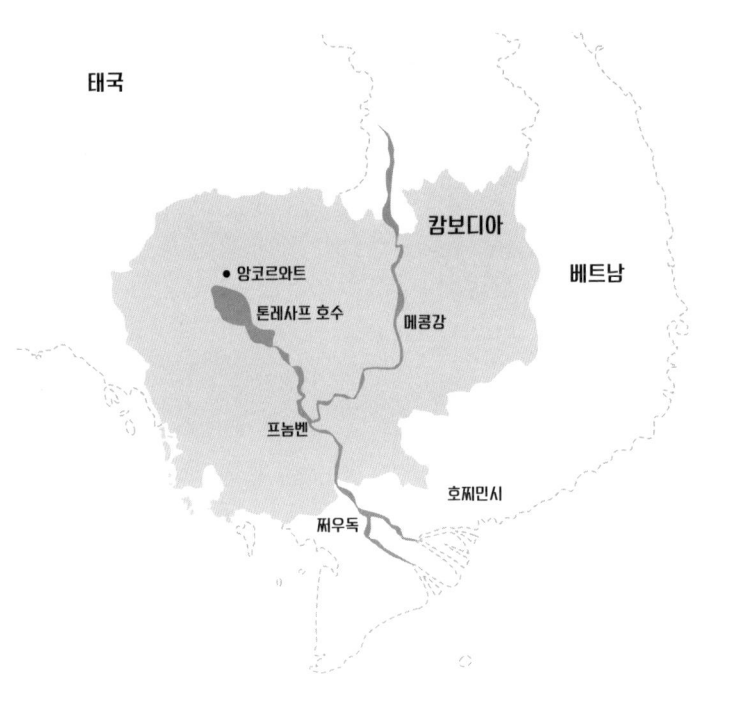

2002년 여름, 나는 일터를 떠나 학문을 좇는 새로운 인생의 시작을 앞두고 여행 계획을 세웠다. 캄보디아의 앙코르와트에서 메콩강을 따라 내려가며 베트남으로 간 다음, 다시 베트남 안에서 북쪽으로 올라가 중국-베트남 국경까지 가는 코스였다. 나의 '개발도상국'으로의 첫 자유여행이었다. 물론 평범한 관광 코스였지만, 일정 가운데 전반부는 속도를 좇기보다는 물길을 따라 천천히 가는 방식을 택했다. 처음 방문하는 곳을 헐레벌떡 지나쳐 버리면 무언가의 아름다움을 빼앗는 무례함을 저질러놓고 그것이 내게 속삭이는 소리는 미처 듣지 못하는 것처럼 아쉬움을 남길 테니 말이다.

나와 동료는 수도 프놈펜을 통해 캄보디아로 들어간 다음 배를 타고 앙코르로 가는 계획을 세웠다. 비행기가 점점 지면과 가까워지자 땅은 온통 적갈색이고, 매우 드물게 푸른빛이 보였다. 고층 건물은 찾아보기 힘들었다. 캄보디아와의 소박한 첫 만남은 이미 예상한 바였다.

사람들로 북적이는 공항 안에서 여행객들은 각자 영어와 캄보디아어로 쓰인 입국 신고서를 손에 들고 사방을 두리번거리며 헤매고 있었다. 여행객 가운데 연로하신 몇몇 분들은 콧등 위의 돋보기를 치켜세우며 기둥에 붙어 있는 안내문을 힘겹게 들여다보고 있었고, 대개는 자신을 도와줄 사람을 찾거나 기다리고 있었다. 듣자 하니 캄보디아 세관이 가끔 기회를 봐서 돈을 요구하기도 한다던데, 우리는 실제로 몇몇 관광객이 몇 달러 정도를 내고 손쉽게 수속을 통과하는 장면을 두 눈으로 똑똑히 목격했다.

  나와 동료는 작심하고 직접 입국 신고서를 쓰면서, 옆에 있는 사람들의 도움까지 받아가며 세관이 뇌물을 요구할 빌미를 잡지 못할 만큼 꼼꼼하게 정리했다. 바로 가까이에 있는 승인 담당자는 우리가 여기저기 사람들을 도와주고 있는 모습을 말없이 바라보고 있었다. 그리고 우리가 입국 신고서를 내자 갑자기 "니하오" 하고 인사를 건네며 중국어로 대화를 이어나갔다. 물론 돈은 요구하지 않았다.

  그의 중국어는 우리를 당혹스럽게 만들었다. 그는 방금 전까지 우리가 캄보디아 세관의 뇌물 요구를 걱정하며 주고받았던 이야기를 다 알아들었을 것이다. 그때까지만 해도 우리는 앞으로 중국어를 할 줄 아는 캄보디아인을 자주 만나게 되리라고는 상상조차 하지 못했다.

●

우리는 공항을 빠져나와 오토바이를 개조한 택시를 탔다. 단거리 승객을 태워주는 이런 오토바이는 동남아시아 어느 지역을 가도 흔히 찾아볼 수 있다. 요금을 미터기로 책정하는 게 아니기 때문에 그들이 부르는 값을 따라가야 하는데, 약 20분 정도 걸리는 거리를 2달러에 데려다 준다고 하니 그리 비싼 가격은 아닌 것 같았다.

  거리가 정확히 얼마나 되는지, 금액은 이 정도면 적당한 것인지 도통 알 수가 없는 우리는 그저 오토바이 뒷좌석에 얹혀 프놈펜 시내로 들어갈 뿐이었다. 따사로운 햇살과 함께 이른 아침 바람이 살포시 불어왔고 길가에는 야자수가 우릴 맞이해주고 있었다. 싱그러운 들판이 눈을 정화시켜 주면서 우리는 점점 여행이 선사하는 신선함에 들떴다. 아스팔트 도로도 널찍하게 쭉 뻗어 있어 시원한 느낌을 줬다. 적어도 프놈펜 시내에 들어가기 전까진 그랬다.

시내에 들어선 후에야 아스팔트 도로를 달리는 게 쉬운 일이 아니라는 사실을 깨달았다. 오토바이 택시가 커브를 돌아 들어선 흙으로 다져진 좁다란 길은 곳곳이 진흙탕이었다. 오토바이가 구덩이를 지나칠 때마다 한 바가지씩 튀어 오르는 흙탕물을 맞으며 우리가 낯선 국가에 와 있음을 실감했다.

프놈펜의 게스트하우스는 바로 그런 좁다란 길목 안에 위치하고 있었다. 그래도 외국인 관광객이 자주 와서인지 게스트하우스 부근은 조각돌이 깔려 있어 그나마 길이 조금 더 깨끗하고 단정해 보였다. 게스트하우스는 평범한 집처럼 보였다. 문을 열면 공동 공간이 있었는데, 잡동사니 몇 개를 빼고는 텅 비어 있었다. 크지 않은 방에는 침대와 선풍기만 덩그러니 놓여 있었고 벽은 회백색으로 칠해져 있었다. 그리고 복도 한편에 공용 화장실과 샤워실이 있었는데, 숙박비가 단돈 4달러니 우리 같이 가난한 배낭여행객에게 그 정도면 충분했다.

하지만 숙박비에서 아낀 돈은 시원한 맥주를 사 마시는 데 써버렸다. 캄보디아의 여름은 그야말로 푹푹 쪘다. 방안의 선풍기가 내뿜는 바람마저 뜨거워 우린 결국 두 손 두 발 다 들고 주머니를 열었다. 배낭을 내려놓자마자 곧장 일층 식당으로 달려가 콜라를 사 마셨다. 그때 약간 살집이 있고 자유분방한 스타일로 옷을 차려 입은 현지인이 실외에 느긋하게 앉아 맥주를 마시고 있었는데, 우리의 대화를 듣고는 고개를 돌려 "어디에서 왔어?" 하고 말을 건넸다.

그는 게스트하우스 주인이었다. 타이완에서 왔다고 대답하자 그는 타이완 여행을 두 번이나 다녀왔었다면서 타이베이에서 차를 타고 가오슝까지 갔던 얘기, 그리고 가오슝의 포광산까지 가서 절을 올리고 온 경험담을 들려줬다. 사실 이 나라 사람들에게 '해외여행'이라는 게 얼마나 사치스러운 일인지는 잘 모르지만, 노키아 최신 핸드폰을 사용하고 있던 세관 직원을 봤을 때와 마찬가지로 나도 모르게 동료에게 속삭였다. "저 사람도 부자인가 봐."

나는 이곳에 와서까지 편견을 가지고 그들을 평가하고 있었다. 캄보디아에 온 지 반나절밖에 안 된 나는 캄보디아에 대해 아무것도 모르는 상태였다. 2달러를 내고 오토바이 택시를 탄 게 비싼 건지 아닌지 가늠조차 되지 않았다. 훗날 한 중국계 오토바이 택시 기사로부터 찻삯을 두 배 더 낸 것이라는 이야기를 듣고 우리가 영락없이 호구가 되었다는 것을 알았다. 그 기사는 현지에 오래 살아 시세를 알고 있는 게 아닌 이상 이곳에서 봉이 되기 십상이라고 솔직히 일러주었다.

●

시원하게 음료를 다 마신 다음 우리는 중앙시장에 가기 위해 다시 오토바이 택시를 탔다. 그때 바로 앞에서 이야기한 중국계 택시기사를 만났다. 우리는 시장에 도착해 요깃거리를 찾으면서 여기 와서 반나절 만에 중국어를 할 줄 아는 사람을 두 명이나 만났다며 대화를 나누고 있었는데, 그때 또 바로 앞에 있는 노점 아주머니도 중국어로 주문을 받았다. 이 정도면 우연이 아니었다.

곧이어 우리는 서점에 가서도 중국어를 할 줄 아는 점원을 만났고, 문밖에 중국식 춘련春聯(중국에서 신년을 맞이할 때 소망 등을 적어 대문과 기둥에 붙여놓는 빨간 종이)을 붙여 놓은 집들도 여럿 발견할 수 있었다. 곳곳에 중국어도 비교적 쉽게 눈에 띄었다. 당시만 해도 나는 '도대체 어떻게 현지인들이 그렇게 중국어를 할 수 있는 것인지' 그 이면에 숨겨져 있을 이야기를 찾아보는 일은 생략하고 그저 '중국인들의 위세가 참 대단하구나'라는 생각을 되뇌며 넘어갔다.

몇 년이 지난 다음에야 그 원인을 알게 됐다. 수많은 중국인들이 캄보디아로 이주해갔던 것이다. 현지인들이 중국어를 할 줄 아는 것은 그러한 상호 교류의 결과였다. 일본에서 유학 중인 장사오팡은 캄보디아 제3세대 화교로, 조부가 국공내전 당시 중국 차오저우潮州에서 캄보디아로 도피한 이후 쭉 정착하게 되었다고 한다. 우리가 일본에서 만났을 때 그는 내게 타이완어(민난어에서 파생된 방언)를 알려달라고 귀엽게 졸랐다. 캄보디아에서 타이완 드라마를 좋아해 가족들도 다 본다면서 말이다. 광둥성에 속한 차오저우에서 사용하는 말이 바로 민난어와 타이완어의 한 갈래이다 보니, 언어 계통적으로 타이완어가 친근하게 느껴지는 것도 자연스러운 일이었다. 그의 말에 따르면 캄보디아 내에 화교가 상당수 살고 있는 만큼 캄보디아 화교는 다들 중국어를 공부한다고 했다. 내가 만난 어느 캄보디아 남성은 온 나라가 중국 명절에 맞춰 쉴 정도로 화교가 넘쳐난다며 투덜거렸다.

2010년 한 콘퍼런스에서 나는 캄보디아 기자 롱헹과 만났다. 그는 양안 문제에 대한 이해가 깊은 편이었는데, 한편으로 캄보디아 어딜 가나 중국인 천지라며 불만을 내비쳤다. 타이완인을 포함한 화교들이 캄보디아 상업을 장악하고, 인프라 건설과 교통 관련 하드웨어까지 전부 중국의 원조를 받고 있거나 중국인들이 직접 짓고 있다는 것이다. 그가 이 말을 할 때 옆에 앉아 있던 동티모르 기자 오테도 세차게 고개를 끄덕이며 거들었다. "우리나라도 마찬가지야."

캄보디아에서 가장 유명한 중국인을 꼽자면 원元 사신 주달관周達觀을 들 수 있다. 그는 앙코르톰에 방문한 최초의 여행객은 아닐 테지만 처음으로 그곳의 기행문을 남긴 여행자였다. 그가 쓴 《진랍풍토기眞臘風土記》(15세기까지 중국은 캄보디아를 가리켜 진랍이라고 불렀다)는 원 왕조 이후에도 중국인들이 캄보디아로 이주할 때 가장 중요하게 참고한 자료이자 유용한 단서가 되어줬다고 한다.

●

순번을 매기면 몇 천만 번째 관광객일지 모를 나는 아침 일찍 앙코르톰에 가서 입구에서 표를 샀다. 매표원은 여권을 보더니 중국어로 "니하오"라고 인사했다. 우리도 기분 좋게 그를 바라보며 "니하오" 하고 응답했다. 이 사람도 중국어를 할 줄 아는 것인지 궁금해하고 있던 찰나에 그가 또다시 중국어로 '저우다관(주달관)'이라고 말하며 미소를 짓더니 우리에게 표를 주기 위해 뒤돌아 업무를 봤다. 알고 보니 우리 가방 뒤쪽에 《진랍풍토기》가 꽂혀 있어 나와 동료는 서로의 가방을 가리키며 킥킥거리고 웃었다.

주달관이란 이름은 중국보다 캄보디아에서 더 유명하다. 그가 기록을 남기지 않았다면 전란으로 불탄 앙코르 유적의 찬란함을 그 누구도 기억하지 못했을 것이다. 또한 그가 앙코르 왕조의 진귀한 문명을 책으로 남겼기에 서구의 탐험가들도 그곳을 다시 찾아 나설 수 있었다. 아마도 캄보디아인들은 이 원 사신에게 매우 감사해하고 있는 것 같았다.

주달관은 중국 닝보寧波에서 출발해 원저우溫州로 내려와 배를 타고 동북 계절풍을 따라가다가 참파 왕국에 이르렀고, 다시 거슬러 앙코르에 도달한다. 오늘날 우리 같은 여행객들도 수도 프놈펜에서 톤레삽강을 따라 배를 타고 역행해 톤레사프호수로 올라간 다음 북서부의 씨엠립으로 향하니 약간은 그의 여정과 비슷한 면이 있다.

강에서 배를 타보기는 이때가 처음이었다. 황톳빛 강물 위로 집과 수풀, 농지 등이 드문드문 보였는데, 나아갈수록 그것들이 점점 작아지더니 하늘과 물이 하나로 이어졌다. 그때부터 방향감을 상실해 내 눈 앞에는 노란 종이를 깔아놓은 듯한 이차원 세상이 펼쳐졌다. 모터에서 튀기는 물방울만이 우리가 여전히 현실에 있음을 상기시켜줬다.

뱃머리에서 관광객들과 함께 바다처럼 광활한 호수의 풍경을 계속

감상하고 싶었지만 뜨거운 7월 땡볕을 더 견디지 못하고 호수에서 붙잡힌 물고기마냥 옴짝달싹 못한 채 선실 안에 꼭 붙어 있었다. 그렇게 세 시간 동안 더위 속에서 설잠을 자다 목적지에 이르렀다.

다만 배에서 바라본 호수 위에 살고 있는 이들의 생활상은 배가 선착장에 닿기도 전부터 내 눈을 번쩍 뜨게 만들었다. 1층은 비워두고 2층에만 거주하는 수상가옥이 호수 중간 중간에 따로 떨어져 있고, 테라스에서 담배를 피우고 있는 남성, 물에 채소를 씻고 있는 여성도 보였다. 아이들은 신이 난 얼굴로 배 위에 있는 우리에게 손을 흔들어 보였다. 배를 타고 나온 행상인은 채소 등을 팔고 있고, 출렁이는 물결 위에 가게나 집은 물론이고 경찰서까지 세워져 있었다. 꽤 말쑥해 보이는 경찰 하나가 나무 받침대 위에 서서 우리를 바라보는데, 그의 몸이 약간 휘청거리고 있는 것 같았다. 나는 그 광경들을 보며, 어쩌면 평생 이 호수를 떠나지 못할 이들에게 이따금씩 찾아오는 관광객들이 그날 하루 최고의 낙일 수도 있겠다는 생각이 들었다.

●

마침내 씨엠립에 도착했다. 씨엠립에는 길거리 곳곳마다 프랑스의 흔적이 남아 있으면서도 남쪽 특유의 소박하고 오래된 듯한 분위기가 감돌았다. 그 고요한 풍경은 여행객들에게 편히 한숨 잔 다음 이른 새벽빛을 맞으며 옛 도시로 향하게 해주는 위로가 된다.

바이욘 사원에는 자야바르만 7세 두상이 하늘을 올려다보고 있다.

수수께끼 같은 미소를 짓고 있는 그의 얼굴 위로 햇빛이 비치는 광경을 보고 있노라면 절로 눈이 반쯤 감긴 상태에서도 거대한 석상의 웅장함을 우러러보게 된다. 50세가 넘어서야 왕좌에 등극한 그는 마치 시간과 다투듯이 왼손으로는 참파와 싸우면서 오른손으로는 공격적으로 건축물들을 세워 앙코르 왕조의 전성기를 다졌다. 오늘날 앙코르 건축과 유적들 대부분이 바로 그의 재위 당시 만들어진 것들이다. 이후 이 거대한 문명국은 점차 역사의 뒤안길로 자취를 감춘다. 우리는 잠시 시간의 터널 속으로 들어온 듯 그곳에 서서 그를 대신해 비탄에 잠겼다.

어쩌면 주달관은 나와 같은 풍경을 봤을지도 모르지만 아마도 감상은 달랐을 것이다. 당시 그는 이 남쪽 나라에게 원의 신하가 되어 공물을 바치도록 종용할 목적으로 찾아온 사신이었다. 동시에 '문명에서 뒤떨어진 곳'을 교화한다는 임무도 지니고 있었다. 그들을 중화 아래에 둔다는 것이다. 주달관이 앙코르에 도착한 때는 앙코르의 번영을 다진 백발 황제 자야바르만 7세가 세상을 뜬 지 이미 반세기가 흐른 후였다. 당시 캄보디아와 태국 간 국경에서는 전쟁이 확산되고 있었고, 캄보디아는 더 이상 지난날과 같이 강성한 나라가 아니었다. 하지만 주달관의 붓끝에서는 여전히 풍요로운 곳으로 묘사되고 있다.

제국의 위세를 등에 업고 온 주달관은 문명의 눈으로 캄보디아의 풍토, 민심 및 국가의 정치, 경제 등을 살폈고 장부를 적듯이 꼼꼼하게 캄보디아의 갖가지 진기한 물건부터 지리, 풍속, 식물과 동물, 건축, 농경, 의복, 언어 등을 기록으로 남겼다. 그 팔천오백 자의 기록은 한 권의 여행기 같으면서도 동시에 인류학자의 필드 노트 같기도 한데, 그 안에는 실로 방대한 내용이 담겨 있다.

《진랍풍토기》에서 그는 "산에는 기이한 나무가 넘치고, 나무가 없는 곳에서는 코뿔소와 코끼리를 모아놓고 기른다. 진기한 조류와 짐승이 부지기수다"라고 소개하면서 조류 중에서는 공작, 물총새, 앵무새 그리고 짐승 중에서는 코뿔소, 코끼리, 들소, 산마가 중국에서는 보지 못한 것들이라고 소개한다. 또한 캄보디아에는 이름 모를 채소와 해조류, 물고기 또한 넘쳐나는데, 그 물고기들은 전부 민물에서 가져온 것이라고 기록했다.

그로부터 700여 년이 흐른 오늘날, 대중 매체와 색다름을 추구하는 여행 상품들이 인류의 감각을 무디게 만들었다. 이제 우리는 잘 알지 못하는 꽃과 풀을 보며 그다지 신기해하지 않게 되었다. 책과 스크린을 통해 갖가지 조류와 동물에 익숙해졌기 때문에 오늘날 여행객들은 주달관처럼 세세한 기록을 굳이 남기지 않게 되었다.

오늘날 여행객들은 똑같은 엽서를 여러 장 찍어내듯이 세상의 유산들을 남들과 비슷한 각도에서 사진으로 찍고, 천편일률적인 언어로 그것들을 묘사해 SNS에 올린다. 주달관이 들려주는 옛이야기들은 이제 그 누구도 다시 들려주지 못하므로 각자의 상상 속에 맡겨야 한다.

●

캄보디아 여행기들을 보면 웅장한 앙코르와트의 사진이 빠지지 않고 등장하는데, 앙코르와트를 보여주는 것은 달랑 그 사진 한 장뿐이다. 주달관은 바라보고만 있어도 어마어마해 다리를 후들거리게 만드는 앙코르 왕궁을 이렇게 묘사했다.

"왕궁은 금탑(바이욘 사원)과 금교의 북쪽에 있어 문과 가깝고 주위는 5~6리나 된다. 그 정실의 기와는 납으로 만들어졌고, 나머지는 전부 황색을 띤 기와가 사용되었다. … 지붕은 장관을 이루고 있으며, 길게 늘어선 회랑은 2층인데 높이는 일정하지 못하나 규모가 있는 편이다."

그런데 이렇게 건축물 묘사만 하고 끝냈으면 무미건조할 뻔한 이야기에 주달관은 근사한 전설을 하나 보탰다. 매일 밤 왕은 왕궁 위쪽의 금탑에서 자야 했다. 사람들 말에 의하면 그곳에는 머리가 아홉 개 달린 뱀신이 살고 있으며 여인의 몸을 하고 있는 그 뱀이야말로 이 나라의 진정한 주인이라는 것이었다. 밤마다 왕은 이곳에 와서 그와 동침해야 했고, 그 시간에는 왕의 부인도 절대 들어가지 못했다. 왕은 그다음에야 비로소 처첩들과 동침할 수 있었는데, 단 하루라도 뱀신을 찾지 않으면 왕에게 죽음과 재앙이 닥칠 수 있었다.

여기서 머리가 아홉 개인 뱀신이 바로 힌두교 건축에 자주 등장하는 '나가'다. 캄보디아인들은 이 뱀이 영성을 지닌 생명체로서 선과 악, 행운과 재앙을 가져다줄 수 있다고 믿었다. 그 돌로 이루어진 찬란한 사원의 왕궁은 여러 신들이 머무는 신들의 거처로, 생전과 사후가 포개어지는 곳이기도 하다. 왕은 그 사이에 있는 존재다.

물론 백성들이 왕족 가까이 접근해 그러한 얘기들을 들었을 리는 만무하다. 그들은 그저 입소문을 통해 전해 들으며 왕과 신을 경외했고, 주달관은 그러한 서민들의 은밀한 귓속말들을 기록으로 남겼다. 그는 이곳에서 11개월을 머물렀다. 백 년 후, 태국에 의해 멸절된 앙코르 왕조는 수도를 버리고 남쪽으로 내려간다. 즉 주달관이 기록한 그들의 수도는 밀림 속으로 사라졌고, 오로지 그의 글만이 남아 세상에 전달되며 전설의 실존을 증명해준 것이다.

1819년《진랍풍토기》는 프랑스어를 비롯해 다양한 언어로 번역되어 서구 세계에 호기심을 불러일으킨다. 그에 따라 사람들은 수풀로 뒤덮인 신비로운 그곳의 문을 다시 열기 위해 찾아 나서기 시작했고, 앙코르와 관련된 탐사 소식이 속속 세상에 등장하면서 1861년 탐험가 앙리 무오Henri Mahout가 마침내 그곳을 재발견한다. 한바탕 소란 끝에 앙코르 왕조가 밀림 속에서 모습을 드러낸 것이다. 이에 앙리 무오는 앙코르를 두고 이렇게 경탄했다.

"이곳 사원은 고대 그리스와 로마가 우리에게 남긴 그 무엇보다도 장엄하다. 나무가 우거진 앙코르 사원을 벗어나 속세로 돌아가는 순간 마치 찬란한 문명에서 미개함으로 추락하는 것 같다."

●

우리는 배에 몸을 싣고 메콩강을 따라 베트남 남부로 이동했다. 공교롭게도 주달관과 같은 물길을 타고 캄보디아를 떠나온 것이다. 이 원 사신과 다른 점이 있다면 우리는 잠시 베트남에 머물렀다는 것이다.

지도로 보면 베트남과 캄보디아는 아주 가깝게 맞닿아 있어, 국경만 건너면 바로일 거리에 있지만, 우리가 탄 스피드 보트는 장장 두 시간 동안 메콩강 위를 달리며 따가운 햇빛과 물보라를 견뎌낸 끝에야 메콩강 국경 사무소에 도달했다. 그 시간 동안 우리는 버스를 탈 때와는 비교할 수 없을 정도로 격렬한 흔들림에 시달려야 했다.

쉴 새 없이 시끄럽게 굴다가 잦아든 스피드 보트를 메콩강기슭 쪽에 정박시킨 다음, 우리는 살짝 가파른 기슭을 올라 조그마한 건물 앞으로 갔다. 그곳이 바로 캄보디아 쪽에서의 국경 통과 지점인 깜쌈노Kaam Samnor였다. 거기에서 캄보디아 세관 직원은 우리 여권 위에 도장을 찍어줬다. 이어서 우리는 몇 발자국 걸어 철조망이 있는 곳을 지났다. 이렇게 국경을 건넌 것이다. 보트 운전자가 우리를 인솔해 조금 더 걸어갔고, 그는 삼합원 구조로 된 건물 안을 가리키며 그곳에서 입국 수속을 받으라고 일러줬다. 바로 베트남 쪽에서의 메콩강 국경 통과 지점인 빈쓰엉Vinh Xuong이다.

그곳에서는 군경이나 엑스레이 검색대 대신 만사가 성가셔 보이는 커다란 개 한 마리만이 세관 앞에 엎드려 자리를 지키고 있었다. 우리는 각기 다른 방으로 들어가 표를 기입한 다음 증명서와 짐 등을 검사받았고 세관 신고를 했다. 그리고 마지막 절차로 유니폼을 입은 베트남 세관 직원이 내 여권에 기재된 참고 의견 따위를 살피며 검토하더니 내 얼굴을 한 번 힐끗 쳐다보고는 가도 된다는 손짓을 했다. 그렇게 나는 베트남에 도착했다.

이글이글 타오르는 태양에 구워질 것 같은 7월 정오, 삼합원처럼 생긴 검문소에서 걸어 나오는 순간 우리는 드디어 진정으로 국경을 넘었다. 국경을 넘는 일련의 과정들은 환각에 사로잡힌 듯이 얼떨떨하게 느껴졌다. 하지만 어느 누가 '국경선' 위에서 공연히 시간과 기력을 낭비하고 싶겠는가? 더 있다가는 어딘가에 갇히기라도 하는 것처럼 그저 한시라도 빨리 넘어가고 싶을 것이다. 따라서 우리는 검문소 방 안이 서늘하고 쾌적함에도 불구하고 서둘러 그곳을 떠났다. 돌이켜보면 그때 왜 그리 서둘렀는지, 아쉬움이 남는다.

국경을 넘는다는 것이 얼마나 설레고 신나는 일인가? 타이완은 섬나라다. 이 말인즉슨 타이완에서 출입국의 무대란 주로 공항임을 의미한다. 타이완에서 나가려면 비행기를 타야 한다. 비행기를 탄다는 것은 한 지점에서 다른 지점으로 곧장 건너뛰는 것과 같으며, 비행기 안에서는 아무리 시간이 가도 창문 밖 풍경은 마치 얼어 있는 듯이 한결같다. 기내에서 우리는 이동하고 있음을 느낀다. 비행기에서 내리면 세관 통과, 수화물 수취 등 굉장히 피곤한 절차들이 우리를 기다리고 있다. 그 절차들을 거쳐야만 출국과 입국이 이루어지는 것이다. 그에 반해 육로나 수로를 통한 국경 넘기는 항공기로 이동할 때에는 몰랐던 신선함과 재미를 느끼게 해준다.

수로를 통해 국경을 넘은 게 처음은 아니었다. 베트남 여행으로부터 일 년 전, 영국에서 배를 타고 네덜란드로 이동한 적이 있었다. 그때는 그냥 어쩌다 보니 북해(유럽 대륙과 영국 사이의 바다)에서 국경을 넘었다. 아직도 그 당시 도대체 어떤 절차를 통해 네덜란드에 들어갔던 것인지 잘은 기억이 나지 않는다. 다만 서유럽에서 육로를 통해 국경을 건널 때마다 어떤 사람이 차에 올라타 여권을 검사하고, "차이나, 차이나"라며 중얼거렸던 것만은 또렷이 기억난다.

유럽 세관의 혼잣말에 비하면 베트남 세관은 지나치게 과묵한 편이었다. 그의 침묵은 내게 일단 한시름 놓게 하는 안도감을 줬고 동시에, 뭔가 낯선 허무감도 남겼다. 우리처럼 수로를 선택하는 타이완 사람이 극히 드물 것이기에 세관원들이 우리를 보면 호들갑 떨며 크게 놀랄 것이라고 생각했기 때문이다.

배를 타기 위해 기다리는 동안 부근에 음료를 사 마실 수 있는 곳을 찾아갔는데, 그곳에서 벨기에에서 온 한 커플을 만났다. 그들은 웅대한 장기 여행 계획을 가지고 있는 것 같았다. 이미 두 달 간 중국을 여행하고 메콩강을 따라 베트남 남부로 내려왔다는데, 여기서 또 인도까지 가 장장 반 년 동안의 여정을 끝낼 계획이라고 했다. 장거리 여행으로 지쳤는지 피곤한 기색이 역력했지만 그러면서도 메콩강이 굉장하다며 감탄을 반복했다. 눈앞에 펼쳐지는 그 광활함이 절로 여행객들의 탄성을 자아낸 것이다.

●

이윽고 배가 도착해 그들과 작별 인사를 하고 베트남 쩌우독Chau Doc 행 배 위에 올라탔다. 쩌우독까지는 배로 두 시간이 걸리는데, 가는 동안 메콩강이 이룬 삼각주, 즉 메콩 델타가 펼쳐진다. 약 5만 제곱킬로미터의 삼각주 지역은 인도차이나반도 내 최고의 곡창지대로, 기원전 4,000~3,000년 전만 해도 캄보디아인들의 땅이었다. 지금도 상당수 캄보디아인들이 거주하고 있기도 하다.

17세기 프랑스인들이 지도를 그릴 때 이 지역을 캄보디아에게 귀속시켰지만 관할권은 베트남에 있었다. 그 당시 캄보디아는 태국과 베트남 사이에 끼인 채 영토는 가지고 있으면서도 통치권은 갖지 못했다. 한때 인도차이나반도를 호령한 제국은 사라지고 확장한 영토마저 상실한 것이다. 그러나 메콩강은 이러한 인간들의 다툼과 무관하다는 듯이 묵묵히 홍토를 실어다주면서 생명을 잉태하는 대지를 다져줬고, 강가의 농민들은 허리를 숙여 논밭을 매듯이 메콩강에서 하루하루를 일궈왔다. 아무리 국가의 힘에 의해 국경선이 바뀌고 그에 따라 영토가 늘어나거나 줄어들어도, 그곳에 사는 사람들은 요동치는 역사와 무관하게 각자 자신의 인생을 흐르는 강처럼 일관되게 살고 있었다.

베트남전쟁이 끝난 후, 한때 크메르루주Khmer Rouge(1975년부터 1979년까지 캄보디아를 통치한 급진적인 공산주의 세력)가 이 비옥한 토지의 탈환을 시도하면서 인도차이나반도에서는 전쟁의 불길이 계속되었다.

1976년 크메르루주, 즉 붉은 크메르는 중국 공산당의 지원 아래 캄보디아의 통치권을 쟁취하는데, 이는 캄보디아 근대사에서 가장 무서운 한 페이지가 된다. 1975년부터 1979년까지 3년 남짓한 기간 동안 캄보디아 전체 인구 중 5분의 1이 '비정상적'으로 사망했다. 수백만 명이 기아, 질병, 노동 개조, 강제 이주, 학살 등으로 인해 희생되었고, 오늘날 유골 무덤(만인갱)만이 남아 관광객들에게 크메르루주의 잔혹성을 증명해주고 있다.

프놈펜에서 나는 그 공포의 장소로 '관광'을 가야 할지 말지 잠시 망설였다. 하지만 결국에는 과거 S-21이었던 투슬렝 박물관에 갔다. S-21은 크메르루주의 수장인 폴 포트Pol Pot가 사상범과 지식인들을 '소탕'한 수용소로, 어두운 역사를 고스란히 담고 있다.

우선 구정물과 오물, 진흙탕으로 가득 메워진 좁다란 길 하나를 조심스레 지나야만 그 다크 투어리즘 장소 입구에 다다를 수 있다. 가는 내내 왠지 모르게 오싹한 느낌이 들었는데, 막상 세계적으로 악명 높은 그 무시무시한 학살 현장을 직접 눈으로 보니 지극히 조촐하고 평범한 학교에 불과했다. 그 어떤 대단한 감독이 이 정도로 황당한 반전을 연출해낼 수 있을까?

동시에 그 조촐함이 섬뜩함을 더했다. 이런 평범한 곳에서 그토록 잔혹한 학살이 자행되었기 때문이다. 교실 밖은 철조망이 둘러쳐져 있고, 교실 내부에는 사진, 고문 도구가 단출하게 전시되어 있었다. 그것만으로도 보는 이의 몸과 마음이 다 떨릴 지경이었다.

어쩌면 내가 지나치게 상상의 나래를 펼친 것일까? 오늘날 캄보디아인들은 그 암흑의 세월들을 어떻게 바라보고 있을까? 앙코르의 한 노점에서 면 요리를 먹던 우리는 현지인들에게 생각을 묻고 싶었다.

나무 기둥으로 대충 지탱해둔 기다란 공간에 노점들이 빽빽이 모여 장사를 하고 있었는데, 한참 전에 식사 시간이 지나서인지 한산해 보였다. 나는 콜라를 마시면서 여행서 한 권을 펼쳐보고 있었다. 아마도 책 속에 실린 사진들에 이끌렸는지 그때 한 앳된 여성이 수줍게 말을 걸며 다가와 잠깐 책을 봐도 되냐고 물었다.

책을 건네주자 그는 '책 속의 캄보디아'를 열심히 들여다봤다. 곧이어 다른 직원들까지 몰려들어 사진들을 한 장 한 장 보면서 감탄을 연발했다. 꼭 자기네 나라를 처음 보기라도 하는 것처럼 말이다. 그런데 갑자기 어떤 페이지에서 손을 멈추더니 마치 연습이 잘 된 합창단처럼 다 함께 숨을 들이마신 뒤 일제히 신음을 냈다. 무엇을 보고 그렇게 놀랐는지 나도 궁금해져서 그들 곁으로 다가갔다. 그들은 투슬렝 박물관 소개 페이지를 보고 있었다. 박물관에 붙어 있는 잔혹한 사진 몇 장이 그대로 책 속에 실려 있었던 것이다.

"처음 보는 건가요?" 내 물음에 여성들은 전부 고개를 절레절레 흔들었다. 알고 보니 애초에 다들 수도 프놈펜을 가본 적도 없고 평생을 이곳 앙코르에만 있었다. 꽤 나이가 들어 보이는 여성들도 이곳 집과 마을 그리고 노점이 그들이 사는 세상의 전부로, 다른 나라로 시집을 가거나 일하러 가는 게 아닌 이상 평생 이곳에만 머무른다고 한다. 그들에게 국가란 당장 눈앞, 발 아래 있는 공간이 전부였다.

이어서 그들은 자기들끼리 조곤조곤 떠들었는데 나는 너무 궁금해서 다시 물었다. "폴 포트에 대해 알아요?" 그러자 "알지. 엄청 무서운 사람이야"라는 대답이 돌아왔다. 언어 장벽으로 인해 그 주제에 관한 대화는 더 이어지지 못했다. 따라서 그들이 말하는 "안다Know"라는 표현이 단순히 폴 포트에 대해 들어봤다는 의미인지, 아니면 실제로 무언가 겪은 바가 있다는 것인지 분간이 되지 않았다. 만약 후자였다면 더 깊게 캐묻기도 어려웠을 것이다.

●

이 나라에서 어떤 것들은 꼭 말로 묻기보다는 그저 눈으로만 봐도 그 뒷모습을 짐작할 수 있는 경우가 있다. 예컨대 길거리에서 다리 하나가 부족하거나 발이 잘린 사람, 한쪽 눈이 실명된 사람들을 보면, 이번에도 지뢰 때문일 것이라는 추측을 해볼 수 있다. 캄보디아 변경 내에서는 발 대신 무릎으로 땅을 딛고 길거리 공연을 하는 악단, 지팡이를 짚은 채 우리를 바라보며 웃는 꼬마, 팔다리가 절단된 상태에서 열심히 앙코르의 길을 닦고 있는 노동자를 어딜 가든 볼 수 있다. 여상한 풍경으로 느껴질 정도로 그런 사람이 넘쳐나 우리 같이 스쳐 지나가는 여행객들마저 무감각해지게 만들곤 한다.

어쩌면 우리가 눈으로 보는 피해자들보다 훨씬 많은 지뢰가 여전히 이곳 땅 곳곳에 잠복해 있을 것이다. 통계에 따르면 캄보디아에 묻힌 지뢰 수는 그곳의 인구 수와 비례할 정도다. 지금까지도 지뢰를 완전히 제거하지 못하는 까닭은 이때문이다. 따라서 이곳에서는 언제, 누가 자신의 몸을 희생해 지뢰를 찾을 수 있을지 모를 일이다. 지뢰를 하나 찾을 때마다 또 하나의 생명이 산산조각 난다.

그 지뢰들은 크메르루주가 남긴 것들이다. 씨엠립은 그들이 권력이 얻기 전 근거지로, 크메르루주는 앙코르 유적에 머물면서 긴팔원숭이를 상대로 AK-47 소총을 가지고 사격 연습을 했고 돌덩이 위에서 잠을 자며 투지를 불태웠다. 그들은 앙코르 주변 156제곱킬로미터의 구역을 해방 지구로 간주함과 동시에 방공기지를 설치했다. 미국과 시아누크 정권의 폭격에 대비해 역사 유적을 방패로 삼은 것이다.

친베트남 공산당 성향의 시아누크 정권은 크메르루주의 숙적이었다. 그리고 미국은 베트남전쟁 시기 베트남 공산당을 막는다며 캄보디아를 폭격해 75만 명에 달하는 캄보디아인들을 희생시켰고, 시아누크 정권을 몰아내고 새로운 정권을 수립시키면서 캄보디아 내전을 불러일으킨다. 이후 시아누크는 중국 베이징으로 망명을 가고, 크메르루주는 중국 공산당의 지원 아래 통치권을 넘겨받았다.

크메르루주는 메콩강 삼각주 지역을 되찾기 위해 베트남전쟁이 끝난 다음 베트남을 침략해 베트남 공산당을 공격한다. 1979년, 베트남은 캄보디아를 '해방'시키고 크메르루주를 국경의 밀림 지대로 쫓아내는데, 태국 국경 주변을 떠돌던 크메르루주군은 그곳에다가 길을 따라 지뢰를 무수하게 뿌려놓았다. 이 이야기의 결말은 땅속에서 터지기를 기다리는 천만 개의 지뢰다. 그렇다면 베트남과 캄보디아 간의 관계는 어떻게 되었을까? 그 사이에는 국경선의 천만 지뢰들처럼 언제 터질지 모르는 국민들 간의 원망과 증오가 묻혔다.

종군기자인 장추이룽張翠容이 쓴《전쟁의 땅을 지나다行過烽火大地》를 보면 캄보디아 농민들 가운데 십중팔구는 영토에 대해 아주 민감한 반응을 보인다. 베트남이 언급만 되어도 엄청난 적개심을 드러낸다는 것이다. 심지어는 속어로 베트남인들을 비하하기도 한다.

한편 열차 안에서 만난 한 베트남 상인은 베트남-캄보디아 전쟁을 회상하며 이렇게 말했다. "나는 그때 전쟁터에서 정신이 혼미해졌어. 깨어나 보니 내 몸이 시신들로 뒤덮여 있었고, 팔뚝 위와 목 주변에는 잘려진 팔들과 형체를 알아보기 어려울 정도로 훼손된 다리가 놓여 있었지. 적뿐만이 아니라 전우들까지 모두 내 옆에 죽은 채로 쌓여 있었어. 정말 고통스럽고 무서웠지. 나는 그 시체 더미 속에서 죽은 척하면서 계속 누워 있었어. 내 인생에 전쟁은 그걸로 끝이었지."

그리고 그는 이렇게 회상을 마쳤다. "나는 캄보디아 사람을 증오해."

●

그렇다면 전쟁에서 벗어난 캄보디아인들은 어떤 나날을 보내왔을까? 캄보디아를 소개하는 여행책들은 물건을 살 때에는 반드시 흥정을 하고, 달라붙는 운전기사와 아이들을 주의하라고 일러준다. 하지만 우리가 그곳에서 여행하며 쓰는 돈이 대문을 활짝 열어둔 이 나라에 어떤 영향을 가져다 주는지는 나와 있지 않다.

한번은 모래흙이 쌓인 길에 서 있다가 맞은편에서 다가오는 녹색 오토바이 한 대를 봤는데, 무언가 익숙한 느낌이 들었다. 가까이 올 때까지 기다렸다가 자세히 살펴보니 캄보디아 우편집배원이 타는 오토바이였다. 오토바이에는 '중화우정中華郵政'(타이완 우체국)이라는 글자가 박혀 있었다.

그게 끝이 아니었다. 조금 더 걸어가다 보니 어떤 꼬마가 '시커우 초등학교溪口國小'라고 새겨진 체육복을 입고 뛰어다니고 있었다. 시커우 초등학교는 내가 어렸을 적 반 년 정도 다닌 학교였다.

과거 가난했던 타이완은 오늘날 부유해져 '빈곤한 캄보디아'에게 '선행'을 베푸는 나라가 되었다. 타이완의 여러 자선 기구들이 캄보디아에 머물며 봉사를 하고, 타이완 사람들이 옷이나 물품을 모아 기부를 하고 있다. 상업과 원조, 이 두 가지가 사실상 타이완인과 제3세계 간의 연결고리로, 그것이 밖에서 본 타이완의 모습일 것이다.

그 우편물 배달 오토바이와 초등학교 체육복을 보고 있던 내 머릿속에 '미국 밀가루와 속옷'이 겹쳐졌다. 어린이들이 맨발로 흙길을 뛰놀던 시절이라고 하지만 먼 옛날이야기가 아니라 바로 우리 부모님 세대의 역사다. 한국전쟁은 타이완이라는 빈곤 사회에 미국의 원조와 미군을 들여왔다. 그것은 사람들의 생활을 바꿔놓음과 동시에 각기 다른 꿈을 안겨줬다.

당시 타이완 사람들은 미국의 구호물자로 다양한 물건을 만들 수 있었는데, 심지어 구호물자 가운데 밀가루를 포장하기 위해 딸려 온 포대를 어린이용 팬티 옷감으로 쓰기도 했다. 예전 타이완인들은 미국이 준 밀가루 포대로 만든 팬티를 입고 그 안에 담긴 밀가루로 만든 빵을 먹으면서 미국인들의 풍족한 생활을 상상했다. 입으로 "에이비씨, 하우아유?"를 중얼거리면서 말이다. 황춘밍黃春明의 소설《사과의 맛蘋果的滋味》에 나오는 일가족이 보이는 반응처럼 붉고 싱싱한 사과는 타이완인들의 눈을 휘둥그레지게 만들었다(《사과의 맛》은 당시 타이완에서 과거 한국의 바나나만큼 귀한 과일의 대명사였던 사과를 둘러싼 일화를 담은 소설이다).

배불리 먹고 싶고, 잘살고 싶고, 남들과 다르게 살고 싶어 하는 것은 모든 개발도상국 국민들의 공통된 염원이다. 우리의 뚝뚝(삼륜 택시) 기사 린에게도 '사과'를 향한 꿈이 있었다.

●

벙거지 모자를 쓴 린은 우리가 이곳저곳 둘러볼 때마다 차머리 앞에 서서 조용히 기다려줬다. 그는 우리가 말하는 중국어를 알아듣지 못했고, 사원이나 유적에 관해 설명해주는 것도 그의 일이 아니었기에 그저 열심히 뚝뚝을 운전해 우리를 목적지까지 데려다줄 뿐이었다. 관광지의 이름을 얘기해주는 것 외에는 그는 내내 입을 다물고 있었다. 앙코르에서는 가는 곳마다 어린 소년들이 기다리고 있다가 안내해주겠다며 달라붙는다. 그들은 꽤 유창하다고 할 수 있는 영어 실력으로 그곳의 역사, 유적, 나무 한 그루에 관한 것까지 모두 설명해줌으로써 집에 가져다줄 생활비를 번다.

우리는 린과 오후 5시까지만 함께 다니기로 일정을 잡았기에 일이 끝나면 그는 영어 공부를 하러 간다고 했다. 그는 영어를 잘하는 편이었고 우리와 어느 정도의 소통은 할 수 있었다. 그럼에도 그는 더 많은 일거리를 확보해 돈을 더욱 많이 벌기 위해 스스로를 채찍질하고 있었다. 영어를 배우는 데 한 달에 10달러 정도 든다는데, 딱 우리가 하루 동안 뚝뚝을 대절하는 비용이었다. 물론 그 돈도 매번 운 좋게 일거리를 잡아야만 벌 수 있었다.

뚝뚝에 올라탄 우리는 그의 등 뒤에 앉아 무거운 짐을 짊어진 듯한 가장의 어깨를 한참 바라보고 있다가 문득 그의 이야기가 궁금해졌다. 그래서 조심스레 입을 떼 그의 집에 가볼 수 있는지 물었다. 그는 살짝 웃어 보이더니 허름한 단층 흙집으로 우리를 데려갔다.

입구에는 린의 부인이 서 있었는데, 처음엔 약간 놀라더니 금세 방긋 웃으며 우리에게 차를 대접해줬다. 줄곧 무표정이던 린은 그제야 미소를 보여줬다. 그때 그의 때운 이가 보였다. 이를 가리키며 얼마 정도 들었는지를 묻자, 갑자기 사진 한 장을 가져와 자신의 아들과 딸을 보여줬다. 그는 아이들이 허름한 집과 빈곤한 생활로부터 벗어나기를 간절히 바라는 마음에서 이를 악물고 돈을 벌어 사립학교에 보냈다.

"그걸 감당한다고요?" 가정을 부양해야 하고 회사에 납입해야 하는 돈도 있을 텐데, 게다가 매일 영어 수업까지 듣는데 그걸 전부 감당할 수 있는 것인지 걱정이 들었다. 아이를 사립학교로 보낸다는 것은 그야말로 엄청난 무리가 아닌가!

린은 이렇게 답했다. "나는 우리 아이들이 나중에 더 큰 세상으로 나가서 성장하길 바라. 캄보디아로 돌아오지 말고 말이야." 매일 같이 육체노동으로 달러를 벌면서 다양한 피부와 언어를 가진 외국인 관광객들을 볼 때마다 그는 자신도 바깥세상을 보고 싶다는 생각을 해왔단다. 타이완으로 해외여행도 가고 말이다. 그런데 해외는커녕 프놈펜도 아직 못 가봤고, 그저 이 세상이 얼마나 광활하고 그곳 생활들은 얼마나 좋을지 상상만 하고 있다고 했다.

그래서 린은 비록 자신은 평생 씨엠립을 벗어나지 못할지라도 아이들만큼은 이 나라의 국경을 넘어 자신과는 다른 신분으로 살아가길 바라면서 오늘의 고단함을 버티고 있었다. 아이들이 사회를 바꿀 수 있고, 육체노동으로 먹고사는 이들까지 변화시킬 수 있는 그런 힘을 지닌 사람으로 커주길 바라면서 말이다.

식민주의자들은 떠났지만 물질과 금전 그리고 문명의 매력은 그 땅에 고스란히 남아 사람들이 이렇게 사과를 갈망하고 있다.

라오스

어느 곳에나 흐르지만
어디에도 속하지 않는 메콩강

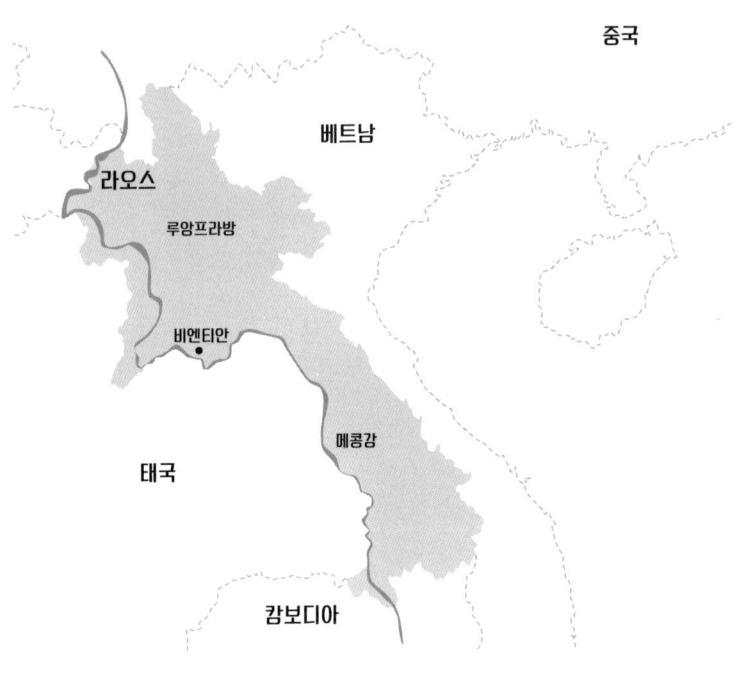

코끼리 등에 올라타고 목욕시켜주기라니, 상상도 못한 일이었다. 엄밀히 말하면 코끼리가 반대로 나를 목욕시켜줬다. 땅에서 가장 큰 동물과 함께 남칸강에 몸을 담갔는데, 뼛속까지 스며드는 차디찬 강물이 꿈이 아님을 실감케 해주었다.

2011년 겨울, 라오스 여행을 떠나며 북부 도시 루앙프라방에 코끼리 조련 체험 프로그램을 예약했다. 미니버스 한 대가 여행객들을 태우고 남칸강변의 코끼리 캠프로 데려다줬다. 캠프 직원은 우리에게 아시아 코끼리의 특징을 설명해주고, 코끼리를 다루는 명령어 몇 가지를 알려줬다. 조련 체험 프로그램은 코끼리와 함께하는 산책에서부터 시작되었다.

나와 짝이 된 코끼리 본슨은 과거 전쟁까지 겪은 예순다섯 노인으로, 그의 커다란 상아는 이미 오래전에 누군가가 몰래 뽑아가 팔아먹었다. 수컷의 상징인 상아를 뺏겨서인지 아니면 늙어서 그런지 이 아시아 코끼리는 걸음걸이가 쌩쌩한 다른 코끼리들에 비해 찬찬하고 얌전한 편이었다. 그래서 코끼리를 처음 접한 나 또한 편하게 다가갈 수 있었다.

본슨은 이미 훈련이 잘 되어 있어 태우고 있는 사람이 별다른 말을 안 해도 알아서 척척 길도 잘 가고, 배려심도 깊어 내가 부딪히기 전에 나뭇가지를 치워줬다. 그는 내게 코끼리란 생명체가 얼마나 똑똑한지를 보여줬다. 나는 그저 먹이만 잘 주면 되었다. 그래서인지 노예처럼 묶어둔 쇠사슬이 더 마음에 걸렸다. 하지만 뒤따라온 조련사는 생각이 전혀 달랐다.

"불쌍하다고? 얘넨 그래도 팔자가 좋은 편이야." 그는 무심하게 나뭇가지를 휘두르며 말했다. 그의 말에 따르면, 메콩강 상류 국경지대 숲속의 코끼리들이야말로 등 위에 육중한 나무를 싣고 일하기 때문에 신세가 고달프단다.

●

과거 라오스는 '백만 마리 코끼리의 나라'였다. 그런데 지금 라오스 전역에 남아 있는 코끼리는 고작 천 마리 안팎에 불과하다. 국경지대 숲속의 일꾼 코끼리 외에 대부분은 관광 산업에 이용되고 있다.

남칸강 쪽에 기대고 있는 이곳 코끼리 캠프에서는 십여 마리의 코끼리를 키우고 있었다. 남칸강은 메콩강의 지류로, 남칸강을 따라 올라가면 메콩강의 상류가 된다. 그 중간에는 코끼리 캠프와 비슷한 마을들이 널려 있다. 관광객들은 비용을 지불하고 코끼리 등에도 타 보고 각종 체험 활동을 즐긴다. 그리고 마을 사람들은 그로부터 얻은 수입으로 생계를 유지해나간다. 이와 같은 코끼리와 마을 사람들 간의 공생은 생태관광을 추구하는 라오스가 발전시킨 이른바 '사회적 기업 책임'의 모델이다.

전 세계가 앞 다퉈 경쟁하는 사이 라오스는 자원 개발, 관광 그 어느 쪽으로 봐도 모두 시작이 한 발 늦었다. 한편으로 무분별한 경쟁으로 세상 천지에 오만 쓰레기들이 무책임하게 널브러진 지금, 인류가 반성을 통해 구원받을 수 있는 곳이 있다면 라오스와 같이 덜 훼손된 곳뿐일 것이다.

사람들은 라오스의 원시적 아름다움에 찬사를 보내며 한층 성숙해진 여행에 대한 관념을 만들었다. 그곳에서만큼은 여행 중에 과도한 에너지 소비와 환경 파괴를 자제하자는 것이다. 여행사들은 대개 등산이나 하이킹 혹은 기타 오염을 최소화하는 체험 활동으로 구성된 여행을 권하고, 나아가 가이드 역할은 대부분 그곳 마을 주민들이 직접 맡는다. 그리고 거기서 생긴 이윤은 마을 전체가 함께 나눈다. 그곳 사람들의 일상은 평온하고 조용하며 느긋하기까지 하니, 그야말로 유토피아와 같다.

오죽하면 앙코르와트를 발견한 앙리 무오가 이곳에서 잠들었을까? 이 탐험가는 앙코르와트를 찾은 다음 메콩강을 따라 중국을 향해 올라가다 라오스와 맞닥뜨렸다. 그리고 그곳의 아름다움에 반한다. 그는 아쉽게도 말라리아에 걸려 36세를 일기로 생을 일찍 마감해 자신이 반한 남칸강 부근에 묻힌다. 그곳 코끼리들이 등에 조련사를 태우고 수풀에서 나올 때면 매일 같이 그의 묘를 지날 것이다. 아직 안개가 잔뜩 껴 있는 이른 아침, 묘지 앞 숲속의 사람과 코끼리는 그렇게 한 폭의 고요한 수묵화를 이룰 것이다.

그런데 외부 세력이 속속히 진입해 오면서 수묵화 속 풍경이 바뀌고 있다. 코끼리 조련사들은 내게 이 나라에 이미 변화의 바람이 일고 있음을 알려줬다.

"중국어로 코끼리를 뭐라고 하지?" 나와 함께 다니는 코끼리 조련사가 계속 물었다. 스무 살인 그는 조련사가 된 지 2년도 채 안 되었다고 했다. 그의 말에 따르면 코끼리 조련사의 수입은 퍽 적은 편으로, 매달 버는 돈이 고작 백 달러 정도에 불과했다. 그래서 맨날 더 큰 돈을 벌 방법만 궁리하고 있단다.

"갈수록 이곳에 중국인들이 넘쳐나. 그래서 나는 중국어를 배우고 싶어. 나중에 그들과 사업을 할 수 있을 테니 말이야." 그러자 또 다른 조련사가 못 참겠다는 듯이 호응했다. "맞아! 정말이지 이곳엔 중국인들이 바글바글해. 이러다 라오스가 차이나타운이 되겠어."

보아하니 정말 그런 것 같았다.

루앙프라방에서 자전거를 타고 한 바퀴만 뱅 돌아도 중국어로 간판을 써둔 숙소, 사업체, 작은 공장 등을 쉽게 볼 수 있다. 비엔티안 국제공항에서 걸어 나오면서부터 중국어 광고판들이 눈길을 끌며 여행객들을 맞이한다. 동남아시아 국가들을 여행할 때면 내게는 무엇보다도 익숙한 그 글자들이 늘 그림자처럼 따라다닌다. 내가 그것들을 쫓아다니는 건지, 그것들이 나를 따라오는 건지 분간이 안 갈 정도로 말이다.

중국과 중국인들의 경제력은 거대한 그림자 같다. 온 동남아시아가 벗어나지 못할 정도로 큰 그림자 말이다. 그러니 내가 여행 도중 종종 그 그림자에 우연히 걸려든 것도 당연한 일이다.

●

코끼리 캠프를 떠나자마자 나는 바로 라오스의 수도인 비엔티안으로 돌아왔다. 그날 저녁 무렵, 메콩강변의 어느 만둣집의 문을 열고 들어가는데 뜻밖에도 귀에 익은 소리가 들려왔다. 중국 상인 몇몇이 모여 라오스 개발에 관한 이야기를 하고 있었다.

"남우강(메콩강의 지류)에 수력 발전소가 백오십 개래." 중국인 특유의 큰 목소리가 타지에서 더 높아져 마치 그곳에 본인들만 있다는 듯 왁자지껄 떠들어댔다. 들어보니 광섬유 케이블 쪽으로는 이미 늦었으니 라오스의 수력자원을 노려야 한다는 내용이었다.

"태국만 해도 하천이 잔잔하니, 수력으로 치면 이만한 곳이 어디 있겠어? 이봐, 메콩강은 정말이지 개발하기 시작하면 승승장구하는 거야!" 그들은 술을 마시며 이 나라에서 할 수 있는 무궁무진한 프로젝트에 관해 떠들었다.

듣고 있자니 그런 생각을 한다는 게 약간은 무섭기도 하고, 동시에 한 라오스 친구의 말도 떠올랐다. "라오스 사람들은 외국인들에게 감사해하고 있어. 진심이야. 그들 덕분에 가난한 농촌 아이들이 입을 옷도 있는 거고, 여러 건설들이 이뤄지니 말이야."

비엔티안은 각국에서 들여온 원조를 통해 건설을 진행한다. 특히 중국에서 말이다. 그러다 보니 오늘날 비엔티안에 가보면 라오스만의 역사적 숨결을 찾아보기가 힘들다. 프랑스 식민 시절 행정구역이었던 이 도시는 다른 도시들에 비해 약간 이것도 저것도 아닌 것 같은 묘한 분위기를 풍긴다. 베트남 하노이만큼 프랑스 느낌이 강한 것도 아니면서, 미얀마 양곤처럼 소승불교적인 정취가 짙은 것도 아니다.

비엔티안은 메콩강 중류에 자리한다. 전 세계에서 몇 안 되는 국경 부근에 위치한 수도 가운데 하나이기도 하다. 어느 정도로 가깝냐고 한다면 비엔티안에서 메콩강 위 '우정의 다리Thai-Lao Friendship Bridge'를 건너면 곧바로 태국에 닿는다. 비엔티안 왕국은 기원전 4세기 작은 공국에 불과했으며 베트남, 시암(태국 왕국의 옛 이름), 버마(오늘날 미얀마)가 그곳을 관할했다.

라오스의 옛 왕조인 란쌍 왕국이 미얀마의 침략을 피해 비엔티안으로 천도하면서 비로소 이곳이 역사적으로 이름을 드러내게 된다. 그러나 빛을 발하는 것도 잠시, 란쌍 왕조의 분열로 인해 비엔티안은 또다시 몇 차례에 걸쳐 주변국들의 수중에 들어가게 된다. 급기야 18세기 시암이 라오스를 침략했을 때 비엔티안은 시암의 부속국이 됨과 동시에 철저히 파괴당한다.

●

시암, 즉 태국은 라오스 역사상 최대의 적이라고 할 수 있다. 그 위협은 지금도 여전히 남아 있다. 양국은 메콩강을 경계로 국경을 맞대고 있는데, 그 길이가 976킬로미터에 달한다. 서로 가깝게 기대고 있는 두 나라는 언어도 비슷하다. 따라서 외국인은 보통 한 문화권에 속하는 두 나라의 차이를 분간하기가 힘들다. 나와 대화를 나누고 싶어 하는 라오스인들은 매번 처음에는 손짓 발짓을 다 하다가 결국에는 내게 "태국어 할 줄 모르나요?" 하고 물어왔다. 이곳은 태국인들의 휴양지이기도 해서, 어딜 가나 태국 관광객들을 볼 수 있다. 심지어 사진관에서 폴라로이드 카메라를 사면서 보니 가격이 태국 화폐 단위인 바트Baht로 나와 있었다.

산업 기반이 취약한 라오스는 대부분의 민생물자를 태국으로부터 수입해온다. 게다가 라오스인들은 쉬면서 텔레비전을 볼 때도 선택할 수 있는 방송 프로그램이 태국 것으로 한정된다. 라오스 정부가 미디어를 엄격히 통제하면서 채널을 하나만 공개하고, 그나마 따분한 국내 뉴스만 내보내기 때문이다. 사정이 이렇다 보니 라오스인들은 태국에 대해 두려움과 증오를 품고 있으면서도 동시에 그들의 힘과 투자에 의해 경제가 좌지우지되면서 더욱 태국에 의존하게 된다.

베테랑 기자인 로버트 카플란Robert Kaplan은 《지구의 변경 지대The ends of the earth》에서 라오스를 '태국 바트의 국가'라고 말한 바 있다. 라오스의 자원이 거의 태국에서 사용되고, 상당수 라오스인들 또한 메콩 강변에 거주하며 태국 국경 지대로 몰려가는 등 라오스가 사실상 태국 경제의 지배를 받는다는 의미다. 따라서 그는 향후 라오스가 태국의 연장선상 위에 놓일 것이라는 예측을 내놓았다.

그러한 관점은 어쩌면 태국의 차이아난Chai-Anan Samudavanija 교수의 영향을 받은 것일지도 모르겠다. 차이아난은 로버트 카플란과 만났을 때 이렇게 말한 적이 있다.

"경제 발전은 '인위적인 국경'에 의해 판가름 날 수 있는 것이 아닙니다. 그보다는 활동 경로로 결정짓는 것이죠. 예를 들면 메콩강처럼 말입니다. 이러한 전개에 따라 아시아는 새로운 지도로 19세기 모델의 민족-도시국가 지도를 대체할 필요가 있습니다. 후자는 갈수록 실제와 동떨어지기 때문입니다."

그도 그럴 것이, 내가 라오스를 여행하며 만난 외국인 여행객들은 태국을 들른 다음 라오스로 온 경우가 많았다. 혹은 반대로 라오스를 거쳐 태국으로 가려고 하고 있었다. 라오스는 태국을 오가는 여정 중 잠시 머무는 하나의 점에 불과했던 것이다. 태국이라는 이웃만큼 사람들을 끌어들이지 못하고, 국제사회에서는 늘 자리에 없으며, 언론에서는 생략되고 마는 나라가 라오스였다.

《지구의 변경 지대》가 출간된 시기는 1996년이다. 그런데 중국이 선택지로 부상하거나 눈에 띨 정도의 영향력을 지니기도 이전인 그때, 유엔의 한 원조 담당 관료가 그에게 일러줬다.

"경계는 이미 무너졌습니다. 태국과 라오스, 라오스와 중국, 중국과 베트남처럼 말입니다. 당신은 나무를 실은 트럭이 숲에서 나와 태국이나 중국으로 향하는 광경을 언제든지 볼 수 있습니다."

● 중국, 미얀마, 라오스, 태국 4개국의 국경은 메콩강을 중심으로 나뉜다. 이 4개국은 2000년에 상선 통항 협정을 체결했고, 이에 따라 각국의 화물선은 4개국의 깃발을 걸고 270킬로미터의 항로를 무국경 지대처럼 자유로이 항해할 수 있다. 그리고 '모든 강의 어머니'인 이 강의 풍부한 수력자원이 주변 4개국 모두에게 보석 같은 존재가 되면서 이들은 1995년 메콩강 위원회를 구성해 공동으로 개발계획을 제정했다. 메콩강 위원회 사무국이 비엔티안에 있는데, 바로 그 시끌벅적한 만둣집과 같은 거리다.

메콩강 전체 길이 가운데 3분의 1을 품고 있는 라오스는 예전에는 가난뱅이 취급을 받았지만 지세가 높고 낙차가 크기 때문에 점차 수력자원의 노다지로 떠오르면서 지금은 전문가들로부터 '아시아의 쿠웨이트'로 평가받고 있다. 오늘날에는 중국 상인 및 노동자들이 대거 이 아시아의 쿠웨이트에 몰려들었다. 비엔티엔에서 5만 명 정도 되던 중국인 인구도 2005년부터 중국 정부가 계획적으로 광부 만 명을 보내기 시작하면서 10만 명을 넘어섰다.

이처럼 라오스 내 중국의 기세는 확연히 눈에 띈다. 희멀건 색에 초라한 모양새인 라오스 국립박물관 맞은편으로 휘황찬란한 건축물이 하나 있는데, 바로 국립문화회관이다. 그곳에서는 딱히 흥미로운 전시가 열리는 대신 우리 눈에는 따분할 법한 국력 과시용 중국 영화들이 수시로 상영된다. 그러나 평소 즐길 만한 오락거리가 부족해서인지 라오스인들은 그마저도 충분히 재미있게 받아들이는 듯했다.

문화회관 입구에 세워진 커다란 전자 게시판에는 중국어로 이뤄진 라오스 여행 홍보영상이 양국 간의 굳건한 우호 관계에 호소하면서 반복 재생되고 있었다. 입구에 새겨진 "중화인민공화국의 인민과 정부가 라오스 인민과 정부에게 드리는 선물입니다"라는 중국어 문구 또한 이에 호응하고 있는 듯했다.

그런데 과연 중국이 한 것이 이게 전부일까? 물론 아니다. 동남아시아 전체의 인프라 건설은 이 북방의 대국이 사실상 장악하고 있다. 중국은 막강한 경제력을 바탕으로 동남아시아 국가들의 도로를 깔아주는데, 심지어 중국 쿤밍에서 방콕으로 이어지는 고속도로까지 개통하기도 했다. 게다가 중국은 메콩강 수로까지 텄다. 이에 따라서 관광객과 채소 및 과일을 실어 나르는 배가 이 삼국의 교차 지점을 분주히 돌아다니고 있었다. 마치 무국경 지대처럼 말이다.

그러나 동남아시아의 여러 국가들은 이러한 중국의 도움을 우려한다. 도로 개통과 문호 개방이 새로운 긴장을 조성할 수 있기 때문이다. 태국 북부의 한 관료는 그러한 '중국식 침략'이 문제를 심화시킬 것이라며, 나아가 라오스까지 걱정했다. "중국인들은 이곳에 올 때 자본, 노동력, 건축자재까지 전부 자기들 것으로 가지고 오죠. 나중에 라오스인들이 착취나 침략을 당했다고 느낄 수도 있어요."

그러나 정작 라오스 정부는 무덤덤한 것 같다. 심지어 라오스 관료는 영토를 걸고서라도 중국으로부터 자금을 조달받고 싶어 한다. 중국은 라오스 북부에 경제 개발구와 카지노를 만들어 중국인들을 대규모로 끌어들이고 있다.

●

만둣집 내부는 여전히 소란스러웠다. "라오스도 더 이상 만만한 곳이 아니야." 중국 상인 하나가 큰소리로 투덜댔다. 상업 관련 규정이나 문화가 국경만 건너면 완전히 달라진다는 게 이유였다.

메콩강도 험준한 산들 사이에서 포효하고 있다. 메콩강은 국경을 넘어야지만 비로소 그 이름으로 불린다. '메콩'은 캄보디아어로 '모든 강의 어머니'라는 의미를 지니고 있다. 메콩강은 인도차이나반도 각 종족 문화의 기원이자 지금도 여전히 그들 국가의 역사 및 발전과 맥을 함께하고 있다. 또한 제국들의 흥망성쇠를 지켜봐왔다. 그런데 중국으로 가면 이 강은 '란창강瀾滄江'으로 이름이 바뀐다.

'란창瀾滄'은 타이어phasa thai의 발음으로, 고문헌에 따르면 다이족도 시솽반나西雙版納(솽반나 다이족 자치주로 중국 윈난성 최남단에 위치한다)를 지나는 이 강을 가리켜 '남란장南蘭章'으로 불렀다. 남란장은 '백만 코끼리가 번식하는 강'이라는 뜻이다.

8세기경 중국 윈난을 떠난 다이족은 계곡을 따라 사방으로 이동한다. 그리고 각기 다른 종족 문화를 만들어낸다. 현대 국가 및 민족학의 정의에 따르면 오늘날 미얀마로 이동한 이들이 샨족, 태국으로 간 이들이 타이족이 되고, 라오스에서는 라오족이 된다. 또한 인도까지 간 갈래도 있다. 어디로 이동했든 이들 다이계 종족들은 같은 계통의 언어를 쓰고, 이 거대한 강에 의존해 살아가고 있다. 그 문화와 전설 역시 해당 수역으로부터 벗어나지 못한다.

14세기 남칸강 부근에 도달한 라오족은 남칸강과 메콩강이 합류하는 루앙프라방에 란쌍 왕조(란쌍은 백만 마리 코끼리와 하얀 파라솔이라는 뜻이다)를 세운다. 그전까지 해당 영토에 분포하고 있던 작은 공국은 진랍(캄보디아)과 앙코르 왕조의 지배를 받았는데, 란쌍 왕조가 세워지면서 비로소 라오스의 초기 틀이 그려진다.

그러나 그것은 말 그대로 기초적인 윤곽만 그린 것일 뿐이었다. 라오스는 이웃 국가인 미얀마와 태국의 침략과 공격을 받아오며 오랫동안 사방으로 분열되어 있었고, 근대 제국주의 시절에 이르러선 프랑스가 태국에게 메콩강 동쪽 땅을 양도하도록 압박함에 따라 식민지배를 받으며 양귀비를 재배하는 제국의 뒤뜰이 된다.

이처럼 우리가 알고 있는 라오스라는 국가는 라오스 국민들 스스로가 아닌 외국인들이 만들어낸 것이다. 과거 프랑스, 영국, 중국, 태국은 각각 라오스 주변에 경계선을 그렸고, 프랑스인들은 그에 더해 영어 명칭인 '라오Lao' 뒤에 's'를 붙여 라오스Laos라고 표기했다. 내가 들고 다니는 《론리플래닛Lonely Planet》에는 이런 말이 나온다. "사람들은 보통 라오스가 하나의 국가라기보다는 여러 부족과 언어가 뒤섞여 있는 집결지 같다고 말한다."

하지만 가이드의 생각은 달랐다. 아직 앳된 청년인 그의 이름은 '통'

이었다. 퉁은 라오스가 본래부터 존재했고, 라오족이 세운 왕조라고 말했다.

내가 태국의 주요 종족인 타이泰와 라오스의 다이傣에 어떤 차이가 있는지를 묻자, 그는 잠시 생각에 잠기더니 이렇게 답했다. "다이는 메콩강 서부 연안에 분포해 있었지. 그러다가 태국이 서부 연안의 영토를 가져가면서 자연스럽게 그곳에 있던 다이족도 '태국인'이 된 거야."

퉁은 내 말을 잘못 이해하고 있었다. 애초에 라오족이 다이족의 한 갈래인데 말이다. 퉁은 민족주의자들이 스스로 믿듯이 라오스인과 태국인이 관련이 있을 것이라는 생각은 하지 않았다. 따라서 그가 할 수 있는 유일한 해석은 '태국이 라오스의 영토를 빼앗아 그 땅에 있던 사람들의 국적이 바뀌었다'라는 것이었다.

그러한 역사적 감정을 확실히 전달하기라도 하려는 듯이 퉁은 내 손에 있던 펜을 가져가 종이 위에 그림을 그려 보였다. 그는 대충 라오스의 지도를 그린 다음, 메콩강 서부 연안 방향으로 뻗어나가는 선을 그리며 이렇게 말했다. "여기가 원래는 라오스 땅이야. 그런데 이후 시암이 라오스를 침략해 이 땅을 전부 빼앗아 갔어. 그러면서 그곳에 있던 사람들이 태국인이 된 거지."

바꿔 말하면 오늘날 메콩강을 중심으로 한 태국과 라오스 간의 경계는 결코 자연스럽게 만들어진 것이 아니라는 의미가 된다. 다시 말해 본래 란쌍 왕조의 통치권 아래 속했던 작은 공국이 메콩강 서부 연안에 분포하고 있다가 힘이 약해지면서 공국의 통치권과 영토를 이웃 국가로부터 탈취당한 것이다. 이후 또다시 서구 열강이 영토의 일부를 가져가면서 결국 메콩강이 국경선이 된다. 수도 비엔티안을 포함한 메콩강 동부 연안 영토의 소유권은 여러 정권 사이에서 수시로 뒤집혔다.

내가 통과 그린 '라오스'의 모양은 1950년대 독립 이후 확정된 것이다. 우리는 종이 위에 서로 영토를 한 조각씩 더하거나 빼며 각자의 머릿속에 있는 '예전의 국경'을 그렸다. 그 자체가 바로 라오스 경계의 애매모호함을 보여준다. "라오스가 라오스인 이유"는 결코 스스로 정한 게 아니었다.

●

종전까지 우리의 정치적인 경계에 대한 이해와 상상은 늘 현대 국가 nation라는 개념에 갇혀 있었다. 이러한 틀로 동남아시아 국가들의 역사와 발전을 이해하기에는 한계가 있었다. 언제나 국경은 권력의 중심에 따라 이동하고 바뀐다. 권력의 중심이 쇠퇴하면 도시 국가들은 다른 왕국에 충성을 바쳤다. 따라서 학자들이 과거 동남아시아 왕국에 관해 토론을 할 때면 등장하는 것이 '만다라 mandala'다. 이 산스크리트어는 '권력의 중심', 즉 서클 circle이라는 의미를 가지고 있다.

'권력의 중심'은 국력의 차이에 따라 바뀐다. 따라서 예전에는 국경이 선명하게 정해지지 못했지만, 오늘날 세계지도는 어떤 의문도 용납하지 않는 수학 공식과 같아졌다. 국경은 절대치이고, 그 수치를 정한 이는 보통 식민지 개척자들이었다. 식민통치를 당하지 않은 태국

조차 식민지배 세력이 그들의 경계를 그렸다. 베네딕트 앤더슨Benedict Anderson은 《상상의 공동체Imagined communities》에서 바로 이 부분을 꼬집었다. 리처드 뮤어Richard Muir 또한 《정치지리학Political Geography》에서 이렇게 지적했다.

"국경선은 국가와 국가의 영토 간 접촉면이다. 그것은 주권의 범위를 결정짓고, 폐쇄적인 정치 영역의 공간 형태를 정의 내린다. 그러나 국경은 수직적인 접촉면으로서 존재하는 것으로, 국경에 수평의 폭이란 없다. 다시 말해 국가와 국가 간의 경계선은 모호한 평년의 공간이 아니라, 철저하고 확실한 단절이다. 그것이 바로 20세기에 시작된 지리학 모델이기도 하다. 동남아시아적 전통에서 정치적 범위의 개념이라 할 수 있는 '공국'은 이미 사라졌다. '보이지 않으며, 경계가 있는 영토 공간이라는 각도에서 국토를 상상'하는 '국가'가 그것을 대체했기 때문이다."

식민주의자들은 아시아, 아프리카에 가장 모더니즘적인 선을 남겨놓았다. 바로 지도다. 지도는 식민주의자들이 차지한 땅들을 마치 하나하나 세어질 수 있는 물건처럼 쭉 진열해놓음으로써 그들이 자신들의 재산을 간편히 확인할 수 있도록 해줬다. 그 안의 토지와 국가는 마치 조각보를 깁듯이 선이 그려지고 색이 칠해져 커다란 그림이 되었다. 그 속에서 종족, 전통 따위를 들여다보기는 힘들다. 지도는 한 장한 장 복사되고, 국가도 그들에 의해 하나하나 빚어졌다.

현대인 가운데 무국적자는 드문 편이다. 또한 아시아에 살고 있는 현대인들은 자신의 국가가 어떻게 만들어졌고 어떻게 식민주의자들로부터 독립을 쟁취했는지 당당하게 말할 수 있다. 그러나 그 가운데 이런 생각을 해보는 이는 극소수일 것이다.

"이 땅이 식민주의자에 의해 국가 형상이 갖춰지기 전에는 어떤 모습이었는가?"

●

루앙프라방에 도착한 첫날, 나는 여행사에 가서 1인 트레킹 코스를 예약했다. 조그마한 트럭을 끌고 온 퉁은 게스트하우스에서 나를 픽업해 루앙프라방에서 한 시간 가량 떨어진 산악마을로 데려다줬다. 그는 이렇게 자기소개를 했다. "내 이름은 퉁이야. 묘족苗族이지."

작은 키에 깡마른 퉁은 겉보기에는 다른 라오스인들과 비슷했다. 그는 나를 이끌고 산악 트레킹을 하며 해당 구역 내 묘족, 라오족, 와족 등의 마을을 소개해줬다. 나는 그에게 물었다. "그럼 너희들끼리는 서로를 구분할 수 있어?" 내 눈에는 모든 라오스인의 생김새가 비슷해 보였기 때문이다. 사실 동남아시아인들 전체가 거의 비슷하게 보였다.

퉁은 약간 수줍은 얼굴을 하더니 구분할 수 있다고 대답했다. 어쨌거나 언어 습관이 다르기 때문에 분간이 가능하다는 것이다. 이제 막 가이드 일을 시작한 퉁은 유창하지 못한 영어로 별의별 것을 다 묻는 나의 질문에 대답해줬다. 그래서인지 중간중간 난감해하는 미소를 보이고는 했다.

스물여덟 살의 퉁은 자신의 조국을 열렬히 사랑했다. 그는 자신의 나라가 비록 가난하고 낙후되었지만, '좋은 정부'를 가지고 있다고 말했다. 독립 후 지금까지 라오인민혁명당(LPRP)이 줄곧 정권을 쥐고 있고, 그것이 라오스의 유일 정당이지만 그럼에도 불구하고 "우리나라는 매우 민주적이야"라는 게 퉁의 주장이었다. "우리는 5년에 한 번씩 대통령 선거를 실시해." 퉁이 우쭐대며 말했다. 누가 뭐래도 그는 자신을 라오스인으로 생각하고 있었다.

그러나 '애국'이라는 것은 퉁의 가족들에게 있어서 상처이기도 했다. 정치적 노선에 따라 가족들이 양 갈래로 분열된 것이다. 그의 아버지와 할아버지 등 친가 쪽은 식민통치에 저항해 독립했던 정권인 파테트라오Pathet Lao(라오스의 좌파연합전선이자 현 공산주의 정권의 전신)를 지지했고, 외가 쪽은 그와 반대로 미군을 지지했다.

베트남전쟁 당시 미군은 동남아시아의 적화를 막기 위해 인도차이나반도에 대거 주둔했다. 그들이 원하는 것은 두 가지였다. 하나는 사회주의를 주장하는 파테트라오의 집권을 막는 것이었고, 또 하나는 북베트남이 라오스 영토 내의 '호찌민 트레일'을 경유해 부대와 물자를 운송하는 일을 막는 것이었다. 그래서 미군은 60만 차례나 항공기를 동원해 200만 톤이 넘는 폭탄을 라오스에 투하한다. 이는 2차 세계대전 당시 나치 독일에 퍼부어진 것이나 한국전쟁 때 쓰인 폭탄보다도 많은 양이다. 어느 작가의 표현에 따르면 "9년간 8분에 한 번씩 폭탄을 투하한 셈"이다. 이에 따라 라오스는 세계 전쟁사에서 1인당 평균 폭격 정도가 가장 심각한 나라로 남게 되었다.

외부 세력의 개입은 라오스의 묘족을 분열시켰다. 프랑스 식민지배 초기, 일찍이 식민통치에 앞장서 저항한 이들은 대부분 묘족이었다. 프랑스인들은 4년이 지나서야 가까스로 이들을 진압할 수 있었다. 그런데 이후 파테트라오의 주도 아래 식민통치 저항 운동이 일어나기 시작할 때 묘족 지도부에 분열이 발생한다. 대다수가 프랑스 쪽에 섰고, 일부만이 파테트라오를 지지한 것이다. 이후 다시 미국이 개입했을 땐 일부 묘족이 여전히 파테트라오의 반대편에 서서 미국을 지지한다. 훗날 미국의 비밀 부대원으로 활동한 묘족은 본래 프랑스를 위해 싸운 용병들이었다.

미군이 철수한 이후 묘족의 3분의 1이 라오스를 탈출했다. 미국으로 이민을 떠난 이도 있고, 난민이 된 이들도 있었다. 오늘날까지도 여러 묘족 집결지들은 여전히 정부의 감시를 받고 있으며, 외국인이나 관광객과 접촉하는 것이 불가능하다. 반면 묘족 가운데 파테트라오 쪽에 섰던 이들은 자연스레 그로부터 면책되어 정부 요직까지 맡을 수 있게 되었다.

퉁의 할아버지는 당시 미군의 폭격에 의해 숨졌다. 한편 미국 편에 섰던 가족들은 미국으로 이민을 갔다. 아버지는 무사히 농부가 되어 열두 명의 자녀를 키웠다. 퉁만 빼고 말이다. 가난 때문에 아이들을 전부 다 키우지는 못해 통은 숙부가 맡아서 키웠다. 그래서 통은 형제들보다 상대적으로 더 많은 혜택을 누리며 대학까지 진학할 수 있었다. 대학에서는 외국어를 공부했고 사실상 그가 선택할 수 있는 유일한 길은 가이드였다. 그래도 그는 충분히 자신의 삶에 만족하고 있었다. "나는 다른 형제들에 비해 훨씬 살 만해. 그들은 맘껏 먹지도 못하고, 논밭을 떠나지도 못하는 걸."

●

우리는 대화를 나누면서 남칸강 위를 가로질러 새로 올린 대나무 다리를 건넜다. 남칸강은 우기 때면 다리가 망가질 정도로 물이 차올라 우기가 끝나면 마을 사람들이 다시 다리를 올리고는 한단다. 다리를 건너자, 맞은편에서 한 노인이 다가와 통과 몇 마디를 주고받았다. 보아하니 나를 두고 이야기를 나누고 있는 것 같았다. 통에게 물으니 고개를 끄덕끄덕하더니 제대로 봤단다. 그러더니 통은 노인에게 과장되게 강조했다. "중국 사람이 아니에요!"

묘족의 민족 언어인 묘어로 특별히 '중국'을 지칭해서 부르는 단어가 있는데, 그것은 하나의 국가라기보다는 한 종족이 거주하는 곳의 지명처럼 들렸다.

그런데 뜻밖에도 통은 자신의 선조가 중국에서 왔다고 말해왔다. 전에만 해도 그는 묘족의 기원에 관해 잘 알지 못했는데, 가이드가 되고 나서 자신의 국가, 문화 등을 더 잘 이해하기 위해 시간이 날 때마다 수시로 도서관에 가서 책을 빌려 읽었단다. 그러던 중 백여 년 전 선조들이 중국 정부가 강요하는 가혹한 노역을 견디지 못하고 이곳으로 도망쳐왔다는 사실을 알게 되었다고 한다. 비록 산 하나를 넘는 정도의 거리에 불과하지만 그들에게 있어서는 국경을 뛰어넘는 의미였을 것이다. 그곳을 넘어서는 순간부터 다른 국적을 갖게 되었기 때문이다. 하지만 국적과 무관하게 그들은 다른 종족과 마주할 때면 자신을 이렇게 소개했다. "나는 묘족입니다."

과거 시암 문화의 영향을 받은 라오스는 지금도 여전히 태국의 통화 강세와 경제 및 문화 영향권에서 벗어나지 못하고 있다. 라오스어는 태국어와 상당히 비슷하고, 문자 체계도 태국어에서 빌려왔다. 그런데 오히려 묘족은 자신들만의 문자 체계를 가지고 있었다. 물론 그것은 선교사들이 남기고 간 로마자 표기법에 불과했지만, 긍정적인 통은 전혀 개의치 않고 조금은 한쪽으로 치우친 듯한 라오스의 우스갯소리 하나를 들려줬다. 우선 그는 내게 물었다. "라오족도 문자를 가지고 있고, 묘족도 가지고 있는데, 왜 와족은 안 가지고 있는지 알아?"

와족 마을로 향하며 통은 농담을 이어나갔다. "와족은 무척 게을러. 라오족과 묘족이 책을 들고 수업에 갈 때 그들은 점심 도시락만 들고 갔지. 그런데 학교에 도착하기도 전에 배가 고파서 중간에 도시락으로 싸온 샌드위치를 다 먹어버렸어. 그리고 나서 다들 종이와 필기도구를 꺼내 집에 편지를 쓰는데 와족만 쓰지 못했어. 샌드위치를 먹어버렸으니 말이야."

말을 마친 퉁은 못 참겠다는 듯이 크게 웃었다. "샌드위치를 먹어버렸으니 말이야"를 연거푸 반복하면서 말이다. 그는 외족만 문자를 안 가지고 있다는 점을 몇 번이나 강조했다. 그 농담은 수줍음을 잘 타고 영어로 말할 때면 자신감이 사라지는 퉁이 이번 여정에서 가장 유창하게 한 이야기였다.

인도네시아

경계에서 희미해진
타인과 나 사이의 간격

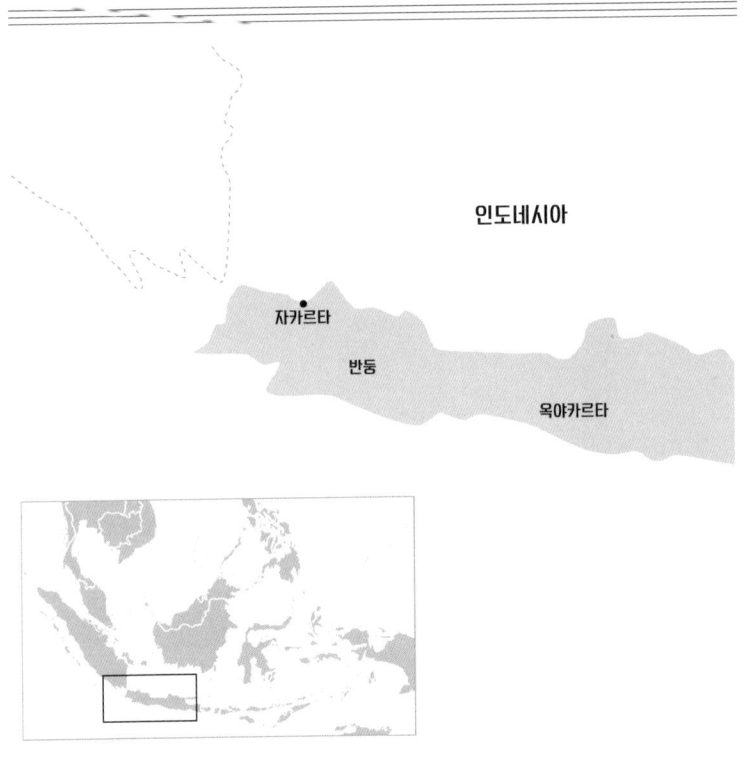

인류학 연구소에 들어간 지 한 달 만에 나만의 완벽한 세계지도 한 장이 필요하다는 생각이 들었다. 수업자료에 늘 멜라네시아Melanesia, 꼬란Ko Lan, 사누르Sanur 등 알아보기 힘든 지명들이 나왔다. 그것들을 다 기억하지도 못할 뿐더러 지구본에서 어디쯤에 위치하고 있는지조차 몰랐다. 나는 간단한 지도 한 장을 침대 머리맡에 붙여놓고, 인류학을 공부하면서 틈틈이 지도 위의 표시를 늘려나갔다.

인류학을 공부하기 전에 나의 세계관은 꼭 그 지도 같았다. 국경 획정에 있어서 그들 간에 어떤 분쟁이 있든지, 영토 주권 쟁탈이 얼마나 치열하든지 간에 세계는 각 주권국가state 혹은 민족국가nation state를 중심으로 한 빽빽한 퍼즐 조각으로 이뤄져 있었다. 그러나 인류학자에게 있어서 세계를 구성하는 기본 단위는 결코 최근 생겨난 '국가'라는 개념이 아니다. 인류학자 클리포드 기어츠Clifford James Geertz는 인도네시아 필드 노트를 쓰면서 이렇게 말했다.

"시민에게 있어서 시민권은 새로운 관념이다. 그러나 정체성은 새로운 것이 아니다. 우리에게 줄곧 정부가 있었던 것은 아니지만, 정부가 없었다면 굉장히 많은 국가로 쪼개졌을 것이다. 하지만 논과 보로부두르Borobudur 불교사원이 우리에게 있는 한, 이슬람이 침입한 이래로 영원히는 아닐지라도 우리는 여전히 우리다."

연구 기회가 생긴 기어츠는 1950년대 폭풍전야의 자와텡가주로 떠난다. 인도네시아라는 이제 막 독립한 나라가 막 입문한 인류학자인 기어츠의 연구 현장이 된 것이다. 나는 그의 학문 여정을 통해 한 국가가 차츰 모습을 갖춰나가는 과정을 생생히 목도한다. 그리고 나는《문화의 해석The interpretation of cultures》에 수록된 그의 연구 논문인 〈심층 놀이: 발리의 닭싸움에 관한 기록들〉을 읽고서 기어츠의 길을 따라가기로 마음먹었다. 연구소의 선생님과 학우들도 내 계획을 듣더니 적극적으로 호응해줬다. 그렇게 2004년 겨울 방학, 우리는 '닭싸움 팀'을 꾸려 자바로 향했다. 물론 기어츠의 닭싸움 연구는 인도네시아 발리에서 진행되었지만 말이다.

●

기어츠가 발리에서 현장을 경험한 이야기는 그야말로 귀감이 된다. 구구절절 심장을 뛰게 만들기 때문이다. 1958년 4월, 당시 기어츠 부부는 이질에 걸렸고, 자신감을 잃은 채 500여 명이 살고 있는 발리의 작은 마을에 닿았다. 매우 외지고 그들만의 작은 세계를 이루고 있는 곳이었다. 마을 사람들은 서양에서 온 이 두 사람을 초지일관 '불청객'처럼 대했고, 봐도 못 본 척했다. 그렇게 기어츠 부부는 그곳에서 유령 같은 존재가 되어갔다.

당시 독립한 지 얼마 안 된 인도네시아의 공화국 정부는 닭싸움을 금지시키고 있었다. 닭싸움이 원시적이고 진보적이지 못하다는 게 이유였다. 엘리트들은 닭싸움 따위가 웅대한 포부와 이상을 지닌 인도네시아 민족과는 어울리지 않다고 봤고, 빈곤한 데다 절제까지 할 줄 모르는 농민들이 도박으로 돈을 몽땅 탕진할 것을 우려하기도 했다. 한편으로는 닭싸움을 미개하다고 여길 외국인들의 눈을 의식하기도 했고, 국가 건설에 쏟아야 할 시간을 낭비하는 것이라고 여기기도 했다. 하지만 닭싸움은 없어지지 않았고, 대신 마을 사람들은 몰래 숨어 닭싸움을 벌였다.

기어츠도 어쩌다 보니 학교 건립에 쓰일 돈을 모으는 닭싸움 판에 가보게 되었는데, 그때 경찰들이 들이닥쳤다. 소동이 벌어지자 그곳에 있던 사람들은 두말없이 곧바로 자리를 떴다. 잠시 머뭇거리던 기어츠 부부도 함께 도망치기 시작했다.

그들은 서둘러 도망치는 한 사람을 따라가다 급기야 그의 집 마당으로 숨어들어갔다. 그 집 부인은 이런 상황에 대비해 훈련이라도 받은 듯이 능숙하게 식탁을 밀어 그 위에 보자기를 덮고 의자와 찻잔을 세 개씩 배치했다. 그런 다음 숨을 헐떡이고 있는 세 사람에게 그곳에 앉도록 했다. 세 사람은 거의 침묵 상태로 가만히 앉아 경찰이 오길 침착하게 기다렸다.

주동자를 찾아내기 위해 그 집 마당으로 들어온 경찰은 이 두 '백인'을 보고서는 잠시 당황했지만, 금세 탐문을 시작했다. 바로 그때 집주인이 나서 이 두 외국인 손님이 이곳에 오게 된 경위와 목적을 적극적으로 설명하기 시작했다. 이에 기어츠는 크게 놀란다. 그 내용이 꽤 상세하며 정확했기 때문이다. 그동안 그들은 결코 기어츠 부부를 무시하고 있던 게 아니었다.

그때부터 기어츠 부부는 마을 사람들에게 '우리 사람'이 되었다. 이튿날 기어츠는 마치 딴 세상에 온 것 같았다. 마을사람들이 친절하게 대하기 시작했고, 그날의 상황을 꼬치꼬치 캐묻기도 했다. 그들의 행동을 따라하고 장난도 걸어왔다. 기어츠 부부는 마을사람들과 닭싸움을 구경하다 함께 도망친 경험을 한 다음 하룻밤 사이에 외부인에서 내부인이 되었다. 그 과정에서 자신이 누구인지 설명하기 위해 신분을 증명해 줄 서류 따위는 불필요했고, 그렇게 그들 부부는 마을 속으로 자연스럽게 녹아들었다.

●

인류학은 서구 세계에서 만든 학문이다. 식민주의자들을 염두에 두고 생겨난 것으로, 서구 열강이 이미 깃발을 꽂았거나 꽂을 예정인 '타 민족의 문화'를 탐구하는 데 그 목적이 있다. 연구자와 '타자' 사이에는 항상 보이지 않는 경계선이 존재한다. 따라서 기어츠는 그것에 대해 '치밀한 묘사 Thick Description'를 할 수 있을 뿐이라고 말한다. 인류는 스스로가 짜낸 '의미의 그물망 webs of significance'에 매달린 동물이기 때문이다. 그는 '원주민 관점'을 강조한 바 있다. 현지인의 시각에서 정치, 문화 나아가 국가와 세계에 대한 그들의 생각을 이해해야 한다는 것이다. 이는 서구 세계의 전문용어나 관점을 남용해 자신과 타인을 해석하는 것과 상반되는 방식이다.

　인도네시아의 섬들은 인류학자인 기어츠의 묘사를 통해 정치적 기술과는 구분되는 역사·문화적 특징을 갖게 되었다. 인도네시아는 만여 곳의 섬과 수백 가지 언어로 구성되어 있으며, 각 섬은 저마다의 종족과 이야기를 지니고 있다. 이를테면 자바 북부에는 해상무역을 하는 여러 나라들이 있었고, 포르투갈은 말레이반도의 말라카를 점령한 다음 서서히 '왕들과 향료로 가득'한 말루쿠 제도로 접근했다. 또한 수마트라의 아체에는 호전적인 무슬림 왕국이, 발리에는 완강한 힌두교 왕국이 있었다.

　네덜란드의 어느 역사학자는 인도네시아에서 해상무역은 '역사적 상수Constant'라고 했다. 무역이 인도네시아라는 나라의 지역적 특성을 강화시켰다는 말이다. 인도네시아를 지금의 인도네시아로 만든 것은 무역을 통해 여러 섬들을 연결한 네덜란드였다. 네덜란드 동인도회사는 무역의 편의를 위해 동인도(오늘날 인도네시아) 민족을 하나하나씩 통합 및 조정해야 했고, 종국에는 패권을 통해 인도네시아 군도에 존재하던 다원화된 경쟁을 희석시키고 자바가 모든 것을 독점하도록 만들었다.

　기어츠의 말에 따르면 수학 공식처럼 정리된 지도는 민족주의를 불러왔다. 다시 말해 사람들은 국가 단위로 선명하게 구분된 지도를 통해 종족의 역사, 문화부터 자기 정체성까지 모두 국가와 관련지어 생각하기 시작했다. 그가 보기에 민족주의 자체가 결코 잘못된 사상은 아니었다. 다만 완전히 다른 특성들까지도 하나로 아울러 저마다 품고 있던 고유한 정서들을 모호하게 뭉뚱그리는 식으로 잘못 쓰일 수는 있었다.

각 종족의 섬들 가운데 독보적 존재인 자바는 그러한 민족주의를 부화시키는 온상이 된다. 인도네시아의 독립을 이끈 수카르노가 바로 자바에서 태어났다. 교사인 부모 아래서 자란 그는 1920년대 반식민주의 운동에 열정을 쏟았고, 일본의 지원 아래 '위대한 인도네시아'의 꿈을 이룬다.

자바는 인도네시아의 수많은 군도 중에서도 '우두머리'라고 볼 수 있다. 지질 연령이 가장 높고 역사 또한 가장 깊다 보니 나라 전체 정치와 경제의 향방을 주도하고 있다. 수도 자카르타가 바로 자바의 서쪽에 위치한다. 그런데 섬 전체에 연기를 뿜어내는 활화산이 부글부글 소리를 내며 우리에게 한 가지 사실을 일깨워준다. 자바는 여전히 젊고 패기 넘치는 섬이라는 것이다. 인도네시아 또한 여전히 신생 국가이듯이 말이다.

●
우리는 수카르노Sukarno의 딸 메가와티Megawati가 대통령으로 재임했던 마지막 해인 2004년, 왠지는 모르겠지만 가난, 혼란, 부패가 횡행할 것만 같은 나라의 수도 자카르타에 도착했다. 인도네시아에서는 곧 대통령 선거가 있었지만 아쉽게도 한 달 차이로 우리는 그곳의 정치적 상황이 전환되는 분위기를 직접 느끼지는 못했다. 그래도 여섯 개 조, 열두 명의 대선 후보들이 나열된 풍경은 민주주의 국가에서 왔다고 자처하는 우리에게 깊은 인상을 줬다.

인도네시아가 바뀌어가는 순간에만 초점을 맞췄기 때문인지 닭싸움판을 쫓아다닌 기어츠의 열정까지는 좇지 못했다. 그저 닭싸움 대신 길거리에서 다친 수탉 몇 마리를 본 게 전부였다. 그런데 자바에서 맞은 둘째 날 아침 우리에게도 수확이 있었으니, 이슬람교 단식일과 소와 양을 도살하는 행사를 목격할 수 있었다.

음식을 나누기 이틀 전, 자카르타 거리와 골목 어딜 가도 길가에 붙들려 있는 염소를 볼 수 있었다. 나는 그 광경을 피하고 싶어 일부러 이슬람교 사원을 비켜 길을 돌아갔다. 그렇게 하면 피할 수 있을 줄 알았다. 당혹스럽게도 이른 아침 문밖을 나서자마자 나는 사시나무 떨듯 떨고 있는 양들을 보게 되었다.

나는 다른 한쪽에 사람들이 모여 있는 모습과 바닥에 흥건한 핏자국을 보고 깜짝 놀라 뒤도 안 돌아다보고 냅다 줄행랑쳤다. 인도네시아에서 그렇게 빨리 달려보기는 처음이자 마지막이었다. 물론 숨어든 곳은 묵고 있던 숙소 앞마당이었다.

'개발도상국'의 풍경이 으레 그러하듯 수도 자카르타에는 과시하듯 하늘로 우뚝 솟은 고층 전망대와 로비에 고급 세단이 근사하게 전시된 백화점이 있었다. 에어컨 바람이 얼마나 센지 우리가 있는 곳이 인도네시아라는 적도 지역 내의 북극 같았다. 결국 우리는 뜨거운 커피를 손에 들고 몸을 녹이기 위해 스타벅스를 찾아갔다. 그런데 커피 생산국인 인도네시아에서 마시는 커피는 정작 천 리 밖의 아프리카 대륙에서 온 것이었다. 그야말로 세계화 시대임이 실감났다.

해질 무렵이 되니 백화점 옆 고가다리는 자동차로 가득 찼고 저마다 전조등의 노란 불빛을 뿜어댔다. 해당 구역 내 고급 주택들에서도 빛이 새어 나왔는데, 듣자 하니 그곳에는 대부분 돈 있는 화교들이 살고 있다고 한다. 어딘가 비현실적인 풍경이었다. 그에 앞서 이글거리는 태양 아래 도시의 슬럼가를 지나던 때 마음에 서렸던 스산함은 하마터면 까맣게 잊을 뻔했다. 선착장에서 느낀 썰렁함도 마찬가지다.

자카르타 교외에 있는 선착장은 과거 식민주의자들이 향료, 커피, 자원 등을 실어 나르던 통로였다. 한때 활기를 띠던 그곳에는 오늘날 누런 화물선만이 덩그러니 정박된 채 그곳에서 가까운 철로 위에 줄지어 누워 있는 인부들처럼 일감을 기다리고 있었다.

"그들은 일감을 구하면 하루에 타이완 달러로 80원(한국 돈으로 약 3,000원) 정도를 벌어." 그곳을 지날 때 우리의 기사인 버디가 말해주길, 그렇게 철로 곁에서 먹고 자도 대부분은 하루 80원을 벌기가 힘들다고 했다. 우리는 열차가 지나는 철로 위에서 객실을 비집고 들어간 사람, 우두커니 서 있는 사람, 담배를 피우거나 아기를 안고 있는 사람 등 다양한 얼굴들을 바라보다가 문득 고향의 열차역 앞에 모여 있던 '이주 노동자'들을 떠올렸다. 그런데 막상 그들의 표정이 어땠는지는 가물가물했다. 그제야 나는 그들이 왜 그렇게 집을 멀리 떠나오면서까지 타향에서 일거리를 찾으려 하는 것인지 이해할 수 있었다. 그들은 그렇게 해야만 했던 것이다.

●

이튿날, 우리는 열차를 타고 반둥Bandung으로 갔다. 열차로 자카르타에서 반둥까지 가는 데는 약 두세 시간 정도가 걸렸는데, 그 사이에 분위기가 확 바뀌었다. 반둥의 주말은 고요하고 한산했다. 이슬람 사원에서 흘러나오는 낮고 경건한 소리가 도시라면 가지고 있을 법한 시끌벅적한 소음을 잠재워줬다. 우리는 짐가방을 멘 채 한 마리의 비둘기처럼 살포시 걸었다. 아무도 알려주지 않으면 이곳이 역사의 중요한 한 페이지를 장식한 곳임을 추후도 알아차리지 못할 일이었다. 그 역사는 오늘날까지 타이완에도 영향을 미치고 있다.

1955년, 중국을 포함한 아시아 아프리카 국가들은 인도네시아의 반둥에서 1차 아시아 아프리카 정상회의, 즉 반둥회의를 개최했다. 아시아 대륙과 오스트레일리아, 서태평양의 길목에 위치한 인도네시아는 미국과 유럽, 소련, 중국, 이슬람 등 각 세력들이 각축하는 중심점에 있었다.

수카르노 대통령의 인도네시아는 바로 그 역사적 중심점에서 주도권을 가졌고, 수카르노는 회의에서 "새로운 아시아, 아프리카를 탄생시키자"라는 주제의 연설로 '제3세계'의 구축을 선포한다. 냉전이 한참 전개되던 당시 미국은 타이완 방어를 도우며 공산주의 세력의 확장을 막고 나섰는데, 당시 돌아가는 정세는 과거의 식민지들에게 '모든 형태의 식민주의'를 반대하도록 상기시켰다. 그들은 경제적 상호 원조 및 타국의 내정에 대한 불간섭 등의 원칙을 두고 합의를 이뤘고, 그렇게 제3세계 간의 우정과 정체성이 구축되었다.

누군가는 아시아와 아프리카 국가들을 여전히 과거의 식민지로 동정하거나 또는 현재의 신흥국으로 얕볼지도 모르겠다. 미국, 유럽들을 코끼리로 보지만 아시아, 아프리카 국가들은 개미 정도로 치부하면서 말이다. 그러나 근대 전쟁사를 살펴 보면 종종 개미가 코끼리를 쓰러뜨리기도 했다.

바야흐로 '국가'들이 대 분출되는 시대였다. 그전까지만 해도 유엔 회원국은 58개국으로 대부분이 서방 국가였지만 1950년부터 1980년대 사이 회원국은 158개국으로 늘어났다. 그 가운데 대다수는 구미 밖의 국가들이었다. 각 종족은 '국가'라는 단위를 이뤄 국제무대로 뛰어들어가 자신의 위치를 찾아나갔다.

반둥회의에 이름을 올린 29개국의 인구는 세계 인구의 절반을 점하고 있었는데, 당시 중국 총리 저우언라이周恩來가 그 반둥회의에 참석함으로써 중국과 세계 인구의 절반이 관계를 맺고 있음을 보여줬다. 또한 유엔 내부에 빠르게 증가하는 회원국들과도 우의를 다져나갔다. 그러한 회원국들은 중화인민공화국(중국)의 유엔 가입을 표결을 통해 동의했고, 이어서 장제스蔣介石 정부는 중화민국(타이완)의 유엔 탈퇴를 선포했다. 그렇게 타이완은 오늘날과 같은 국제적 지위를 갖게 된다.

우리는 과거 반둥회의가 열린 회의장을 찾았다. 그리고 그곳에 게양된 29개국의 국기가 만들어내는 파도를 바라봤다. 타이완의 역사를 바꿔 쓴 그 회의장은 평범한 비즈니스호텔 정도로만 보였다. 나는 혹시 아는 국기가 있는지 깃대를 꼼꼼히 살펴봤다. 물론 그곳에 걸린 국기들 가운데 청천백일기(타이완의 국기)가 있을 리 만무했다. 사진 찍는 것조차 귀찮게 느껴진 우리는 심드렁하게 앞을 향해 쭉 걸어갔다. 역사적 위대함 따위는 우리와 무관했고, 오로지 직접 보고 느낀 것들만이 실제였다.

●

"여기 사람들을 조심해." 아주머니는 샴푸와 즉석식품 등을 주렁주렁 매달아놓은 노점 입구에서 고개를 빼고 두리번거리더니 게스트하우스 입구에 있는 남자들을 가리키며 우리에게 조용히 속삭였다. 반둥역을 빠져나오자마자 게스트하우스로 가서 짐을 내려놓고 담배를 사러 갔던 참이었다.

아직 마음의 준비도 안 된 상태에서 갑자기 표준어가 아닌 중국어가 들려와 깜짝 놀랐다. 몇 초 정도 넋을 놓고 있다가 아주머니에게 무슨 말인지 되물었다. "인도네시아인들은 참 못됐거든." 아주머니는 대답과 함께 담배를 건네주고선 계산대에서 잔돈을 집어 거슬러 준 다음 빼꼼 내밀고 있던 고개를 제자리로 돌렸다.

담배가게 주인은 인도네시아에서 만난 첫 화교였다. 동시에 다행인지 불행인지 몰라도 우리에게 걱정과 두려움을 안겨준 첫 현지인이기도 했다. 그의 선심 섞인 조언은 오히려 우리를 당혹스럽게 만들었다. 그 역시 인도네시아인이 아닌가? 어쩌면 그는 중국어로 말을 건넨 그 순간만큼은 나를 '우리'로 여겼을 수도 있다. 그때 그가 말하는 인도네시아인은 우리 사이에서 공통된 '타인'일 것이다.

때는 메가와티 집권 후기였다. 1995년 반反화교 폭동이 발생한 지 십 년도 지나지 않은 그때 거리에서는 간간히 중국 가요와 방송이 흘러나오고 있었다. 중국어 학습 열기도 눈에 띄었고, 확실히 반화교 분위기는 한풀 꺾여 있었다. 하지만 화교 사회에는 여전히 공포와 과거의 그늘이 서려 있었다. 인도네시아 여정 중 어느 도시를 가나 줄곧 내게 경고를 보내는 화교 상점 주인을 만날 수 있었다.

"절대 인도네시아 사람들을 상대하지 마요. 정말로 악랄한 사람들이거든."

인도네시아의 반화교 분위기는 1965년으로 거슬러 올라간다. 당시 수카르노의 측근이 쿠데타를 일으켰다. 육군전략 예비군 사령관인 수하르토Haji Mohammad Soeharto는 육군을 지휘해 쿠데타를 진압했다. 그리고 이어서 쿠데타 진압 이후 동시에 수카르노 정권은 친공을 뒤엎고 '반공 대청소'를 벌인다. 뒤이어 집권한 수하르토 정권은 화교 집단 내 가슴속에 몰래 중국을 품고 있는 공산당원들을 비난했는데, 그것이 반

화교 운동의 시작으로 이어졌다.

　최근 들어 발생한 가장 충격적인 사건은 1998년 '5월 폭동'이다. 당시 수많은 중국계 여성들이 성폭행을 당하고, 화교가 운영하는 상점이 파괴되고 불태워졌다. 그들의 재산은 물론 목숨까지 위기에 놓였다. 수하르토는 이 사건으로 인해 정계를 은퇴하면서 그의 31년에 걸친 통치는 막을 내린다. 결국 '반화교'는 수하르토가 권력을 이어받은 시작점임과 동시에 권력을 내려놓는 종결점이 되었다.

　수하르토의 반화교 정책은 정치에서 시작해 경제로 끝났다. 수하르토가 집권한 신질서 시기 Orde Baru, 1966~1998, 국가 경제 및 부의 확장에 있어서 화교에게 주어진 특권은 오히려 자신들을 정치, 문화, 사회 영역에서의 변두리로 몰아냈다. 화교는 시민권을 갖지 못했고, 설령 갖고 있다고 해도 동등한 대우를 받지 못했다. 심지어는 성과 이름을 바꾸도록 강요당했고, 단체나 언론 등의 조직, 군대나 공직으로의 진출이 불허되었다. 그나마 유일했던 중국어로 된 신문조차도 인도네시아 군부가 통제하고 있었고 중국인은 번역 일만 할 수 있었다.

　중국계 학자인 운창야오䒴昌耀는 《수하르토 체제 이후 인도네시아에서의 중국계 정체성 Chinese Identity in Post-Suharto Indonesia》에서 이렇게 말했다.

"화교는 미약한 정치적 기반을 가지고 손해 보기 쉬운 위치에 있었기 때문에 경제권만큼은 허용되었으나, 군사 통치에 대해 정치적 위협을 조성해서는 안 되었다."

그러나 몇몇 화교 자본가 집단과 권력자 간의 복잡한 이해관계로 인해 금융위기가 발발하자 수하르토 정부는 책임을 화교 집단에 떠넘겼고, 그에 따라 화교 전체가 심각한 부의 편중을 겪는다.

●

인도네시아 인구는 2억 4,000만 명을 넘는다. 종족 수도 삼백을 넘는다. 그 가운데 최대 종족은 인구의 약 40퍼센트 이상을 차지하는 자바족이다. 화교는 2~3퍼센트만 차지할 뿐이다. 종족 수가 워낙 많다 보니 인도네시아는 독립 및 건국 초기부터 다문화 원칙을 중심으로 27개 주의 크고 작은 섬들을 한데 묶었다.

그 땅에 도달한 이들은 순서와 무관하게 전부 토착성을 가진 '토착인(인도네시아어로 아슬리asli)'으로 간주되었고 동시에 '원주민'(인도네시아어로 프리부미pribumi, '이 땅의 자손'이라는 뜻이다)으로 인정받았다. 하지만 화교는 일찍이 17세기부터 이주해 왔음에도 불구하고 줄곧 '외국인(인도네시아어로 아싱asing)' 취급을 받는다.

그와 같은 화교와 원주민 간의 지우지 못할 경계선은 네덜란드 식민통치 시대에 그어진 이후 오늘날까지 남아 있다. 당시 식민주의자들은 인도네시아 군도에서 인종 분리 정책을 실시했다. 종족 전체를 상류층에 속하는 유럽인, 중류층에 위치하는 동양계 외국인, 그리고 하류층의 토착인으로 나눈 것이다.

당시 화교는 도덕적이지 못한 상업 행위를 할 특권을 독점했고, 그로 인해 화교에 대한 인도네시아 타 종족들의 편견이 생긴다. 여기에 네덜란드인들은 종족 구성을 바꾸기 위해 1900년부터 '원주민 개량 정책'을 실시한다. 그에 따라 화교로부터 세금을 걷고 그들의 거주 및 통행을 제한시키면서 인도네시아 내 화교의 지위에도 변화가 생긴다. 사정이 이러했으니 화교들은 확고한 자아를 가지고 있어야만 '타인'으로부터 존중받을 수 있었다.

그런데 정치 영역에서의 여러 변화와 무관하게 인도네시아 화교는 역사의 흐름 속에서 줄곧 변두리에 묶여 있었다. 인도네시아 사회 내부에서는 항상 '화교는 인도네시아 경계 밖의 땅에서 온 이들'이라는 편견이 존재해왔고 그 생각은 바뀌기 힘들었다.

수하르토 시기에는 "화교는 민족 관념을 갖고 있지 못하다"라는 식의 말이 성행했다. 온 사회가 화교는 국가보다 선조들의 땅에 대한 충심이 더 크다고 단정지었고, 따라서 중국 공산당 집권 이후 화교의 민족성도 공산주의로 단정지어졌다.

그러한 인도네시아 종족과 화교 사이의 경계선은 오늘날까지도 뚜렷이 남아 있다. 그리고 나처럼 화교와 동일한 정체성을 지닌 진짜 외지인에게 있어서도 그와 같은 경계선은 당혹감을 안겨줬다. 인도네시아 내 화교들의 처지에 공감해야 할 것 같으면서도, "인도네시아인들은 참 게으르고 뒤떨어졌어"라는 식의 조롱이나 비난 따위를 들을 때면 못 들은 체하고 싶어졌다.

"인도네시아인들은 참 못됐어"라고 말한 노점 아주머니의 인도네시아인에 대한 시각은 어느 사회에서나 존재하는 종족 혐오와 편견을 확인시켜주는 것 같았다. 그와 같은 편견은 계속해서 다음 세대로 복제되어간다. 그리고 이와 같은 타자에 대한 혐오는 한 국가 내 같은 종족 사이에서도 마찬가지로 존재할 수 있다.

●

반화교 폭동이 일어난 이후 인도네시아 화교들은 잇달아 해외로 도피했다. 그들의 선조들이 전란 때문에 피난 갔던 상황은 오늘날까지 이어졌고, 그 후손들 또한 정치적인 문제로 인해 해외로 도망쳤다. 말레이시아는 인도네시아와 문화, 언어 면에서 비슷하기 때문에 수많은 학생들이 말레이시아로 피난을 떠났다.

한 말레이시아 화교 친구는 중학교 시절을 회상하며 그때의 분위기를 말해줬다. 당시 피난 온 인도네시아 화교 학생들과 같이 수업을 들은 적이 있었는데, 점심시간에 보면 그들은 겁에 질려 어찌할 바를 몰라 하는 눈빛으로 학교 식당에 앉아 있었단다.

"우린 그때 무슨 일이 있었는지는 몰랐고, 그냥 걔네들이 인도네시아에서 왔다는 것만 알았어. 사실 나도 그때 학교에 갑자기 외국인들이 몰려오니까 마찬가지로 조금 무서웠어." 비록 '종족'이라는 측면에서 그들은 같은 '화교'였지만, 결국은 그곳에서 또 다시 '타인'이 되었던 것이다.

타이완에서도 인도네시아 화교는 비록 같은 화교일지라도 타인이 된다. 그들을 '이주 노동자'나 '외국인 신부'로 칭하며 거리를 두는 것이다. 그렇다면 인도네시아 화교들은 타이완을 어떻게 바라볼까?

다큐멘터리 《메이눙의 외국인 신부外籍新娘在美濃》에는 인도네시아의 불안정한 정국으로 인해 화교의 생존권이 타격을 받으면서 화교 여성들이 잇따라 타이완으로 시집을 가는 상황이 자세히 나온다. 그들의 어머니는 "어차피 자기 나라로 돌아가는 것과 다를 게 뭐 있어!"라고 말한다. 예전만 해도 국가의 보호가 얼마나 중요한지 실감하지 못했으나 지금은 딸을 중국과 타이완으로 시집보내는 게 나쁠 게 없다고 생각한다는 것이다. 그들이 보기엔 중국과 타이완 모두 자신들의 국가였다.

종족 간의 경계는 이처럼 '우리'와 '그들' 사이에서 반복적으로 표류하고 요동친다. 깜빡하고 보내지 못한 경고는 없는지 걱정하듯이 말이다. 하지만 왜 그와 같은 경고가 필요한 것인가?

아버지의 지인 중에 '마리아'라는 인도네시아 이주 노동자를 집에 고용한 분이 있다. 그 집안은 마리아를 가족처럼 대해주고 휴일이면 충분히 쉬도록 배려한다. 종종 그를 식사 자리에 함께 데려오기도 하는데, 나는 바로 그 자리에서 그를 알게 되었다.

"쉬는 날에는 친구들과 쇼핑을 나가나요?" 나는 가벼운 호기심에 마리아에게 일하는 시간을 제외하고 타이완에서 어떻게 생활하고 있는지를 물었다. 그러자 마리아는 고개를 가로젓더니, 타이완에 인도네시아 친구가 있지도 않을 뿐더러 필요하지도 않단다. 그는 대부분의 시간을 혼자 집에서 텔레비전을 보며 보낸다고 했다. 마리아는 타이완 드라마를 좋아해서 타이완어를 조금 배웠는데, 심지어 어떤 말은 나보다도 발음이 더 좋았다.

우리의 대화에 아버지의 친구분이 끼어들더니 이렇게 말했다. "마리아는 참 착해. 괜히 다른 이주 노동자들과 어울리다가 인도네시아 사람들로부터 나쁜 물이 드는 법이 없지. 얼마나 좋아!" 당시 나는 그 자리에서 다시 한 번 '우리'와 '그들' 사이의 경고등이 깜빡거리는 것을 보았다.

그러한 경고등은 사방에서 깜빡이고 있다. 우리 일행이 자카르타에서 열차를 타고 반둥에 가려고 일정을 세울 때도 경고등이 등장했었다. 욕야카르타Yogyakarta에서 중국어 교사를 한 적이 있는 친구가 열차를 타지 말 것을 권유했다. 당시 현지 화교들도 열차를 타는 것은 말렸기 때문이다.

보통 인도네시아 화교들은 열차나 버스는 거의 타지 않고 비행기를 이용한다. 그들의 상상 속에 그와 같은 저렴한 육상 교통수단에는 위험이 도사리고 있기 때문이다. 그러한 공포는 실제로 타본 적이 없으니 무한대로 커져 간다.

물론 실제는 그와 다르다. 자카르타에서 반둥까지 가는 '공포의 열차'를 타면 꽤 고급스러운 서비스를 누릴 수 있다. 열차 안에는 베개,

담요, 음료, 에어컨 등이 구비되어 있고 장거리 열차에는 텔레비전 스크린과 먹을거리도 준비되어 있다. 약간의 사치를 부려 도시락을 주문해 먹을 수도 있다. 타이완 달러로 40원(한국 돈으로 약 1,500원)도 안 되는 가격을 '사치스럽게' 지불하면 뜨끈뜨끈한 인도네시아식 볶음밥이 탁자 위에 올라온다.

사실 열차표의 가격 또한 타이완에서와 크게 차이가 나지 않아 인도네시아의 중산층 이상만이 감당할 수 있을 정도다. 하지만 그럼에도 불구하고 '공포의 열차'는 나의 여정 중 최고로 가성비가 좋은 교통 서비스였다.

"화교들의 말을 안 듣길 잘했지." 접시에 놓인 싱싱한 달걀 프라이를 보며 나도 모르게 다행이라는 소리가 나왔다. 이처럼 경고에 대한 무시, 그리고 우리와 그들 간의 경계를 허문 덕분에 맞이할 수 있었던 뜻밖의 기쁨은 자바에서의 여정 내내 계속해서 나를 청개구리처럼 거꾸로 가게 만들었다.

●

나는 담배를 받아든 다음 게스트하우스 입구에 모여 있는 '아주 못된 인도네시아인들'을 향해 걸어갔다. 그리고 그들의 대화에 끼어들었다. 그들은 주로 관광업으로 먹고사는 순다족Sundanese이었다. 인도네시아 전체 인구 가운데 약 15퍼센트를 차지하면서 자바족에 이어 두 번째 큰 종족이라고 볼 수 있는 순다족은 대체로 피부색은 진하고 몸집은 작았다.

 그들은 게스트하우스 앞에 모여 일감을 기다리고 있다고 했다. 그 중에는 가이드도 있었고, 숙소에서 일하는 노동자, 기사 등도 섞여 있었다. 마침 브라질 축구팀 유니폼을 입은 스포츠머리의 남성이 우리의 가이드를 하고 싶다며, 앞으로 남은 일정을 자신이 짜주겠다고 나섰다.

 그는 자신을 에노스라고 소개했다. 생김새가 브라질의 유명한 축구 선수 호나우두와 상당히 비슷했는데, 그래서 나는 웃으며 그에게 브라질 축구팀 유니폼이 잘 어울린다고 말했다. 이에 에노스는 그저 알 듯 모를 듯한 표정을 지었지만, 다른 것은 몰라도 호나우두처럼 큰 꿈을 가진 사람임은 확실했다.

 순다족은 성이 없고 오로지 이름만 있는데, 여느 부모들이 그렇듯 순다족의 부모들 또한 자식의 이름에 소망을 담는다. 에노스는 '꿈'이라는 의미를 가지고 있다. 그의 어머니가 그를 가졌을 때 일찍 세상을 떠난 형의 꿈을 꿔서 이름을 '꿈'으로 지었다고 했다. 동시에 꿈을 이루길 바라는 소망을 담았단다.

 "난 정말 어머니께 감사해. 나는 유럽에 가는 게 소원이었는데 돈이 없었어. 그런데 가이드가 되고 나니 여행객들을 인솔해 유럽에 갈 기회가 생겼지 뭐야. 정말 꿈이 이루어진 거지. 항상 나의 꿈은 현실이 돼!" 이렇게 말하는 그는 아주 신나 보였다. 애가 둘 딸린 아빠가 어쩌면 이렇게 천진난만한 얼굴을 할 수 있는지 싶을 정도였다.

"순다족이 그래. 먹고 마시는 걸 즐기고 밤새도록 놀 수도 있는 이들이야." 게스트하우스의 독일인 주인은 와자지껄하게 떠들고 있는 우리 곁에서 담배 연기를 내뿜으며 말했다.

우리 같은 타이완 사람들, 그리고 담배가게 화교 아주머니는 그러한 짙은 색의 피부를 가진 얼굴을 단순히 '동남아시아' 혹은 '인도네시아인'이라는 테두리 안에 가두곤 한다. 순다라는 종족의 구성원 혹은 하나의 독립된 개체로 보는 대신 말이다. 하지만 그들을 각자의 이름과 종족과 문화를 지닌 '한 사람'으로서 마주하면, 더 이상 그들을 '아주 못된 인도네시아인' 혹은 타이완 사회에서 업신여기는 '불쌍하고 가난한 인도네시아 노동자'로 치부할 수 없게 된다.

●

그렇게 우리는 에노스와 그의 동료 봄봄을 따라 여행을 시작했다. 그 둘은 우리가 인도네시아를 바라보는 눈이 되어줬다. 이 두 순다족은 소수민족 특유의 낙천적인 성격을 지녀서인지 우리가 자카르타에서 만난 세상을 냉소적으로 바라보는 몇몇 현지인들과 달리 자신들의 나라를 긍정적인 눈으로 들여다볼 수 있도록 안내해줬다.

한 번은 우리가 차밭으로 가득한 산을 지나며 풍성한 찻잎들을 보고 즐거워하고 있을 때 두 사람은 옆에서 산 위의 차밭이 전부 정부의 것이라며, 토지가 정부 소유이기 때문에 거둬들이는 수확 역시 모두 정부 몫이라고 설명해줬다. 그런데 찻잎을 따는 노동자들의 한 달 수

입은 타이완 달러로 1,600원(한국 돈 약 5만 원) 정도에 불과하다는 것이었다.

우리는 그 얘기를 듣고 화가 나서 인도네시아 정부를 줄기차게 비판했다. 그런데 우리의 인도네시아 친구들이 말하길, 정부는 먹을 것과 살 곳을 준단다. 여기에 안정적인 봉급까지 있으니 그 정도면 이미 충분히 잘 살고 있다는 것이다. 오히려 그 둘은 더 이상 무엇이 필요하겠느냐고 반문해왔다.

인도네시아를 여행하면 할수록 나는 정부가 잘 챙겨주지 못하다 보니 사람들이 서로 도우면서 살아내고 있다는 느낌을 받았다. 이를테면 팁을 주는 방식 등으로 말이다. 자바에서는 기이한 광경이 펼쳐졌는데, 도로 곳곳에서 사람들이 튀어나와 교통정리를 하는 것이었다. 차를 주차시키려 하든, 출발시키려 하든 간에 후방에서 갑자기 튀어나왔다. 그때 운전자들은 운전 실력이 뛰어나 그러한 도움이 불필요하다 하더라도 단돈 천 루피아(한국 돈 약 80원)라도 주고는 했다.

그뿐만이 아니었다. 화장실을 가도, 길만 알려줘도 돈을 내야 했다. 가게 입구 혹은 자동차 창문에 대고 음악을 연주해 주고서도 돈을 요구했다. 그럴 때면 인도네시아인들은 보통 순순히 돈을 줬다. 소상인들도 구걸하는 이를 보면 손이 가는 대로 돈을 줬다. 오히려 그런 사람들을 보면 일단 피하고 더 짜게 구는 것은 우리 같은 여행객들이었다. 기사가 짐 드는 것을 도와주려 하면 돈을 달라고 할까 봐 직접 들고, 누군가 구걸하면 못 본 체했다.

여행이 끝나갈 무렵 나는 반성하게 되었다. 그들에 대한 우리의 불신과 냉담한 태도는 어디에서 온 것일까? 낯선 곳에 서면 자연스레 생기는 불안감 때문일까? 아니면 타이완에서 '속지 말라고' 배워왔기 때문일까? 기껏해야 타이완 달러로 4원(한국 돈 약 150원) 정도만 주면 되는 것을 왜 그렇게 손을 내미는 게 힘들었을까.

"너희는 왜 다들 돈을 주는 거야?" 내가 물었다. 그러자 에노스는 우리의 당혹감을 이해하지 못한 채 "왜 돈을 주면 안 돼?"라고 반문했다. 이에 우리는 크게 한바탕 웃었다. 그때 문득 타이베이 기차역 앞에서 보곤 했던 이주 노동자들의 얼굴이 어렴풋이 겹쳐졌다. 어쩌면 그들도 이렇게 웃는 얼굴이 아니었을까?

●

여정을 마치고 아쉬운 마음으로 인도네시아 친구들과 작별 인사를 나눈 다음 공항으로 갔다. 카운터 직원이 우리 여권을 들고서 잔뜩 상기된 얼굴로 동료와 소곤거렸다. 심지어 내 앞의 지상근무직 남성은 우리를 향해 과장된 미소를 보내왔다.

"나…는 따오밍스입니다." 그 지상직 직원이 열심히 쥐어짜낸 중국어 한 마디를 간신히 내뱉었다. 그다음 옆에 있는 여자 동료를 가리키더니 "얘는 산차이입니다"라고 말했다. 우리 일행은 잠시 멍해졌다가 이내 박장대소했다. "그럼 너희는?"이라고 되묻는 순간 모두가 통하기라도 했다는 듯이 동시에 "F4!" 하고 외쳤다.

근래 홍콩과 타이완의 대중문화와 언어가 동남아시아를 한바탕 휩쓸었던 적이 있었다. 아이돌 그룹 덕택에 인도네시아에서 우리 같은 평범한 '타이완 사람'의 존재감도 빛날 수 있었다. 여정 내내 적지않은 현지인들이 F4와 페이룬하이飛輪海(대만의 인기 아이돌 그룹) 등을 언급하며 관심을 보내왔다. 마치 그들이 내 옆집에 사는 이웃이나 가까운 친척이라도 되어 내게 물으면 뭐라도 알 수 있을 것처럼 말이다.

아마 내가 그들보다도 타이완 연예인들을 잘 알지 못할 것 같지만 얘기를 하다 보면 꽤 으쓱거려졌다. 특히 그들이 중국어를 몇 마디 해보려고 애쓰는 모습을 볼 때면 '반화교'라는 것이 아주 먼 과거의 일인 것 같다는 생각마저 들었다.

인도네시아에서 중국어 학습은 수하르토가 물러나고 바하루딘 유숩 하비비 정권이 들어서면서 허용된다. 그리고 2001년 당시 대통령이었던 압두라만 와힛은 중국어의 사용과 중국어 출판물의 수입을 승인한다. 또 우리가 인도네시아로 향하기 바로 얼마 전에 메가와티가 중국어 교육의 발전을 지원해 인도네시아 각 대학에 중국어 학과가 설립되기 시작했다.

바로 그 시기를 전후로 내 주변 친구들도 인도네시아에 가서 중국어 선생님이 되거나 대체 군복무(외교역)를 했다. 타이완 정부는 '이주노동' 외의 다른 경로를 통해서도 인도네시아라는 열대국가에 다가갔고, '중국어 학습과 지도'는 인도네시아와 타이완 모두에서 열풍을 일으켰다.

내가 인도네시아에 간 그 해, 약 300만 명의 인도네시아인들이 중국어를 배웠는데, 취업을 위해서인지 아니면 대중문화의 영향 때문인지는 몰라도 인도네시아 화교와 기타 종족들에게 있어서도 중국어는 '인기 언어'가 되어 있었다.

하지만 인도네시아 여정을 마칠 즈음, 나는 이런 생각을 떨쳐 버릴 수 없었다. "언제쯤이면 우리도 주변에서 힘들게 노동하고 있는 짙은 색 피부의 얼굴들을 환히 웃는 얼굴로 마주하고, 중국어가 아닌 인도네시아어로 다정하게 인사를 건넬 수 있을까?"

태국과 미얀마 사이

경계에서
정체성을 상실한 이방인

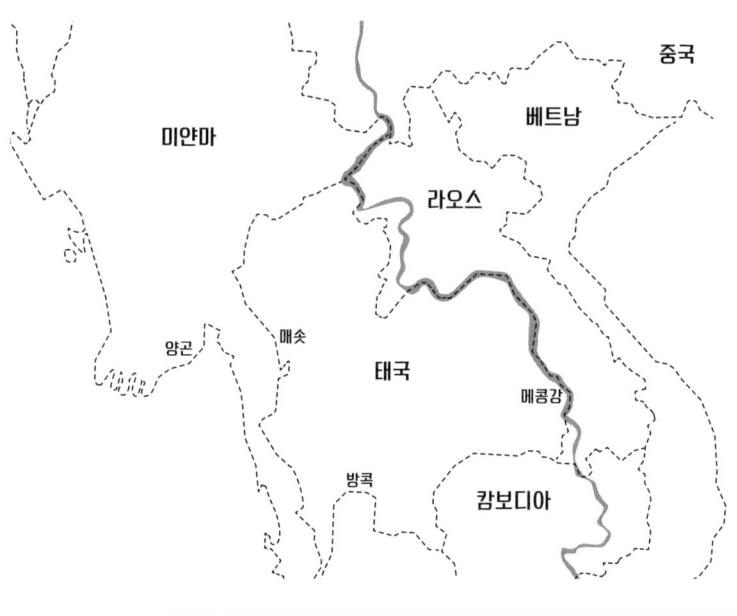

태국 매솟에서 만난 민민은 거무스레한 피부에 큰 눈 그리고 기다란 속눈썹까지 전형적인 동남아시아 사내였다. 이 스물여덟 살인 미얀마 청년은 대화할 때 약간은 수줍은 듯 진지했고 사람을 뚫어져라 쳐다보곤 했다. 그의 이름 '민민'은 그의 아버지 성함이기도 하다. 아버지의 이름을 자신의 닉네임으로 삼았는데, 따라서 그를 부를 땐 그의 아버지도 함께 부르는 셈이 되었다.

사연을 자세히 모르는 이는 그를 그저 평범한 청년 정도로만 생각할지도 모르겠다. 직업이 있고, 연인이 있으며 어쩌면 결혼까지 했을 수도 있고, 세계여행이나 성공을 좇는 등 우리와 비슷한 꿈을 가진 그런 청년 말이다.

하지만 민민의 꿈은 '집으로 돌아가는 것'이다. 즉 자기 나라로 돌아가는 게 그의 꿈이다. 본래 그는 미얀마에서 엘리트 축에 속했으며 사회를 지탱하는 대들보와 같은 존재였다. 그런데 지금은 태국에 머물며 정체성을 상실한 채 하루하루를 살아가고 있었다.

태국 북서부에 위치한 매솟은 미얀마와 국경을 접하고 있는 국경지대 마을로, 딱Tak주에 속하며 방콕으로부터는 약 600킬로미터 정도 떨어져 있다. 거리상 미얀마와 가깝다 보니 독재정권으로부터 억압받거나 경제적 빈곤에 시달리는 미얀마인들이 국경을 넘어 매솟과 같은 국경지대로 왔고, 그곳에서 일을 찾고 생계를 유지해나갔다.

그 수는 십만에 달한다고 하는데, 민민과 같은 난민들이 실제 매솟에 얼마나 될지는 이루 헤아리기 힘들 정도다. 인구 20만의 이 소도시를 걷다 보면 앞에 걸어오고 있는 이가 태국인인지 미얀마인인지, 그것도 아니면 국경을 넘어온 까렌족인지 분간이 안 될 정도다. 심지어는 당장 라이수성賴樹盛(삼 라이Sam Lai)이 하고 있는 말이 태국어인지, 미얀마어인지 아니면 까렌어인지도 헷갈렸다.

●

라이수성은 타이완 사람으로 《국경 유랑邊境漂流》의 저자이기도 하다. 몇 년 간 매솟에서 일하고 있는 그는 가무잡잡하면서 수척한 모습에 항상 샌들과 반바지 차림을 하고 있다. 그가 어깨에 까렌족 여성이 만든 가방을 비스듬히 메고 길거리를 배회하는 모양새를 보고 있자면 도저히 외지인 같아 보이지 않는다. 그나마 콧등 위 안경에서 풍기는 고상함이나 근무 중인 NGO의 상주지에서 바쁘게 타이완 자원봉사자들과 기자, 지인 등을 대하는 모습 정도가 그가 외지인임을 알려준다.

그는 쉴 때면 입에 담배를 문 채 현관에 쪼그리고 앉아 옆집 무슬림 꼬마와 다른 장난꾸러기 친구들이 놀러 오길 기다렸다. 매솟 아이들은 "피 삼Pi Sam!"이라고 살갑게 부르며 이 '태국 버전 샘 아저씨'를 찾아왔다(피는 연장자에 대한 존칭이다). 이 '샘 아저씨'는 미국이 아니라 타이완에서 빈손으로 매솟에 왔다. 오로지 '무엇을 할 수 있을까'에 관한 생각만 가지고서 말이다.

때는 2006년 장마철이었다. 나는 레지던트 친구 둘과 함께 그 축축하고 끈적한 열대 소도시에 가서 우리의 오랜 친구 라이수성을 만났다. 야자수가 깔린 널따란 대로를 지나던 중 가로변에 어느 중국인 이민자가 운영하는 상점을 봤다. 우리는 그곳에 걸린 투박하고 커다란 한문을 보고 있었는데, 그때 오토바이 엔진 소리 사이로 라이수성의 목소리가 들려왔다. "그냥 헝춘恆春(타이완의 최남단에 있는 열대기후인 도시)이라고 생각해!"

섬에서 태어나 자란 타이완인들에게 국경이란 매우 낯선 존재다. 그들은 '국경지대'라 하면 먼지나 모래가 흩날리는 황량함보다는 어깨에 총을 멘 장병들이 일렬로 늘어서 으름장 놓는 풍경을 상상한다. 그러나 매솟은 상상과는 다르게 고요하고 평온한 곳이었다. 라이수성은 어리둥절해하는 우리 같은 타이완 친구들을 다루는 방법을 잘 알고 있었다. 헝춘 얘기를 꺼내 가볍게 생각할 수 있도록 해준 것이다.

물론 이곳은 타이완 남단 도시가 아니라 태국의 국경지대인 만큼 그 둘은 엄연히 다르다. 이곳에서는 순찰을 도는 경찰을 사방에서 쉽게 볼 수 있다. 그들은 사람들의 얼굴을 유심히 살피며 돌아다닌다. 처음 보는 이의 경우 몰래 국경을 넘어온 미얀마인일 수 있기 때문이다.

밀입국한 미얀마인들은 조용히 이 나라를 헤집고 돌아다니며 돈을 번 다음 원래 왔던 길로 돌아가거나 그대로 남기도 한다. 경찰은 매처럼 날카로운 눈으로 수상한 이를 포착해 그들의 신분증을 검사하고, 신분이 불명확한 자는 국경 밖으로 쫓아낸다.

경찰은 매솟에서 가장 떠들썩한 시장에 집중적으로 모여 있었다.

우리는 품고 있던 여권을 꺼내 검사를 받은 다음 가뿐히 그들을 지나쳤다. 그리고 우리를 국경선 바로 앞까지 데려다줄 작은 트럭을 기다렸다. 트럭 안에는 여성 여럿과 농부, 행상인이 닭, 오리, 채소, 과일을 인 채 빽빽이 모여 있었다. 여행객인 우리를 어찌나 빤히 쳐다보는지 민망할 정도였다. 그나마 다행히도 20분도 채 안 걸려 국경 부근에 닿았다. 그제야 태국과 미얀마 사이의 거리가 모에이강 하나만 건너면 될 정도에 불과하다는 사실이 실감났다.

●

태국-미얀마 우정의 다리를 통해 강을 건너면 곧바로 검문소가 나온다. 국경 주변은 촘촘한 철조망으로 둘러싸여 있고, 국경을 넘으려면 반드시 통관을 신청해 허가를 받아야 한다. 하지만 강 부근에 거주하는 미얀마인들은 태국 돈으로 1바트(한국 돈으로 약 32원)만 내면 곧바로 강을 건널 수 있다.

그곳에는 새우와 게, 각종 채소 심지어는 가짜 담배와 술까지 사고팔고자 태국 땅으로 손을 뻗는 여행객을 비롯한 다양한 사람들이 모여든다. 후줄근한 옷을 입은 미얀마 아이들은 어른들이 장사를 하고 있는 동안 요리조리 뛰어다니며 구걸을 한다. 비록 불법일지라도 그날 바로 돌아가기만 하면 태국 경찰들도 눈 감아 주는 편이다. 라이수성 말로는 미얀마인들이 매솟 안까지 들어오지만 않으면 괜찮단다.

그곳에서는 다리 아래로 마음과 돈이 오가고 있었고, 인위적으로 정해놓은 규칙 따위는 불필요했다. 마치 애당초 국경 같은 것은 없다는 듯이 말이다. '사이에강을 두고 양쪽으로 살고 있는 이들 중에는 같은 종족, 더 나아가 어쩌면 같은 집안사람이 있을 수도 있다. 도대체 누가 국경선을 그은 것일까?' 라이수성이 뿜어내는 담배 연기를 따라 이런 생각이 뭉게뭉게 피어올랐다.

우리는 모에이 강변의 국경지대 시장을 어슬렁거리다가 때마침 찾아온 태국 기념일의 분위기에 맞춰 '태국 국왕 사랑해요'라고 쓰인 연노랑빛 팔찌를 하나 샀고, 서로를 바라보며 웃음을 터뜨렸다. 그렇게 왁자지껄 웃고 떠드는 소리가 철조망 한가운데를 기어오르던 미얀마 남자아이의 눈길을 사로잡았나 보다. 꼬마는 우리 쪽을 바라봤고, 내 시선도 '옆 나라'로 향했다. 어쩌면 꼬마는 항상 그곳에서 태국에 속하는 사람들이 오가는 풍경을 호기심 어린 눈으로 바라보고 있었던 건지도 모른다. 그리고 나 역시 그 순간 꼬마가 있는 쪽이 궁금해졌다. 그렇게 우리 둘의 시선은 사람들이 그려놓은 경계 위에서 서로 만나는 것 같았다.

동시에 내 눈에 꼬마는 덫에 걸린 죄수처럼 보였다. 나의 상상 속 미얀마는 철의 장막이었기 때문이다. 오랜 기간 군사 정부의 독재와 억압에 시달린 미얀마인들에게 있어 자유란 먼 얘기였다. 지식인들의 저항을 막기 위해 군사 정부는 대학을 폐쇄하고 소수민족을 억압했다. 매솟에는 국경을 둘러싼 이별의 슬픔과 고통이 수십 년 동안 하늘 위로 떠돌고 있는 것 같다. 그들의 이야기를 듣기 위해서는 조용히 귀를 기울여야 한다.

●

조용하고 평온한 열대 소도시 매솟에 담긴 이야기는 우리의 심금을 울린다. 그 이야기는 매솟 부근 산속, 진창길을 감당할 수 있는 차를 몰고 가야지만 닿을 수 있는 '무정부 세계'인 난민캠프에서 들을 수 있다.

난민 캠프는 대나무와 목재로 둘러싸여 있는데, 그곳에 사는 이들에게 정부나 국가, 자유 따위는 사치다. 태국 정부는 4~5킬로미터 길이의 철조망을 길게 쳐서 난민들이 국경지대 내에서만 생활하도록 활동 범위를 제한했다. 그들은 다시 국적을 가지고 본국으로 돌아가지 않는 이상 국경 부근의 코딱지만 한 난민 캠프 안을 떠도는 수밖에 없다. 그곳이 그들이 사는 세상의 전부다.

1,800킬로미터 길이의 태국과 미얀마 간 국경선상에는 총 열세 곳의 난민 캠프가 설치되어 있으며, 미얀마인들을 십여 만 명 이상 수용하고 있다. 그 가운데 가장 큰 난민 캠프인 메라 캠프 Mae La Camp에서 수용하고 있는 인원만 해도 5만 명이 넘는다.

이들 난민의 대다수는 몽족(중국에서는 묘족으로 칭한다), 샨족, 까렌족과 같은 미얀마 소수민족들이다. 그 가운데 다시 다수를 차지하는 이들은 까렌족으로 그 수가 10만 명을 넘는다. 태국 미얀마 국경 연합회 Thai-Burma Border Consortium, TBBC의 통계에 따르면, 2010년 11월 기준으로 난민 캠프 수용 인원은 14만여 명인데, 그 가운데 까렌족이 78.4퍼센트를 차지한다고 한다.

까렌족은 독립을 고수해 줄곧 미얀마 군사 정부에게 있어 눈엣가시였다. 1946년 아웅 산 장군은 샨주의 삥롱에서 까친족, 샨족 등 소수민족과 함께 새로운 국가 미얀마를 만들기로 합의한다. 그러나 까렌족은 그 합의에 서명하길 거부하고, 코툴레이(상서로운 땅이라는 의미)라는 자치주를 세우고 싶어 했다. 그들은 총을 들고 미얀마에 대항했다. 그런데 이 문제를 해결하지 못한 상태에서 아웅 산 장군이 피살당하면서 결국 미얀마에 난제를 남긴다.

영국이 미얀마를 식민통치하기 이전, 이 땅에는 까친국이나 산국처럼 각 종족들이 세운 나라들이 있었다. 이들 나라 간의 경계선은 국력의 변화에 따라 조금씩 이동해 갔다. 그러나 산천과 같은 천연 장벽이 있었기에 한 종족이 다른 종족을 완전히 집어삼키는 일은 없었다.

그리고 평원 지역을 차지한 것은 버마족이었다. 그들의 수는 매우 많았는데, 오늘날 미얀마 종족 구성에 있어서도 3분의 2를 차지할 정도. 따라서 영국 식민주의자들은 주로 버마족을 통제하고 기타 소수민족은 특별 행정구로 분리했다.

그런데 버마족의 힘은 산간지대의 부족 세력을 압도하기에 충분했고, 늘 약한 종족의 불만과 증오를 불러일으켰다. 까렌족의 창조신화에는 이런 얘기가 있다. 신이 세상을 창조할 때 세 움큼의 토양을 뿌렸다. 그중 한 움큼은 버마족, 또 한 움큼은 까렌족, 마지막 한 움큼은 외국인이 되었다. 그런데 까렌족이 쉴 새 없이 재잘거리니 그 수가 너무 많다고 여긴 신은 버마족에게 토양을 반 움큼 더 뿌려 주었다. 이에 따라 버마족이 우위를 차지하고 까렌족을 정복할 수 있게 된 것이라고 한다.

아웅 산 장군이 독립운동을 이끌던 시기, 버마족에 대한 까렌족의 반감은 최고조에 달했다. 처음에 아웅 산은 인도네시아의 건국 지도자 수카르노처럼 일본의 "아시아인의 아시아를 세운다"라는 구호를 믿고 일본과 손을 잡았다. 그리고 당시 영국 선교사로부터 깊은 영향을 받은 친영국 성향의 까렌족은 아웅 산을 적대시하고, 이에 아웅 산이 이끄는 버마족은 까렌족을 학살하면서 보복을 가한다.

"그토록 무수한 까렌족 사람들이 학살당하고 그들의 마을이 약탈을 당했는데 이는 누가 까렌족이 미얀마를 믿길 기대할 수 있겠는가? 그런 일이 벌어졌는데도 우리가 양곤의 미얀마 정부를 믿을 수 있을 것이라고 생각하는 이가 있을까?" 까렌족의 지도자인 소포도Saw Tha Din는 마틴 스미스Martin Smith에게 이렇게 질문했다. 마틴 스미스는 《버마: 봉기와 인종 정치State of Strife: The Dynamics of Ethnic Conflict in Burma》에서 이렇게 말했다.

"식민주의자들이 가장 먼저 약탈한 것은 현지인의 역사다. 1948년 1월 4일 영국으로부터 독립한 버마 공화국은 과거 그 어느 종족 혹은 국가와도 공통점을 찾아보기가 힘들다."

●

1962년 까렌족의 투쟁은 다시금 운명의 순간을 맞이한다. 그해 군 장교 네 윈이 쿠데타를 일으켜 정권을 잡으면서 독재가 시작된다. 소수민족의 자치권 결의안은 부결되었고, 미얀마 동화정책이 실시된다. 소수민족의 문화를 뿌리째 뽑으려고 작정한 것이다.

군사 정부는 소수민족의 거주지를 무력으로 소탕하고, 심지어는 군인들의 강간도 방관했다. 이와 같은 '인종 청소'와 각종 만행은 그로부터 도망쳐 나온 소수민족을 통해 세상에 알려진다. 그리고 가장 거세게 저항한 까렌족은 거주지를 떠나야만 했다.

1984년 까렌족은 처음으로 국경을 넘어 태국으로 대규모 피난을 떠났고, 그중 일부만이 난민 캠프에 수용되었다. 나머지 백만 명은 미얀마와 태국 사이 접경지대의 밀림 속으로 숨어들었다. 태국 정부는 총성이 들릴 때는 그들을 일단 피신시켜 주고 교전이 중단되면 다시금 돌려보냈다. 결국 대다수의 난민들은 밀림 속에 숨은 상태로 소수민족 무장부대와 미얀마 군사 정부 사이의 전쟁 속에서 생존해나가야 했다.

그렇다고 태국으로 피난해온 까렌족이라고 해서 마음 편히 살고 있는 것은 아니었다. 여전히 미얀마 정부군이 불시에 어둠을 틈타 강을 건너와 난민 캠프를 공격했기 때문이다.

라이수성은 까렌족의 어느 엘리트에 대한 이야기를 들려줬다. 공직자 부모를 둔 그는 미얀마 정권을 지지하는 측이었다. 하지만 자신의 까렌족 신분 때문에 의대에 가지 못한다는 사실을 알게 된 다음 종족 문제에 대해 다시금 생각해보기 시작한다.

그는 결국 학업을 포기하고 반정부 운동에 가담했다. 수차례 감옥을 드나들었고, 타지로 피신해 전전하다가 밀림으로 들어갔다. 이후 그는 까렌 독립국 무장부대에 가입했고 반평생을 죽음의 신과 사투를 벌인다. 어느 날 그는 태국 까렌족의 도움 아래 태국에 오게 되었는데, 병원에 누워 요양을 하던 중 우연한 기회로 국경지대 시찰을 나온 태국 국왕의 어머니를 만나게 되었다. 그리고 운 좋게도 영주권을 얻었다.

그런데 거기에는 세 가지 조건이 걸렸다. 바로 '마약을 건드리지 말 것', '법률을 어기지 말 것', 그리고 '정치에 개입하지 말 것'이었다. 이를 어길 경우 국경 밖으로 추방당할 수 있었다.

그래서 우린 종종 매솟에서 '미얀마 난민' 문제를 입 밖으로 꺼내기가 조심스러웠다. 까렌족은 스스로가 미얀마인임을 부정하면, 말 그대로 오로지 까렌족으로서 이 세상 그 어느 기존 국가에도 속하지 않게 된다. 그들은 자신들만의 헌법과 의회를 가지고 까렌민족연합Karen National Union, KNU을 구성했지만, 1995년 미얀마군이 미얀마 경내 까렌족 자치 조직을 철저히 부수면서 태국으로 후퇴해 수세를 취할 수밖에 없었다. 결국 그들은 남의 땅에 가까스로 자신들의 조그마한 자치체를 세웠다.

까렌족이 전부 반정부적인 것은 아니다. 일부 불교를 믿는 까렌족은 미얀마에 남아 있는 '미얀마인'이다. 1994년 말 민주까렌불교도군Democratic Karen Buddhist Army, DKBA은 KNU에서 떨어져 나와 그다음다음 해 군사 정부와 휴전협정을 체결했고, 그것을 자치구역과 맞바꿨다. 그들은 군사 정부와 협력해 KNU를 공격하고, 심지어는 국경을 넘어 난민 캠프를 습격하기도 했다. 몇 년 전 군사 정부는 계속해서 분열을 조장하고 일부 민주까렌불교도군을 변경 부대로 흡수해 까렌족 내부 갈등을 심화시켰다. 이에 국경지대 난민들은 점점 더 늘어났다.

현지에서 영화를 찍고 있는 타이완의 카메라맨 샤오예는 내게 또 하나의 미얀마 내 까렌족 친구의 이야기를 들려줬다. 그 친구는 까렌 반군 밀집지와 미얀마인 마을 사이에 살고 있었다. 미얀마군은 수시로 마을에 쳐들어와 '그들 까렌족'을 공격하곤 했다. 그런데 까렌군 또한 그들이 '미얀마인'이라고 공격했다. 양측 모두 마을을 파괴할 만한 각자의 명분을 갖고 있었다. 서로의 눈에 비친 그들은 마치 난민처럼 경계 저 너머 반대편에 있는 존재였다. 그들도 결국 어딘가에서는 난민인 것이다.

●

난민이 가장 물밀듯 쏟아진 시기는 1988년 8월 8일 학생운동이 일어난 당시로 거슬러 올라간다. 그해 미얀마 군사 정부는 사나운 기세로 반대파의 흐름을 진압했고, 학교를 폐쇄했으며, 학생운동 가담자를 뒤쫓아 마구 붙잡아들였다. 그 과정에서 수많은 지식인들이 죽거나 감옥에 갇히고, 혹은 그렇게 되지 않기 위해 도망쳐 나왔다. 태국과 미얀마의 국경지대에는 그때 구사일생으로 살아남아 여전히 저항하고자 하는 청년들이 밀집해 있다.

동물학을 공부하는 민민도 바로 그러한 학생운동에 가담해 군사 정부에게 있어 눈엣가시와 같은 존재가 되었다. 그는 시위 도중 붙잡힌 이후 5년 만에 석방되었는데 그 후로 영영 학교로는 돌아가지 못하게 되었다. 생활은 갈수록 어려워졌고, 결국 태국으로 도망쳐 '메따오 클리닉'에서 일하게 되면서 그나마 숨 쉴 공간을 찾을 수 있었다.

메따오 클리닉은 의사 신시아가 세운 병원이다. 당시 미얀마 군사 정부가 학생들을 무자비하게 탄압하는 것을 목격한 그는 말라리아 치료제와 의학 서적, 옷가지 몇 벌만을 챙긴 다음 학생들을 따라 매솟으로 왔다. 그리고 그곳으로 망명해온 학생들에게 의학적 도움을 주는데, 뜻밖에도 그렇게 지낸 세월이 어느새 20년이 되었다.

매솟에서 그는 난민들을 돌볼 뿐만 아니라 비非의료학과 출신들로 구성된 봉사단을 양성하고 있다. 신시아는 오랜 기간 매솟에서 일했지만, 그가 보살피는 난민들과 마찬가지로 태국 시민권을 얻지는 못했다.

민민은 그 봉사단원 가운데 하나이기도 하다. 그러나 합법적인 신분으로 일하는 것이 아니다 보니 버마 학생회 연합All Burma Federation of Student Unions, ABFSU의 지원에 의존해 생계를 이어나가고 있었다. 그 지원마저도 한계가 있다 보니 그는 하루하루를 고단하게 보내고 있었다.

하지만 그는 그 고난을 기꺼이 받아들인다. 네트워크와 조직을 통해 해외로 망명 혹은 유학 온 미얀마 학생들을 결집시키면서 미얀마 민주화와 인권 회복 등의 가치를 실현시키기 위해 부단히 노력하고 있기 때문이다.

우리는 매솟 시장 부근의 한 이주 노동자 소학교에서 민민을 알게 되었다. 당시 그는 그곳에서 디피티(디프테리아, 백일해, 파상풍을 예방하기 위한 백신) 접종을 돕는 조수 역할을 하면서 네덜란드에서 자원봉사를 온 의사 한 명과 다큐멘터리를 만들고 있었다.

이주 노동자 소학교는 어느 식당 건물의 꼭대기 층에 숨어 있었다. 철제 난간과 양철로 가려진 그곳은 그런대로 교실의 모습은 갖추고 있었다. 200여 명의 학생들이 허름한 식당의 옥상에 다닥다닥 붙어 앉아 있는 광경을 보고 있노라니, 선생님 집에서 보충 수업을 받던 초등학교 시절이 떠올랐다.

물론 그곳은 타이완의 보충 학습반과는 다르다. 1층 식당에서 3층 교실까지 올라가는 길에는 아웅 산 수치의 사진과 미얀마 국기가 걸려 있고, 교실 벽면에는 까렌 국기와 까렌 국부 사우 바 오 우 지의 사진이 태국 국왕 초상, 태국 국기와 함께 나란히 걸려 있다. 학생들이 공부하는 공간에 정치적인 느낌이 물씬 풍겼다. 그 순간 문득 이런 생각이 스쳤다. 타이완 아이들이 직면한 정치적 정체성의 문제는 이에 비하면 초등학교 수학 문제를 푸는 것만큼이나 아무 일도 아니었다.

●

"가족들과는 어떻게 연락하지? 잘 살고 있는지 알 방법은 있는 거야?" 일을 마친 다음 민민과 잠시 메따오 클리닉 밖의 카페에서 차를 마실 때 이렇게 물었다. 말하다 보니 괜스레 내가 눈물이 나려 했다. 나는 가족 얘기에 민민도 슬퍼할 것이라고 생각했다. 그런데 의외로 그는 웃으며 대답했다. "중간에 친구를 통해 소식을 전해." 내 눈물은 약간 성

급하고 경망스러웠다.

감옥에 있었던 시절에 관해 얘기할 때도 그의 어조는 안정적이고 온화했다. 그는 고문, 구타를 당하고 족쇄가 채워졌었지만, 많은 친구들이 아직도 그곳에 남아 있기에 자신은 운이 좋은 편이라고 했다. "그래도 감옥에 있던 시절이 좋기도 했어. 우리는 같은 신념을 가지고 있었고, 말도 잘 통해서 서로 공감할 수 있었거든. 우린 하나였어." 그는 그렇게 힘든 상황 속에서 서로 의지했던 시절을 떠올리며 애써 고통을 지우고 있었다.

나는 그에게 어쩜 그렇게 영어를 잘하는지 물었다. 이에 그는 또 웃으면서 감옥에서 배웠다고 답했다. "각자 잘하는 언어들이 있었어. 달리 할 게 없으니 서로 알려주며 공부했지." 그는 감옥 안의 수감자들이 서로 분리된 채 갇혀 있었지만 큰소리로 이야기를 나눌 수는 있었다고 말했다. 그래서 또 결국 구타를 당하곤 했지만 말이다.

"그들을 원망하지 않아?" 옆에 있던 내 친구도 덤덤한 그의 모습을 이해할 수 없는 것 같았다. 이에 민민은 미소를 거두고 사뭇 진지한 표정으로 답했다. "그들도 결국은 그 구조 아래에 속한 일원에 불과해. 자신에게 주어진 일을 할 뿐이지. 그걸 어쩌겠어." 꽤나 서글픈 이야기들이었지만 그의 평온한 얼굴 앞에서 우린 고개를 숙일 수밖에 없었다. 그저 시큼한 레몬주스를 홀짝이는 척하면서 말이다. 그때 마음까지도 시큼하니 아려왔다.

이와 비슷한 이야기들은 다른 곳에 가서도 흔하게 들을 수 있었다.

서로를 공격하고, 전쟁 속에서 사람들의 목소리는 묻혀 밖으로 전해지지 못하는 그런 이야기들. 그러한 이야기들이 국경에 대한 인식과 세상에 대한 관심이 부족한 타이완 같은 나라로까지는 전달되지 못했다.

"너희 지도자가 누구지? 아직도 천수이벤이야?" 대화를 마칠 무렵, 민민이 갑자기 나를 향해 고개를 돌리며 물었다. '우리나라에서 일어난 일에까지 관심을 두고 있다니!' 나는 내심 깜짝 놀랐다. 듣자 하니 미얀마 군사 정부가 그렇게 기세등등할 수 있는 이유가 바로 중국의 힘을 믿기 때문이란다. 그래서 이들 학생과 더불어 민주화를 고대하는 모든 이들이 중국에 맞설 동맹을 찾고 있었다. 이를테면 타이완처럼 말이다. 그것이 그가 타이완에 대해 관심을 가지고 있던 이유였다.

"타이완도 비슷한 역사를 가졌지만, 지금은 이미 민주화의 기반을 다진 상태야." 나는 민민이 자신감을 가질 수 있도록 북돋아주고 싶었다. 그는 내 마음을 알고서 조용히 고개를 끄덕였다. "미얀마가 꼭 민주화될 수 있길 바라. 너도 집으로 돌아가고 말이야. 그렇게 되길 진심으로 응원해!" 내가 이렇게 말하자 그가 웃으며 답했다. "내가 미얀마로 돌아갈 날을 기대해줘. 그날이 오면 미얀마에 와서 나를 찾아!"

싱가포르

말레이시아와 바다 사이에 놓인
경계인의 섬

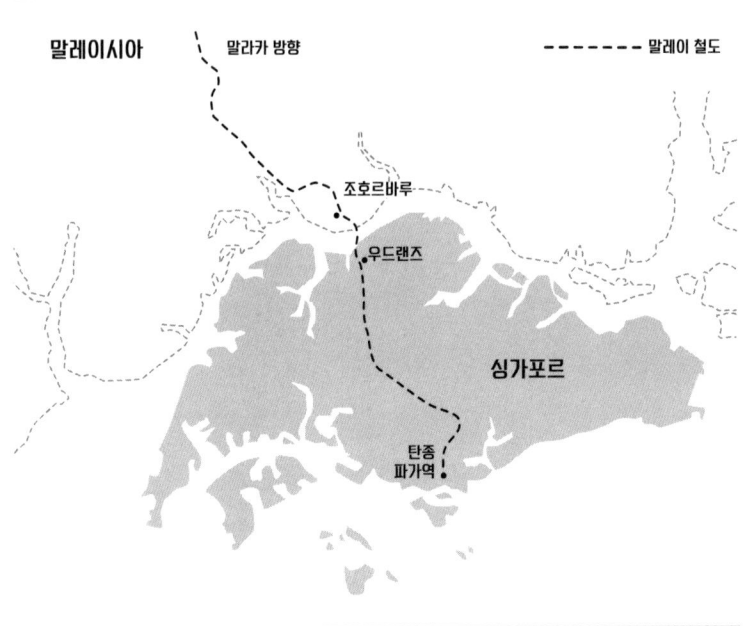

새벽 한 시경이었을 것이다. 탐핀역에서 남쪽으로 내려가기 위해 열차에 올라탈 준비를 하고 있었다. 2010년 초여름, 나는 말레이시아에서 열차를 타고 싱가포르로 향했다. 열차로 국경을 넘기는 처음이었다.

말레이시아 화교 친구가 말하길 말레이시아에서는 열차를 타지 않는다고 했다. 너무 느리기 때문이다. 말라카에서 싱가포르까지 버스를 탈 경우 두 시간이면 갈 거리를 열차로는 너댓 시간이 소모되고 가격도 비싸다. 어떻게 봐도 밑지는 장사다. 그러다 보니 나처럼 신선함에 목마른 여행객이나 앞뒤 재지 않고 열차를 탄다.

탐핀은 말라카에서 가장 가까운 기차역으로, 약 38킬로미터 정도 떨어져 있다. 시끌벅적한 말라카에서 버스를 타고 탐핀으로 가다 보니 날이 금세 어둑어둑해졌다. 가면 갈수록 길은 더 어두워지고 황량해지는 것 같았다. 텅 빈 종점에 들어설 때 즈음 버스 안에 남은 사람은 나 하나였다.

그런데 기차역은 여전히 코빼기도 안 보였다. 기사는 열심히 손짓발짓을 해가며 내게 무언가를 설명해주려 했으나 도무지 통하지 않자 결국 그냥 나를 택시에 태워 보내기로 결심한 것 같았다. 그런데 또 택시까지 나를 점점 더 황량한 곳으로 끌고 들어갔다. 그러더니 어느 순간 갑자기 방향을 홱 틀어 칠흑같이 어두운 수풀 속으로 들어가는 것이 아닌가. 그때 사람들이 웅성거리는 소리와 함께 감노랗게 불빛이 비쳐왔다. 탐핀 기차역이었다.

이게 기차역이라니, 도무지 믿기지 않았다. 문짝도 보이지 않는 그 기차역에 있는 것이라곤 승강장 하나와 매표소가 전부였다. 몇몇 열차를 타려는 이들이 의자에 기대고 앉아 있었는데, 나만 초조해하며 열차를 기다리는 것 같았다. 이미 열차표를 샀고 승강장까지 확인했지만 여전히 무언가 불안했다. 아무래도 장소를 잘못 찾아온 것만 같았다.

밤이 깊었고, 대기 중인 승객들은 시간을 때우기 위해 대부분 고개를 들어 텔레비전을 보고 있었다. 그때 스크린에 섬뜩한 분위기를 풍기는 드라마 한 편이 방영되고 있었는데, 한 여성이 돈을 노리고 어떤 여성을 납치한 다음 살해하려고 하는 내용이었다. 그 과하게 일그러지는 얼굴 표정 하며, 커다란 손동작들이 꼭 처음부터 끝까지 긴장의 연속인 타이완 드라마를 보는 것 같았다. 그래서인지 현지인들은 텔레비전에서 눈을 떼지 못했고, 무슨 말인지 도통 알아듣지 못하는 나 같은 외국인도 꽤 흥미진진하게 봤다.

극이 절정으로 치닫고 악녀의 음모가 발각되려는 찰나, 열차가 요란한 소리를 내며 역으로 진입해 맥을 끊어 놓았다. 나는 짐을 들고 다른 승객들을 따라 열차에 올라탔다.

나는 일반 침대칸 표를 샀는데, 객실은 매우 비좁고 양쪽 위아래로 침대가 있었다. 그 사이로 사람이 겨우 지나갈 만한 통로가 간신히 나 있었다. 먼저 열차에 올라탄 승객들이 침대에 조용히 누워 있었고, 나는 어둠 속에서 더듬더듬 내 자리를 찾았다. 그다음 침대에 보조가방을 던져놓고 계단을 타고 올라갔다. 침상이 어찌나 좁은지 소심하게 다리를 웅크리고 나서야 겨우 나를 구겨 넣을 수 있었다.

그렇게 자리에 눕자 열차 소리에 슬슬 잠이 왔다. 하지만 꿈나라에 들어서기도 전에 잠이 달아났다. 돌연 침대 커튼이 젖혀졌기 때문이다. 커튼을 연 차장이 무언가를 안내하는 것 같았지만 알아들을 수가 없었다. 나는 일단 똑바로 앉아서 주위를 살폈다. 곧이어 유니폼을 입은 출입국 관리원이 내 앞으로 다가와서는 여권을 펼쳐 그 사이에 낀 출국 신고서를 꺼내가더니 도장을 찍었다. 그 순간 내 다리는 여전히 침대 속에 있었지만 사실상 나는 말레이시아를 벗어나게 되었다.

그 지점은 바로 조호르바루로, 말레이 철도가 말레이시아 경내에서 달리는 마지막 역이 있는 곳이다.

●

말레이시아의 조호르바루는 조호르 해협을 사이에 두고 싱가포르의 우드랜즈Woodlands와 마주 보고 있는, 사실상 싱가포르에 의존해서 사는 국경도시다. 매일 아침 양국을 잇는 코즈웨이Causeway는 날이 밝기도 전부터 부산스러워진다. 직장인과 학생들이 몰려들기 때문이다.

사람들은 통관에 소요되는 시간을 감수하면서까지 국경을 넘어 싱가포르를 향해 몰려가고, 그곳에서 일거리를 찾고 공부를 한다. 평일 내내 아침이면 인파는 싱가포르 방향으로 몰려가고, 저녁이면 다시 반대 방향으로 돌아온다. 그런데 주말이 되면 흐름이 바뀐다. 거꾸로 싱가포르인들이 탄 차가 국경을 넘어 조호르바루로 오는 것이다. 생활용품을 보다 저렴하게 사기 위해서라고 하는데, 덕분에 조호르바루는 주말 이틀만큼은 주차 공간을 찾기 힘들 정도로 붐빈다.

보통 국경도시들은 변두리처럼 조금은 소외되어 있다. 하지만 다른 국경도시들과 달리 조호르바루는 싱가포르 곁에 찰싹 붙어 말레이시아 제2의 대도시가 되었다. 동시에 그 지리적 관계는 조호르바루를 마치 싱가포르의 위성도시와 같은 존재로 만들었다. 조호르바루 주민들은 말레이시아 방송이나 신문을 보는 대신 싱가포르 방송국에서 내보내는 것들을 본다.

열차 침대칸에 누워 있다가 문득 말레이시아 친구 우신이 吳欣怡 가 떠올랐다. 그가 조호르바루 사람이기 때문이다. 그의 아버지는 청년 시절 말레이시아 북쪽에서 일거리를 찾아 혼자 싱가포르로 왔고, 우연히 똑같이 말레이시아에서 온 여인을 만나 가정을 꾸렸다. 하지만 가족을 부양하기에 벅찰 정도로 싱가포르의 물가는 높았고, 결국 코즈웨이를 거쳐 말레이시아로 돌아와 조호르바루에 정착하게 되었다.

"조호르바루 사람인 나는 생리적으로나 심리적으로나 비주류에 속해." 당시 나는 타이완에 거주 중인 말레이시아 친구들이 모인 자리에 참석했는데, 그때 본 우신이는 대중문화나 정보에 대해 타 말레이시아인들과는 다른 인식을 가지고 있었다. 심지어 말레이시아인으로서의 정체성도 약한 것 같았다.

그는 조호르바루 사람들이 다른 말레이시아인들과 같은 대중문화와 정보를 공유하지 못할 뿐만 아니라, 국경에 인접한 최남단에 위치해 있다 보니 심리적으로도 말레이시아라는 존재를 더욱 멀게 느낀다고 한탄하듯이 말하곤 했다. 그들은 말레이시아의 국경일을 경축하면서도 한편으로는 싱가포르의 국경일 행사를 더욱 시끌벅적하게 보냈고, 싱가포르를 더 가까우면서도 직접적으로 와닿는 존재로 느꼈다. 코즈웨이만 건너면 도착할 수 있는 그 나라에는 그들의 가족과 친지가 있고, 수많은 화교들도 있었다. 비록 중간에 국경선이 그어져 있지만 양국의 가장자리에서 그들은 여전히 서로 연결된 세상을 피부로 느끼고 있었다. 코즈웨이가 서로를 이어놓은 것처럼 말이다.

본래 말레이시아와 싱가포르는 하나의 국가였다. 싱가포르 지도자였던 리콴유李光耀는 영국의 식민통치로부터 벗어난다는 전제 아래 '독립'보다 '자치'가 더 이루기 쉬울 것이라고 판단하고, 싱가포르의 말레이시아 연방 가입에 동의했다. 그는 자원 빈국이자 조그마한 섬나라인 싱가포르가 홀로 독립해서는 살아남지 못할 것이라는 사실을 잘 알고 있었다. 따라서 경제적인 이유를 들어 시민들을 설득했다.

"연방은 싱가포르에게 있어 중심지대입니다. 그곳에서는 고무와 주석이 생산되므로 우리는 이를 통해 중개무역 경제를 가동할 수 있습니다. 연방이라는 중심지대는 싱가포르를 대도시로 만들어줄 것입니다. 싱가포르는 그 경제의 중심지대가 아니면 살아남지 못할 것입니다."

●

그런데 또 다른 한편에서 말레이시아의 수상인 툰쿠 압둘 라만은 '말레이시아인에 의한 말레이시아'를 만들기만을 꿈꾸고 있었다. 애당초 그는 다수의 화교로 구성된 싱가포르의 연방 가입을 환영했다기보다는 독립 당시의 합의 때문에 받아들였을 뿐이었다. 하지만 결국 이삼 년도 참지 못하고 날이 갈수록 심화되는 종족 갈등을 이유로 들어 싱가포르의 탈퇴를 요구한다.

1965년 8월 9일 일요일 아침, 여느 때와 똑같이 경쾌하고 아름다운 선율의 음악이 흘러나와야 할 라디오에서 뜻밖에도 엄숙한 독립선언이 들려왔다. 그리고 90글자에 불과한 그 선언이 싱가포르와 말레이시아인들의 일상을 바꿔놓았다.

싱가포르가 독립을 강요당한 것이다. 리콴유는 기자회견에서 이 내용을 선포하며 감정이 격해져 눈물을 흘린다. 천연자원 하나 없는 손바닥만 한 작은 섬이 어떻게 미래로 나아가야 할지 걱정되었기 때문이다. 그는 당시의 생각을 회고록에 고스란히 담아놓았다.

"눈앞에 고난이 산적해 있고 생존의 기회는 요원했다. 싱가포르는 자연스럽기보다는 인위적으로 만들어진 국가다. 이곳은 본래 교역소로, 영국은 이 교역소를 세계적인 해상 제국의 중추로 발전시켰다. 우리는 그것을 이어받은 것인데, 도리어 중심지대가 없어지니 마치 심장 빠진 육체와 같았다."

조호르바루와 싱가포르 양안을 잇는 둑길, 코즈웨이는 싱가포르의 독립에 대한 리콴유의 걱정을 일부 해결해줬다. 1923년 개통된 코즈웨이는 인도, 차도, 철도 등 여러 용도로 쓰이는데, 이 둑길을 따라 이어진 상수도관을 통해 '정원 속 도시City in a Garden' 싱가포르로 상수원수가 공급된다. 하지만 영국인들이 만들어 놓은 이 둑길은 너무 낙후되어 육지용으로만 사용될 뿐 다리 아래로 선박이 통행하지는 못한다. 다만 시멘트로 다진 육지처럼 양쪽 기슭을 단단하게 매어두고 있다.

싱가포르에게 둑길과 상수도관이 중요한 의미가 있다 보니 말레이시아는 둑길과 용수를 볼모로 삼아 종종 싱가포르에게 으름장을 놓았다. 이 또한 싱가포르로 하여금 다른 수자원을 찾도록 만들었다.

리콴유는 당시 경제 문제 때문에 연방에 가입했지만, 바로 그와 같은 난국이 오히려 지금의 싱가포르라는 정원 속 도시를 탄생시킬 것이라고는 생각하지 못했다. 절체절명의 위기는 리콴유와 싱가포르로 하여금 어떻게든 활로를 모색하게 만들었고, 비좁은 섬나라가 세계에서 인정하는 도시로 성장하도록 자극시켰다.

그렇게 싱가포르는 '아시아의 네 마리 작은 용'의 반열에 오른다. 오늘날 싱가포르는 일자리와 소비력을 제공하며 거꾸로 말레이시아 경제에 펌프와 같은 구실을 해주고 있다. 내가 몸을 싣고 있던 그 열차 안에 있는 대부분 또한 양국을 오가는 싱가포르와 말레이시아의 주민들이었다. 일과 비즈니스를 위해 그들은 서로를 오갔다.

●

창가를 보니 어둑하니 날이 아직 덜 밝아 있었다. 사람들은 침대에 그대로 누운 채로 커튼을 쳤고 나도 계속 눈을 붙이고 있었다. 그 사이 열차는 조호르 해협을 지나 싱가포르 우드랜즈에 멈춰 섰다. 도착을 알리는 소리와 함께 안내 방송이 승객들을 열차에서 내리도록 등 떠밀었다. 나도 그렇게 싱가포르에 입국했다. 그래서 공항에서 입국 절차를 밟듯이 일단 엑스레이 검색대를 통과한 다음 다시 줄을 서야 했다.

"이 여권은 중국 여권과는 다르게 생겼어. 그러니 똑바로 봐야 해. 이건 타이완 여권이야." 경륜이 있어 보이는 출입국 관리원이 신참 옆에 붙어 거듭 주의를 주고 있었다. 잠에 취해 게슴츠레한 상태였던 내 눈이 그제야 제대로 떠졌다.

그는 계속해서 신참을 지도했다. "타이완 여행객이 싱가포르에 입국할 때 별도의 참고 의견이 달렸는지는 안 봐도 돼. 대신 맨 처음 입국하는 경우에는 데이터를 기입해둬야 해." 그러자 어린 직원이 서둘러 서식에 맞춰 이것저것 쓰고선 국적 란에 '타이완'을 적더니 내게 서명을 하도록 건넸다. "싱가포르에 오신 것을 환영합니다!"

나는 환한 미소와 함께 고개를 가볍게 끄덕이는 것으로 그들의 친절함과 세심함에 답했다. 문득 국경 저 반대편 말레이시아에서 겪었던 일이 겹쳐졌다. 말레이시아 철도국 웹사이트에서 열차표를 예매하려고 보니 국적 선택 항목에 오로지 '중국 타이완성'만이 있었다.

이어서 열차의 최종 종착지인 탄종 파가에 도착했다. 열차에서 내리자마자 승강장 스낵바에 쓰인 말레이어와 링깃Ringgit(말레이시아의 화폐 단위)에 저절로 눈이 갔다. 다음으로 역 로비로 들어갔지만 왠지 여전히 말레이시아에 있는 듯한 느낌이 들었다. 나중에서야 알았는데, 지도상에서는 싱가포르의 한복판에 위치한 그 역이 그때 당시에는 말레이시아 소유였다. 이 말인즉슨 해당 역 안에 있는 한 나는 말레이시아 경내에 있는 것과 마찬가지였다.

심지어는 승강장부터 철도 레일까지 전부 말레이시아 것이었다. 마치 말레이시아와 싱가포르의 관계가 '느낌표와 그 아래 있는 검은 점'이고, 그 점의 한가운데 또 작은 점이 있는 것 같았다. 그 작은 점이 바로 싱가포르 안의 말레이시아, 탄종 파가였다.

말레이 철도는 동부와 서부, 두 노선으로 나뉜다. 그중 서부 선은 태국과 말레이시아의 국경 지역인 파당 베사르에서 시작되고, 동부 선은 클란탄주의 툼파트에서 시작되어 남쪽으로 뻗어나간다. 그리고 두 노선은 탐핀 남부의 게마스에서 만난 후, 남쪽으로 쭉 내려가 싱가포르 탄종 파가까지 이어지므로 사실상 거의 말레이반도 전체를 관통한다.

그런데 다른 아시아 국가들의 철도와 마찬가지로 백 년 역사를 지닌 말레이 철도 역시 식민주의자들이 심어둔 것이다. 1885년, 영국 식민 정부는 주석을 운송하기 위해 말레이시아 타이핑에서 포트 웰드Port Weld(쿠알라 세페탕)까지 13킬로미터에 이르는 철도를 부설했다. 태국과 싱가포르를 잇는 철도 노선이 여기서부터 시작된 것이다. 싱가포르의 독립 이후, 합의에 따라 이 철도는 그대로 남게 된다. 그리고 탄종 파가

역은 말레이시아의 관세 및 출입국 사무소로 사용되었다.

따라서 1932년 지어진 이 역은 마치 국가 안의 국가와 같은 존재로 있으면서 매일 같이 말레이시아를 오가는 열차를 맞이하고 보내느라 분주했다. 세 대의 열차가 싱가포르와 쿠알라룸푸르 사이를 오갔고, 게마스를 네 차례 왕복했다. 화물 열차는 매주 4~5회 운행되었다.

그런데 말레이시아에서부터 남하해 쭉 내려오는 열차는 그야말로 싱가포르 국토를 관통해 그 나라의 한복판에 멈춰 섰다. 국제적인 대도시로 성장한 싱가포르의 입장에서는 땅이 열차 레일에 의해 반토막 난 셈이니 도시계획에 있어서 난감한 측면이 있었다.

●

그곳 시민들은 아직 이불 속을 헤매고 있을 일요일 아침, 역에서 걸어 나오니 태양이 온 힘을 쥐어짠 것 같은 볕이 내리쬐면서 눈을 똑바로 뜨지 못하게 만들었다. 순간 방향감을 상실한 나도 난감해졌다.

그때 배낭에 국기를 꽂은 타이완 아이가 눈에 들어왔다. 나는 잽싸게 그를 따라 택시에 올라탔다. 택시 기사는 타이완에서 온 우리 둘을 그칠 줄 모르는 수다로 환영해줬다. 소년은 줄곧 창밖만 보고 있었고, 나 혼자서 운전석 쪽으로 고개를 내밀어 택시 기사의 말에 호응했다. 광둥식 억양으로 범벅된 그의 중국어를 최대한 알아들으려고 애쓰면서 말이다. 나는 저 북방 이웃이 '얼마나 도리를 모르는지' 불평하는 그의 말속에서 말레이시아와 싱가포르 간의 실타래처럼 얽혀든 감정을 조금이나마 이해할 수 있었다. "시내 한복판에 있는 이 역에다가 지금 두 나라가 공동으로 회사를 설립해 개발하려고 해. 지분도 말레이시아 6할, 싱가포르 4할로 나눠. 역은 우리 영토 안에 있는데 말이야!"

나는 그해 말레이시아와 싱가포르 정부 간에 합의를 맺은 사실을 그제야 알게 되었다. 싱가포르가 같은 면적의 시내 토지를 가지고 싱가포르 철도의 토지와 맞바꾸고자 한 것이다. 다음해인 2011년 7월이 되면 탄종 파가역은 역사의 뒤안길로 사라지게 된다. 이는 말레이시아와 싱가포르 간의 단단한 매듭 가운데 하나가 풀리게 됨을 의미했다.

1990년, 리콴유는 총리직에서 물러나기 전에 탄종 파가 문제를 해결하고자 했다. 마약 밀매업자들이 조호르바루에서 열차를 타고 싱가포르로 들어오면서 창문 밖으로 동업자에게 마약을 전달하곤 했기 때문이다. 싱가포르 정부는 이 문제로 골치가 아팠고, 리콴유는 관세 및 출입국 사무소를 우드랜즈로 이동시키고 싶어 했다. 그렇게 되면 열차가 싱가포르 경내에 진입하는 즉시 승객들을 검문할 수 있다.

하지만 그럴 경우 승객은 열차 대신 다른 대중교통을 이용해 싱가포르에 들어올 수 있었다. 또한 법적으로도 말레이시아는 철도가 지나가는 영토를 싱가포르에 돌려줘야 했다. 말레이시아에서 꺼려할 수 있다는 점을 우려한 리콴유는 '토지 공동 개발' 제안을 통해 우드랜즈 검문소 설치 구상을 실현시키고자 한다.

당시 말레이시아 총리였던 마하티르 모하마드 역시 우드랜즈를 검역 및 세관, 출입국 거점으로 삼는 것이 최선책이라고 여겼지만, 양국이 오랫동안 불화를 겪은 탓에 계속해서 이랬다저랬다 여러 차례 번복을 되풀이하며 문제 해결에 소극적인 태도를 보인다.

양국은 경쟁하면서도 때로는 손을 맞잡고, 또 어떤 때는 논쟁을 벌이면서 관계의 기복을 보였다. 나는 외지인인 입장에서 잠깐의 여정 동안 그다지 큰 문제는 느끼지 못했다. 다만 그곳에서 내가 느낀 것은 날씨가 굉장히 무덥고, 거리가 유난히 깨끗하다는 점이었다. 택시 기사는 아직도 쉬지 않고 떠들고 있었다.

"너희는 천수이볜이 잘못했다고 생각해?" 2010년이면 국민당이 다시 집권한 지가 벌써 2년이 지났고, 진작부터 천수이볜은 총통이 아닌 때였다. 그런데도 싱가포르에 와서까지 '천수이볜 문제'가 거론될 줄은 몰랐다. 동남아시아를 여행하는 내내 그것은 현지인들이 가장 궁금해하는 이슈였다. 내가 할 수 있는 일은 그저 어깨를 으쓱이며 대충이라도 반응해주는 것이었다. 택시 기사는 타이완 정치에 대한 본인의 생각을 꿋꿋이 늘어놓았다. 그의 광둥 억양을 듣고 있노라니 마치 중국에 온 듯한 착각이 들었다. 중국에서도 택시를 타면 기사들이 타이완 정세를 놓고 열변을 토하곤 했다.

"그가 횡령한 돈을 싱가포르 계좌로 빼돌렸다지." 이제 보니 택시 기사의 강조점은 범죄를 저지를 수 있는 여지를 제공해준 싱가포르를 비판하는 데 있었다. 기사가 리콴유부터 싱가포르와 타이완의 관계, 심지어 양안 관계로까지 말을 계속 이어나가는데 정말이지 혼이 빠질 지경이었다. 남이 우리나라를 두고 왈가왈부하는 것을 내가 생각보다 좋아하지 않는다는 사실을 그때 처음 알았다.

그렇게 기사의 열변을 한참 듣고 있던 와중에 문득 1949년 국공 분열 이후 양안 고위급 대표가 첫 회동을 가진 장소가 바로 싱가포르였다는 사실이 떠올랐다.

●

1993년 4월, 타이완 해협교류기금회 회장 구전푸辜振甫와 중국 해협양안 관계협회 대표 왕다오한汪道涵이 리콴유의 중재 아래 싱가포르에서 회담을 가졌다. 비록 문서 공증, 우편 등 가벼운 문제를 논하는 데서 그쳤지만, 오랜 기간 단절되어 있던 양안 관계에 있어서는 획기적인 성과였다. 그리고 이를 가능하게 만든 요인 가운데 하나가 바로 리콴유였다. 그는 양안 정부 모두와 친분이 있었으며, 화교이기도 했다.

리콴유는 '객가인客家人'(타향살이를 하는 사람들이라는 뜻으로 황허 북쪽에서 기원해 세계 각지로 퍼진 한족의 지계)이다. 그의 증조부인 리무원李沐文은 19세기 중국 광둥성에서 배를 타고 싱가포르로 와서 돈을 벌었다. 당시 싱가포르는 이미 개항한 상태였고, 영국은 자유무역항 형식으로 화교 이주 노동자를 대규모로 끌어들였다.

그러면서 말레이반도 아래 자리 잡은 이 작은 섬의 인구는 19세기 초만 해도 200여 명 수준이었다가 20세기 초에 이르러서는 40만 명에 달하게 된다. 리무원이 싱가포르에 도착한 당시 이미 그곳은 말라카와 함께 피낭(풀라우피낭주)에 공식 병합되어 영국의 '해협식민지'가 된 상태였다.

　싱가포르에서 부지런히 일한 리무원은 단기간에 큰돈을 모았고, 당시 다른 화교 노동자들이 대개 그랬듯이 고향인 중국으로 돌아가 그곳에 대저택을 짓고 지역 유지가 된다. 하지만 리씨 가문은 그 이후로도 몇 대에 걸쳐 영국 국적을 가진 싱가포르인으로 살아갔다.

　영국식 교육을 받아온 리콴유는 영국에서 유학하던 도중 중국인 유학생을 만나면서 비로소 문화적 박탈을 인지하게 된다. 그는 비非모국어로 교육을 받았으면서도 자신의 문화가 아닌 가치관을 죄다 수용하기보다는 두 개의 문화와 세계 사이에서 유랑해온 것이다.

　하지만 싱가포르의 독립 이후, '화교 국가'로 보일 정도로 국내 인구의 4분의 3이 화교 세력임에도 불구하고 리콴유는 말레이어를 공용어로 삼고 영어를 제1언어로 정한다. 그 이유는 간단했다. 어차피 싱가포르가 단일 종족 국가가 되지 못한다는 점을 분명히 인지했던 것이다.

　싱가포르는 말레이시아, 인도네시아 등의 국가와 이웃해 있고, 일억 이상의 말레이시아-인도네시아 무슬림 인구가 거주하는 삼만 개섬 안에 위치한 '화교의 섬'이다. 사실상 말레이의 바다 속에서 살아가고 있는 것과 같으므로, 역사와 문화로 인해 생겨난 다원적인 종족 구성을 반드시 고려해야 했다.

　택시 기사는 영어, 중국어, 말레이어, 그리고 광둥어까지 할 줄 알았는데, 요즘 세대들은 전부 '고향 말'을 잊고 산다며 한탄했다. 리콴유는 싱가포르의 영어, 중국어 교육을 발전시키기 위해 한때 싱가포르인들의 방언 사용을 엄격히 통제했었다. 그러다 보니 그와 같은 '고향 말'이 점점 약간의 독특한 악센트와 영어가 뒤섞인 중국어, 즉 오늘날 '싱가포르어'로 변해갔다. 만약 언어가 어떤 문화적 정체성을 대표한다면 변이 언어를 탄생시킨 싱가포르야말로 좋은 예라고 볼 수 있다.

●

택시가 싱가포르 뉴튼역 부근의 어느 한적한 단지 입구에 멈춰 섰다. 나는 싱가포르 친구 마더롄馬德蓮과 만나기로 되어 있었다. 아마 그는 싱가포르의 요즘 세대 가운데 유창하게 고향 말까지 구사할 줄 아는 몇 안 되는 사람일 것이다.

마더롄은 인도네시아에서 알게 된 친구다. 맨 처음 나는 그의 중국어와 영어 실력에 깜짝 놀랐는데, 더 대단한 점은 그가 푸젠어와 광둥어까지 잘한다는 것이다. 그는 푸젠福建성 출신 이민자 3세대로, 중화민국 수립 초기의 전란이 조부모를 싱가포르로 피난 가도록 만들었다. 조부모는 생활에서나, 심리적으로나 이미 고향 땅을 떠났다. 그들은 자신의 정체성을 싱가포르인으로 생각한다.

그런데 또 그들 지역 사회의 할머니, 어머니 세대는 조상의 고향이 어디든지 간에 타이완 드라마에 푹 빠져 있었다. 그들은 매일같이 드라마를 보고 이야기꽃을 피운다고 했다. 어쩌면 거기서 들려오는 언어가 그들에게 익숙해서 더 그럴지도 모르겠다.

"요즘 세대 사람들은 광둥어도 할 줄 알아." 마더롄이 찡끗 웃으며 말했다. 그들이 광둥어를 할 줄 아는 이유는 자신들의 뿌리 따위와는 무관하다. 그저 홍콩 대중문화를 좋아할 뿐이기 때문이다. 그와 또래 친구들은 홍콩 유행가를 듣고, 홍콩 영화와 드라마를 보면서 광둥어를 할 줄 알게 되었다. 나의 말레이시아 친구들의 사정도 비슷했다. 함께 노래방에 가면 그들은 꼭 광둥어 노래를 부르곤 한다. 그리고 홍콩 영화와 드라마 등을 이야기한다. 비록 말레이 전체가 몇 개의 나라로 나뉘어 있어도, 요즘 세대의 화교들은 문화적인 측면에서 홍콩, 타이완 등지의 대중 문화를 한마음 한뜻으로 공유하고 있었다.

마더렌과 나는 큰길을 따라 한동안 걸었다. 휴일이 사람들을 이불 속으로 집어삼킨 듯 아직도 도시 전체에 적막감이 돌았다. 눈앞에는 반듯하게 정돈된 느낌의 아파트들이 질서정연하게 늘어서 있었다. 그 중 대부분은 정부가 싱가포르인들에게 공급해주는 주택이었다.

"아시아 사회 부모들은 자식이 자신보다 더 나은 출발점에서 시작해 더 잘 살길 바라. 싱가포르에 사는 이들은 전부 이민자이다 보니 자신과 자식들의 생활이 보장되고 부도 쌓을 수 있기를 원하지. 그저 복지에만 기대는 게 아니야. 사람들이 자신의 돈을 어떻게 쓸지 스스로 정하고 책임질 권리를 갖도록 하는 거야." 마더렌이 말했다.

그러고 보니 리콴유가 회고록에서 그의 주택 정책이 '사회 안정' 구상에 기반을 둔 것임을 언급한 게 생각났다. 그것은 아시아인들의 사회적 현실을 관찰하고 반영한 것이었다.

●

일정한 크기로 반듯하게 정리된 도로나 주택에서 느낄 수 있는 질서 정연함, 엄격한 법률 집행은 세계인들이 싱가포르에 방문해 가장 크게 감명을 받는 부분이다. 그러나 나는 일본인들의 결벽증을 비롯해 그와 같은 '규칙'에 어떤 압박감을 받았다. 이 도시에서는 지하철역에만 서 있어도 사방에 설치된 CCTV가 지켜본다. 그러한 감시가 언제라도 내가 이 나라의 적으로 몰리는 건 아닐까 하는 긴장감을 줬다.

지하철역 내부 스크린에도 이런 문구가 떴다. "주변의 낯선 이를 주의하세요. 테러리스트일지도 모릅니다." 싱가포르는 마치 무균실처럼 외부로부터 들어오는 먼지와 오염물에 대해 항시 경계 태세를 갖추고 있었다. 하지만 동시에 이주 노동자와 이민자를 받아들이는 데 있어서만큼은 타이완보다도 관대했다.

"이 나라에서는 이주 노동자와 이민자가 점점 사회의 주체가 되고 있어." 마더렌이 해준 이야기다. 싱가포르에서 이주 노동자는 80만 명에 달하는데, 사실상 그들이 이 나라가 돌아가도록 지탱해주고 있다. 2010년 한 통계의 추정에 따르면 앞으로 20년 이내에 싱가포르로 이민 가는 중국인이 60만 명에 달할 것이라고 한다. 싱가포르 입장에서도 저출산과 인구 문제를 해결하기 위해 이민자들이 필요하다.

오늘날 싱가포르인들의 윗세대가 모두 그러했듯이 대대손손 이어진 이주 노동자와 이민자들은 지금도 말라카해협 남쪽의 작은 섬에서 정원 속 도시의 꿈을 좇고 있다.

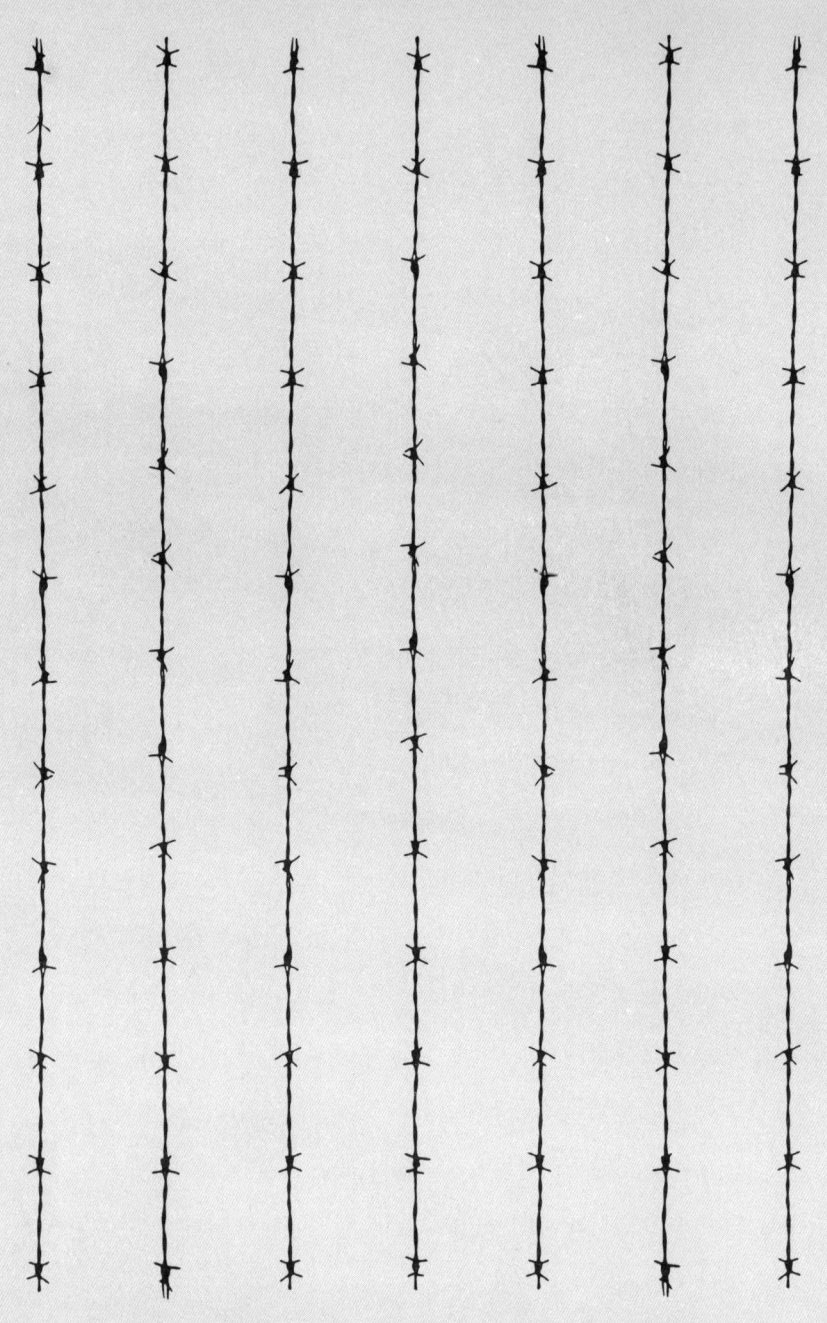

2부

시간과 기억의 경계선

오키나와

류큐와 일본 사이, 미국과 일본 사이
그들은 누구인가?

2010년이었을 것이다. 오키나와 여행을 마치고 온 즈음이었다. 여행담을 나누며 그들의 고향도 추억할 겸 오키나와 출신의 히가 부부와 호카마를 만나 타이베이 리우탸오퉁六條通의 한 일식당에서 함께 밥을 먹기로 했다. 마침 식당 주인인 안리도 오키나와 사람이었다.

리우탸오퉁은 중산베이루中山北路와 신성베이루新生北路 사이에 위치한다. 이 일대는 일제 강점기 당시 다이쇼초大正町로 불렸으며, 행정관리의 숙소가 있었다. 리우탸오퉁의 '퉁通(토리とおり)'은 일본어로 '길'을 뜻하는데, 그와 같은 옛 명칭에서 과거를 짐작할 수 있다.

리우탸오퉁은 일식당과 술집이 대거 모여 있기에 타이베이에 방문하는 일본인들이 가장 흔하게 찾는 곳 가운데 하나다. 당연히 타이완에 살고 있는 일본인들 또한 끌어 모으고 있다. 여기서 말하는 일본인에는 '오키나와인'도 포함되는데, 그들은 이곳에서 자신들의 가게를 열었다. 히가 부부에게 있어 리우탸오퉁은 고향의 향수를 느낄 수 있는 그들만의 소우주다.

타이완에 온 지 꽤 된 히가는 평소에는 일본인 특유의 공손하고 신중한 태도를 보이지만 목구멍으로 술이 몇 잔 들어가고 모국어로 마음껏 떠들 때면 남부 지방의 열정과 호탕함이 드러난다. "타이베이 도서관에서 가서 속성으로 역사 공부 좀 했어. 그런데 그동안 일본과 타이완 사이에 그런 역사적 갈등이 있는지 몰랐어. 그것 참, 우리나라가 정말이지 나쁜 짓을 너무 많이 저질렀더군."

짤막하게 콧수염을 기른 히가가 정수리를 긁적이면서 한 바퀴 돌더니 미안하다는 표정을 지었다. 그는 여러 해 전 타이완 여성과 결혼하면서 이곳 남쪽 섬나라에 정착했다. 그전까지만 해도 그는 타이완에 대해 전혀 알지 못했다.

"우리 교과서에서는 거의 중국의 역사와 지리만 다뤄요. 타이완에 대한 소개는 찾아보기 힘들죠. 그런데도 왠지 타이완과는 아주 가까운 느낌이에요. 그래서 제대로 알고 싶어요." 호카마가 옆에서 거들었다. 스무 살이 조금 넘은 그는 국제관계학을 공부하는 학생이다. 히가와 마찬가지로 오키나와 출신으로, 시원시원하니 쾌활한 성격에 개성이 넘치는 그는 중국어를 공부하기 위해 일본어 교사에 지원해 타이완에 왔다고 한다.

이제 막 타이완에 와서 모든 것이 낯선 상태일 것이기에 히가가 고향의 정을 생각해 그를 식사자리에 초대했다. 그들은 중국어와 일본어를 섞어가며 내게 오키나와 이야기를 들려줬다. 이따금씩 소통에 어려움이 생기고는 했지만, 대화는 즐거웠고 분위기도 점점 무르익었다.

"그거 아세요? 타이완에서 오키나와 나하(일본 오키나와현의 현청 소재지)로 가는 비행기를 타면 목적지명이 '류큐流球'로 떠요. 참 재밌죠?" 호카마가 갑자기 생각났다는 듯이 큰소리로 말했다.

"뭐라고? 그럴 리가" 어떻게 타이완이 오키나와에 과거의 '종속관계'를 갖다 댈 수 있다는 거지? 나는 설마 하며 믿지 못했다.

●

오키나와 제도는 본래 류큐왕국으로, 명으로부터 책봉을 받기도 했다. 그와 동시에 명의 도움 아래 조선기술을 배우고 동남아시아 국가들과 무역을 할 수 있었다. 나하 구메 지역의 사람들이 바로 그 당시 기술직 이주 노동자들의 후손이다. 류큐왕국의 특수성에 관해서는 역사소설가 진순신陳舜臣이 《류큐의 바람琉球之風》에서 다음과 같이 말했다.

"오랫동안 명의 책봉을 받고 무역을 통해 이익을 추구한 류큐는 도쿠가와 이에야스의 침략 아래 양대 강국 사이에서 겨우 목숨을 부지한 식민지가 되었다."

타이완도 과거 무역 항로 상 중요한 환승 지점으로서 스페인과 네덜란드로부터 번갈아 식민지배를 받았다. 그와 같은 대항해시대 속에서 류큐 지사는 남해 왕국의 건립을 꿈꿨고, 한편 일본의 피가 흐르는 정성공鄭成功은 청에 저항함과 동시에 명을 부흥시키기 위한 근거지를 타이완에 세운다.

그러나 제국 변두리라 할 수 있는 이 두 섬은 바다 위 물고기와 같은 신세가 되어 역사라는 거대한 파도에 의해 전복된다. 그렇게 그들은 몸을 뒤집고 지느러미를 파닥이며 발버둥을 치다가 애초에 생각한 것과는 다른 곳으로 향한다.

류큐가 일본 영토로 병합된 이후 일본 정부는 조공 관계를 중단하도록 명령한다. 그러자 당시 오키나와의 슈리 국학에서 베이징 국자감으로 유학을 가 있던 리스궁林世功이 정세를 전환하고자 몰래 중국에 구원을 요청한다.

그는 단식까지 해가며 당시 내각총리대신이었던 리훙장李鴻章이 문제를 해결해주길 바란다. 하지만 교섭이 교착 상태를 벗어나지 못하자 리스궁은 시 한 편을 남기고 자살한다. 한편 리훙장은 시모노세키조약에 서명해 "고립무원한 신하는 국가의 어려운 형세를 돌려세울 힘을 갖고 있지 못하다(고신무력가회천孤臣無力可回天)"라는 지식인들의 탄식을 자아냈고, 타이완도 일본 영토로 전락한다.

아마 류큐가 아니었다면 청 조정은 타이완의 소중함과 일본의 위협을 줄곧 깨닫지 못했을 것이다. 이 역사의 파도는 몇몇 불운한 선원들이 타이완에 표류하면서부터 시작된다. 적어도 내가 가진 역사 교과서에서 류큐는 그렇게 등장한다. 그와 같은 등장에 붙여진 이름이 있으니, 바로 '모란사牡丹社 사건'(1874년 타이완에 표류한 류큐인들을 타이완 원주민들이 살해한 사건)이다.

'모란사 사건'은 일본의 타이완 점령과 중국 본토 침략의 시작점이 되었다. 사건은 1871년 류큐 미야코섬 조공 선박이 태풍으로 인해 조난당해 타이완 동남부에 표류하면서부터 시작된다. 당시 선원들은 의사소통이 되지 않는 상황 속에서 타이완 원주민들로부터 살해당했고, 남은 생존자만이 현지 한족의 도움을 받아 본국으로 돌아온다.

1873년 일본이 이를 추궁하자 청 조정은 "타이완의 미개인들은 중국 밖의 이들로, 단죄할지의 여부는 귀국의 처리를 따른다"라고 답함으로써 일본의 타이완 원주민 토벌을 묵인한다. 그리고 이듬해 일본 육군 중장 사이고 주도가 군을 이끌고 상륙해 모란사를 비롯한 원주민 촌락을 소탕한다.

1879년 류큐 제도는 '류큐 처분'에 의해 정식으로 일본의 일부가 된다. 이어서 일본은 서서히 중국으로 접근할 기회를 모색한다. 그리고 타이완이 류큐의 다음 차례가 되었다. 그렇게 쿠로시오해류 상의 이 두 섬나라는 역사라는 대양 속에서 번영과 쇠퇴를 거듭하며 요동쳤고, 서로 긴밀히 이어져 숙명을 함께했다.

●

"오키나와에서는 타이완 제품을 흔히 볼 수 있어요." 타이완과 오키나와의 관계를 의식한 호카마는 자신이 타이완을 얼마나 가깝게 생각하는지를 보여주려 했다. "이시가키섬에도 타이완인들이 꽤 있거든요." 그는 자신의 어머니도 이시가키섬 출신이라고 했다.

이시가키섬은 야에야마 제도 내에서 인구가 많은 축에 속하는 큰 섬으로 오키나와 본섬에서 요나구니섬으로 가는 중간 지점에 위치한다. 야에야마 제도의 최서단인 요나구니섬에서 타이완까지의 거리는 111킬로미터에 불과해, 날씨가 맑을 때면 타이완의 중앙산맥까지 육안으로 볼 수 있다.

호카마가 말한 타이완인에 관한 이야기는 마쓰다 요시타카가 쓴 《야에야마의 타이완인八重山的台灣人》에 잘 나와 있다.

"그들의 선조는 일제시기 당시 능동 혹은 수동적으로 야에야마로 가서 땅을 일궜고, 그렇게 결국 뿌리 내리고 정착해나갔다."

이와 비슷한 종류의 이야기는 타이완 역사 속에서도 쉽게 찾아볼 수 있다. 대다수의 타이완 한족들 또한 이와 흡사한 경로로 중국 대륙에서 타이완으로 왔기 때문이다. 그들은 그저 정권의 변화에 따라 방향을 바꾼 것이다.

당시는 무국경의 시대로, 사람들은 자유로이 생존의 길을 모색할 수 있었다. 2차 세계대전 이후 국제정치의 지각변동이 평범한 서민들을 정체성 선택의 딜레마에 빠뜨릴 줄은 당시엔 아무도 몰랐을 것이다. "분명 그전까지만 해도 줄곧 일본인으로 취급받았어. 그런데 지금은 또 타이완인이래. 사람들이 전부 공중에 붕 뜬 느낌이야. 정말이지 어떻게 해야 할지 모르겠어." 야에야마의 타이완인은 이렇게 말한다.

현대인들에게 있어서 국경을 생략하고 넘나든다는 것은 상상하기 힘든 일이다. 그러나 명청시대부터 일제시기까지 섬 사람들은 마치 바다 속 물고기처럼 자유롭게 나라와 나라 사이를 오갔다. 일제시기에는 식민지 정부가 오키나와인들을 새로운 영토, 즉 타이완 개척을 위한 선봉대로 파견해 타이완인들을 관리했다. 그 밖에도 수많은 오키나와인들이 타이완으로 건너가 성장하길 원했기에 오늘날 타이완에는 적잖은 오키나와인들이 살고 있으며, 지룽基隆에는 류큐 마을까지 있다. 그곳은 오키나와 어민들이 지룽 밖 허핑다오和平島에 정착하면서 생긴 촌락으로 한때 오백여 명 정도의 사람이 있었다고 한다.

"나도 이시가키 섬에서 태어났어. 우리 고향 사람들은 물고기를 잡다가 타이완인들과 교류하곤 했지." 손님들이 하나둘씩 자리를 뜨자 여유가 생긴 식당 주인 안리가 대화에 끼어들었다. 그는 손에 맥주를 한 잔 들고서 소파에 걸터앉더니 자신이 타이완과 인연을 맺은 이야기를 늘어놓았다. 포니테일 머리에 꽃무늬 셔츠를 입은 모습이 그가 오키나와 혈통임을 한눈에 알아볼 수 있게 했다. 물론 그는 십수 년 간 타이완에서 일하며 결혼해서 아이까지 낳았기에 타이완인이나 다름없었다.

"그런데 물고기를 잡으면서 타이완인들과 교류할 일이 뭐가 있어요?" 내가 물었다.

그러자 그가 미소를 머금은 채 대답했다. "오키나와 어민들은 바다에서 물고기를 잡다가 태풍을 만나면 몸을 피해야 했어. 그때마다 타이완 어민들이 도와줬지. 그렇게 가깝게 교류하면서 어렸을 적부터 '타이완'이라는 지명을 접한 거야."

오키나와와 타이완은 역사적으로나 지리적으로나 가깝지만, 그 둘의 관계는 사실 양측 모두에게 있어 애매모호하다. 둘은 대국들 틈 사이에 끼어 목소리도 우의도 상실했다. 중국 대륙을 중심으로 보면 오키나와나 타이완 등의 군도는 변두리에 속하고, 일본 군도에서 남쪽을 바라봐도 그 섬들은 바다 위 거품처럼 조그맣다. 태평양 서쪽 주변부에 위치한 이들 열도군은 지리 역사적으로 과거 제국 국경의 변방이었고 오늘날도 마찬가지로 현대 주권국가의 변두리에 속한다.

2차 세계대전 이후 당시 국제정세의 변동은 타이완과 오키나와의 관계에 영향을 주지 못했다. 오키나와는 연합군이 접수해 관할했고, 장졔스 정부는 반공 전선의 일부로서 자연스레 연합군과 협력해 대량의 기술자와 노동자를 오키나와로 파견했다. 그로써 전쟁으로 쑥대밭이 된 섬을 재건했다. 민간 차원에서도 협력해 파인애플 공장의 운영을 도왔다.

●

오키나와를 여행할 때였다. 나하의 장터에서 타이완 간식거리를 파는 상점 주인을 만났다. 타지에서 고향 음식을 보니 신기하고도 반가웠다. 사정을 들어 보니 타이완인인 상점 주인의 모친께서 결혼과 함께 오키나와의 파인애플 공장으로 건너와 이렇게 정착했다고 한다.

타이완의 경제발전 서사에는 '맨몸으로 서류 가방 하나 달랑 들고 해외로 가서 수주에 성공'한 남성들이 넘치게 등장하는 데 반해 여성의 역할은 등한시되었다. 하지만 1960년대에서 1970년대 사이 오키나와 본섬이든 야에야마 제도의 파인애플 공장, 사탕수수밭, 제당 공장에서든 해외에선 항상 타이완 여성 노동자들의 땀이 흐르고 있었다.

1969년 《주간 아사히》에 이시가키섬의 타이완 여공에 관한 짤막한 보도가 나왔다.

"5년 전부터 우리는 타이완 여공들을 들이기 시작했다. 타이완은 파인애플 재배에 있어서 선진국이다. 본래는 기술만 들여올 계획이었으나 야에야마 현지인들로는 일손이 부족해 노동자를 점점 늘렸다. 그 결과 노동자 수가 연 82명에서 250명, 750명으로까지 증가했다."

오늘날 오키나와의 풍경 가운데 일부는 타이완인들이 만들어놓은 것이다. 히가와 호카마 모두 이와 같은 역사는 잘 모르고 있었고, 나도 따로 언급을 하지 않았다. 그런데 오키나와 파인애플밭에 관해 이야기하던 중 열대의 정취로 가득한 동남식물낙원에 관한 얘기가 나왔다. 일본 여행서에서 오키나와를 소개하며 '남국'의 정취를 느낄 수 있는 곳으로 설명하는 바로 그곳이다.

그런데 이와 같은 묘사에는 자연스럽게 일본 입장에서 본 방위 개념이 내포되어 있다. 히가와 호카마는 딱히 신경 쓰지 못했을 것이다. 그러나 나처럼 타이완을 중심에 두고 바라보면 그곳은 남쪽이 아니라 북쪽 군도에 위치하고 있다.

타이완 여행객들이 동남식물낙원을 거닐면서 열대의 정취를 감상한다면 이국적인 분위기보다는 우리 자신의 고향을 보는 듯한 느낌을 받을 것이다. 타이완이야말로 진정한 '남국'이니 말이다. 그런데도 무의식중에 일본의 입장에서 오키나와를 보고 있으니 방위 설정을 잘못한 것이라고 볼 수 있다.

역사는 항상 어디선가 본 듯 익숙한 모습으로 서로 다른 사회에서 되풀이된다. 과거 타이완의 파인애플 여공들이 기술과 노동력 측면에서 오키나와의 부족한 부분들을 보완해줬다면, 지금은 동남아시아 이주 노동자들이 타이완의 산업 전환 과정에서 필요한 노동력의 구멍을 메워주고 있다. 그런데 혹시 오키나와 남쪽의 우리는 타이완의 남쪽을 바라볼 때 그곳 동남아시아의 여성들을 도구로 보거나 가벼이 여기고 있는 것은 아닐까?

아쿠타가와상 수상자이기도 한 메도루마 슌의 《어군기魚群記》에는 '타이완 여자'라고 멸시받는 파인애플 공장 여공들이 마을을 '오염'시키는 상황이 묘사되어 있다.

"그 여자들의 똥오줌 속에는 기생충이 득실거리기 때문이다."

이야기 속에서 오키나와 남성은 일본인의 타이완에 대한 멸시를 그대로 계승하면서도 한편으로는 희고 보드라운 피부를 가진 타이완 여성에 대해 환상과 욕망을 갖는다.

그렇다면 지금 우리는 저 남쪽의 여성들을 어떻게 바라보고 있을까? 한 가지 분명한 점은 편견은 대물림되고 복제되어 간다는 것이다. 쿠로시오 해류 일대에서 헤엄치는 두 마리의 물고기가 서로 꼬리에 꼬리를 물듯이 우리는 되풀이되는 역사의 법칙 속에서 그저 계속 앞으로 나아가고 있다.

●

내가 열다섯이던 해, 처음으로 해외여행을 간 곳이 바로 '류큐'다. 우리 가족은 중화항공을 타고 그곳에 갔다. 나하 공항은 작았고 국제선도 적은 편이었다. 그럼에도 불구하고 중화항공이 타이완에서 출발하는 비행기를 하루 한 편 정기 운항하고 있었으니, 타이완과 류큐가 꽤 가까운 이웃처럼 느껴졌다.

비행기가 착륙하고 나하 공항에 발을 들여놓는 순간, 귀에 들려오는 낯선 언어 덕분에 그제야 류큐를 일본과 연결 지어 생각할 수 있었다. 류큐는 일본에 속한다는 역사 교과서의 서술과 달달 외운 시험 문제 답안이 실제 현실로 다가왔다.

그런데 '류큐'는 정말 일본에 속하는 걸까? 그때만 해도 나는 일본, 류큐, 오키나와 사이의 관계도를 구분하지 못했다. 문득 아버지께서 하신 말씀이 떠올랐다. 당시 류큐에 함께 가지 않았던 아버지는 가족들을 배웅하며 우스갯소리로 이런 말을 해줬다.

"한 아주머니가 '류큐' 여행을 다녀온 다음 또 다른 사람과 함께 여행을 가기로 약속했는데 '오키나와沖繩'에 간다는 거야. 갔다 와서 또 해외에 나갈 일이 생겼는데 이번엔 '충성沖繩'이었어. 세 곳을 모두 다녀온 아주머니는 어리둥절해하며 말했지. 어떻게 가는 곳마다 똑같이 생긴 거람?"

이 이야기는 나를 포함한 타이완인들의 무지를 조롱하고 있다. 그 섬에 발을 디디는 순간, 내게 떠오르는 것이라곤 '이 섬은 모란사 사건 이후 일본의 일부가 되었다는 것'뿐이었다. 마침 모란사 사건이 기말고사 시험 문제로 나왔었기에 그것만큼은 또렷이 기억이 났다.

하지만 실제 역사는 역사 교과서보다 훨씬 복잡하다. 여행서 속 오키나와는 열대의 짙은 정취, 따사로운 햇살과 백사장, 파인애플밭, 노래와 춤, 그리고 오키나와 전통악기 산신 등으로 가득하지만 현실의 그곳은 슬픔과 근심이 어린 땅이다. 그곳 하늘이 푸르고 높으면서도, 구름이 땅에 떨어질 듯 무거워 보이는 것처럼 말이다.

오키나와에서 유학생활을 한 타이완 가이드가 당시 우리 가족을 가장 먼저 데리고 간 곳은 류큐 왕국의 성인 '슈리성'이었다. 가이드는 오키나와와 중국의 관계, 즉 어떤 식으로 오키나와가 중국으로부터 영향을 받았으며 왜 그들 둘을 완전히 따로 떼어놓고 보기 힘든지에 관해 침을 튀겨 가며 열심히 설명했다.

들어보니 역사 교과서에서 자세히 서술하고 있는 일본의 오키나와 '강제 취득' 또한 역사적 진실이었다. 교향곡처럼 가면 갈수록 더 고양되는 가이드의 역사 해설은 '히메유리탑' 앞에서 고조에 달했다. "오키나와인들이 스스로를 일본인이라고 생각할까요? 아닙니다. 그들은 일본을 증오하죠." 이 대목에서 가이드는 지휘봉을 높게 치켜들며 여행객들의 반응을 기다렸다. 하지만 그의 말소리는 여행객들이 떠드는 소리에 묻혀 버렸고, 그렇게 홀연히 자취를 감췄다. 이곳에 왔었다는 증거를 남기려는 셔터 소리만 찰칵찰칵 울려 퍼졌고, 정작 숨죽이며 듣고 놀라야 하는 가이드의 정보는 처참하게 묵살되었다.

당시 나는 열심히 공부하는 고등학생이었기에 의아하게 느껴진 가이드의 그 말을 일단 전부 받아 적었다. 가이드가 여러 차례 목탁을 두드렸지만 내 머리에만 울림을 주고 있는 것 같았다. 하지만 목탁 소리가 멈출 때까지도 나는 '왜 오키나와인들이 일본인이 되길 부정하는지' 이해하지 못했다. 그 후로 조금 더 성장해 내게도 사고력과 판단력이라는 게 생겼고, 2010년 겨울 다시 한 번 오키나와에 방문하면서 당시 목탁 소리가 내 머릿속에 남긴 통증에 대해 조금 더 명확한 깨달음을 얻을 수 있었다.

●

만약 역사적으로 오키나와인들이 일본과 중국 사이에서 방황했다고 한다면, 오늘날 오키나와인들의 심적 갈등은 미국과 일본 사이에서 비롯되었을 것이다.

히메유리탑은 참호 위에 세워진 위령비로, 미군의 포화로 사망한 오키나와인들을 기리고 있다. 히메유리라는 이름은 아름답게 들리지만, 전쟁 당시 간호를 맡은 여학생들을 가리킨다. 2차 세계대전 당시 미군이 오키나와에 상륙하자 고등학생들이 히메유리 구호대를 조직해 부상병들을 이끌고 참호로 숨어들었다.

전쟁 말기, 환자를 수용하는 참호는 거의 제대로 기능하지 못했고, 참호를 벗어나는 것은 곧 죽음을 의미했다. 즉 참호가 무덤이 되는 것이다. 참호는 바로 그와 같은 전쟁 피해자들의 목숨을 앗아간 곳이다.

미국 육군부의 기록에 따르면 남북으로 130킬로미터에 이르는 좁고 기다란 오키나와에서 벌어진 포탄전에서 함포 60만 발과 지상 포탄 176만 발이 사용되었다. 약 석 달에 걸친 '철의 폭풍Typhoon of Steel'의 충격 이후 오키나와는 철저히 파괴되었고 산마저도 모양이 변했다. 사망자 수는 14만에서 15만 명에 달했다. 오키나와 사람 네 명 가운데 한 명이 전쟁으로 사망한 것이다.

오키나와인들은 누구를 위해 싸웠을까? 그들은 어떤 정체성을 가지고 전쟁에 임한 것일까? 그들은 본토의 일본인들을 볼 때마다 늘 자신은 그들과 다르다고 되뇌일 것이다. 하지만 일본인이 아니라면 그들은 도대체 왜 전쟁에서 목숨을 희생했고, 또 누굴 위해 희생했다는 것일까? 《하얀 거탑》의 저자 야마자키 도요코山崎豊子가 쓴 또 다른 책 《운명의 인간》에는 이런 말이 나온다.

"나는 모든 일본인 가운데 오키나와 사람들이 가장 희생심이 높고, 위대한 일본 국민이 되기 위해 가장 노력하는 이들이라고 믿는다."

하지만 이야기의 끝은 앞의 말과 다르게 끝난다. 전쟁이 끝날 무렵 히메유리 구호대를 포함한 오키나와인들은 결국 버려지고 방치되거나 집단자결을 강요당한다. 그리고 살아남은 오키나와인들은 또다시 운명의 과제를 마주해야 했다. 샌프란시스코 강화조약에 의해 오키나와는 미국의 관할 아래로 들어가게 되었다.

나는 몇 년이 지나서야 내게 혼란을 줬던 가이드의 말을 이해할 수 있었다. 그는 정체성의 격변을 겪어온 오키나와인들의 처지를 알린 것이다. 운명의 전환은 이 땅에 구김과 흔적을 남겼고, 그로 인해 사람들은 덧칠해진 색들을 기억 속에서 완전히 지워내지 못하고 있었다. 그리고 그 흔적들은 불시에 나타나 그들의 정체성을 상기시켜줬다. "나는 누구인가? 왜 희생되는 것은 나여야만 하는가?"

연합군이 점령한 이후 맥아더는 기자에게 이렇게 말했다. "과연 일본인들은 미국이 오키나와를 갖는 것을 반대할까? 나는 아니라고 생각한다. 오키나와인들은 일본인이 아니기 때문이다. 무엇보다 일본인들은 전쟁을 포기했다."

2차 세계대전 이후, 미국은 극동 지역을 통제하기 위해 오키나와에 군사기지를 세운다. 그런데 일련의 정책과 법의 테두리를 벗어난 미국인들의 횡포가 오키나와인들을 자극함에 따라 그들은 일본으로의 복귀를 갈망하게 된다. '조국'의 품이 그리워서가 아니라, 모욕적인 식민 통치로부터 벗어나기 위해서였다.

야마자토 에이키치는《오키나와인의 오키나와: 일본은 조국이 아니다沖繩人的沖繩-日本並非祖國》에서 이렇게 말했다.

"지금으로부터 80년 전의 류큐인들이 일본인으로서의 정체성을 받아들이길 절대적으로 부정했다는 식의 말은 어쩌면 타당하다고 보기 힘들다. 류큐의 서민들이 자신이 일본인임을 인식하기 시작한 것은 청일전쟁 이후 교육의 힘이 만든 결과다."

역사적으로 오키나와인들은 정체성의 변화와 혼란을 겪어왔고, 그 변화와 혼란은 오늘날에도 나타난다. 야마자토는 미국의 식민정책이 오키나와인들의 열등감을 불러일으켰고, 따라서 오키나와인들이 '하루빨리 일본인이 되고 싶다'는 무의식적인 충동 아래 일본으로의 복귀를 제창하고 나섰다고 봤다. 참으로 서글픈 일이다. 일본으로의 복귀가 미국의 식민통치에 저항하기 위해서였으니 말이다. 저항하기 위한 오키나와인들의 유일한 대안은 일본이라는 정체성을 받아들이는 것이었다.

그렇게 1951년 오키나와는 복귀 운동을 벌이는데, 1970년대에 이르러서야 일본 정부는 당시 사토 에이사쿠 정권 아래 '오키나와 반환'을 중요 목표로 삼는다.

1971년, 드디어 미국과 일본이 오키나와 반환 협정에 서명하고, 한 해를 거른 뒤 일본 행정지도 상에 '오키나와현'이 등장한다. 미국이 접수 및 관할하기 이전 오키나와인들은 일본으로부터 차별 대우를 받았고, 군국주의 일본의 희생양이 되기도 했다. 그리고 지금도 여전히 소외감을 가지고 있지만, 국적에서만큼은 분명 일본인이다.

나는 무거운 마음으로 히메유리탑 앞에 서서 비석 앞의 생화가 일 년 내내 활짝 피어 있길 빌었다. 그렇게 된다면 한때 찬란했으나 비극적으로 스러진 생명들 또한 함께 피어오를 수 있을 것만 같아서였다.

오키나와는 일본으로 복귀했지만 20퍼센트에 이르는 노른자 땅은 여전히 미군 기지에 속해 있다. 오키나와현의 현청 소재지 나하에서 58번 국도를 따라 북쪽으로 가다 보면 철조망으로 쭉 이어진 울타리가 보인다. 울타리 내부에는 잔디구장이 넓게 펼쳐져 있고 잔디 위 곧추선 미국 성조기가 짙푸른 하늘 아래 펄럭인다.

차창을 통해 네모진 미군 기지를 보고 있노라니 갑갑함이 몰려왔다. 딜레마에 빠진 오키나와인들의 심정 또한 이와 비슷할지도 모르겠다. 오키나와인들은 식민통치를 여전히 기억하며 반미와 반일 감정을 품고 있지만 경제적으로는 '미군 기지 소비'와 '중앙정부 보조금'에 대한 의존에서 벗어나지 못하고 있다. 재정의 3분의 2를 중앙정부로부터 지원받는 오키나와는 실업률마저 일본 본토의 두 배에 달한다. '자립하지 못하는 오키나와'는 미국과 일본 사이에 끼어 있다.

●

버스에서 미국에 유학 중인 한 오키나와 여학생을 만났다. 그는 영어 공부를 해야 미국인들에게서 돈을 벌 수 있다고 했다. 그 말에 숨겨진

뜻은 오키나와는 미군에 의존해 살고 있고, 오키나와인들은 반드시 미국인들의 호주머니에서 돈을 벌어야 한다는 것이다. 상황이 이러다 보니 오키나와가 일본 본토보다 미국과 더 가까운 것도 당연한 일이다. 그러면서도 동시에 미국에 대한 저항심도 불변의 진리처럼 존재한다.

오키나와를 여행한 그해 겨울, 현지 신문은 매일같이 후텐마 기지 이전 문제를 떠들고 있었다. 카페 안에 틀어박혀 사전을 찾으며 읽어 나가는 현지 신문에서는 찻잔 속 태풍처럼 군사 기지 이전에 대한 논의가 들끓어 오르고 있었다. 반면 신문을 접고 카페를 빠져나오면 활자들이 감쪽같이 사라지면서 태풍이 바로 잠잠해졌다. 오키나와 현지인들 역시 갈등 따위는 존재하지 않는다는 듯이 고요함 속에서 저마다의 일상을 보내고 있었다.

"미군의 오키나와 주둔 문제는 매우 민감한 이슈지." 1970년대에 태어난 히가도 그러한 이들 가운데 하나다. 신문 기사에 관한 이야기를 나누다가 히가는 어깨를 으쓱거리더니 오키나와인들은 다들 문제가 있다고 생각하면서도 미군의 주둔을 무작정 반대하지만은 못한다고 털어놓았다. "만약 미군이 떠나면 수많은 오키나와인들이 실업난에 직면할 거야." 그는 오키나와인과 미군 간의 갈등이 그렇게 심각하다고 보지 않았고, 오히려 오키나와가 튼튼한 상자 안에 들어가 있어 평온한 상태라고 생각하고 있었다.

그렇다고 해서 히가의 의식이 부족한 것은 결코 아니다. 그가 대학생이던 1990년대 당시, 미일관계를 둘러싼 부정적인 뉴스들이 수면 위로 올라오면서 그동안 억눌려 있던 오키나와 사회의 불만이 폭발했다. 그 역시 여러 차례 시위에 참가했는데, 그때를 떠올리면 아직도 약간 상기된다고 했다.

1996년 말 미군은 오키나와에서 방사성 핵탄두를 사용한 군사훈련을 하면서 핵오염을 불러일으킨다. 그러나 일본 정부는 이 소식을 숨겼고, 반년이 지난 다음 미국에서 먼저 폭로되자 그제야 어쩔 수 없이 공개적으로 사실을 인정한다. 이전에도 일본 정부를 신뢰하지 않던 오키나와인들은 다시 한 번 충격을 받는다.

그로부터 한 해를 거른 후에는 미군의 성폭행 추문이 오키나와 전역에 퍼진다. 미군이 오키나와 여성에게 폭력을 저질러 심각한 피해를 입힌 일도 있었다. 여기에 미국 군용기가 오키나와 초등학교를 들이받고서도 배상하지 않는 일까지 벌어진다. 이와 같은 사건들이 계속해서 이어져 미국과 일본에 대한 오키나와인들의 분노에 불을 지폈다.

이때 일본은 '오키나와 진흥특별조치법'을 내놓는데, 대규모 자금을 투입해 오키나와에서 이른바 '일국양제'를 시행하고자 했다. 이를 통해 오키나와에 더 큰 자주권과 자치권을 부여하겠다는 것이었다. 하지만 그와 동시에 일본 국회는 '주오키나와 미군 법안'의 제정을 강행하는데, 미군의 오키나와 강제 주둔을 정식 법제로 전환하고자 한 시도였다. 다시 말해 미군에 대한 토지 임대를 원하지 않는 수천 가구의 오키나와인들에게 토지를 내놓도록 강요하는 조치였다.

이 법안으로 오키나와인들의 분노는 극에 달하는데, 고향 땅에서만 분노의 목소리를 내는 것을 넘어 일본 국회 앞으로 백여 명의 대표가 모였다. 그들은 전통 류큐 복장을 입고 전통 악기 산신과 북을 들고 연주하며 항의를 전개했다. 하지만 일본 의회는 결국 해당 법안의 통과를 강행했다.

오키나와를 여행하는 동안 줄곧 내 머릿속에는 오키나와인들이 아직도 전쟁 속에 살고 있다는 생각이 맴돌았다. 여정 내내 나는 오에 겐자부로의 《오키나와 노트沖繩筆記》를 읽었는데, 그의 시각 속에서도 오키나와는 줄곧 전쟁이라는 무거운 짐을 떠안고 있었다.

"미국은 거금을 써가며 베트남에 군대를 보내 단죄하고, 극동 안보를 걱정했다. 그런데 과거 타이완 정벌에서도, 오늘날 베트남전쟁에서도, 오키나와는 항상 '베풀기'를 강요당했다. 정치의 굴레 속에서 가장 무거운 짐을 져야만 했던 것이다."

어떤 의미에서 보면 미군 기지가 존재하는 한 오키나와는 계속해서 제2의 한국전쟁, 베트남전쟁의 포화 속에 묶여 있게 된다. 전쟁의 공포는 마치 유령처럼 이 섬을 휘감고 있다.

●

하늘은 푸르고 바람이 산들거리는 오후, 나는 오키나와의 평화기념자료관을 찾아갔다. 자료관 내부는 실외만큼이나 썰렁했고, 아이들 몇몇

이 어린이 독서 구역에서 책 읽는 소리만이 간간이 들려왔다. 관내 자료들은 점점 내 마음을 무겁게 만들었다. 나는 어느 하얀 벽면에 쓰인 짤막한 문장에 이끌려 걸음을 멈췄다. 그리고 노트를 꺼내 글자 하나하나를 베껴 내려갔다.

"오키나와 전투의 실상이 언급될 때면 세상에 전쟁보다도 더 잔혹하고 추악한 일은 없다는 생각이 든다. 그 누구도 살아 있는 진실을 앞에 두고 전쟁을 긍정하거나 미화해서는 안 된다. 전쟁을 일으키는 것은 분명 우리 인류다. 하지만 전쟁이 일어나지 않도록 할 수 있는 것 역시 우리 인간이다. 전쟁이 끝난 다음 우리들이 반드시 세상의 모든 전쟁을 혐오하고, 평화의 섬을 건설해야 한다고 내내 생각해왔다. 그것은 엄청난 대가를 치러야만 얻을 수 있는 것으로, 절대 흔들려서는 안 될 신념이다."

일본의 '야마토 민족'은 침대 머리맡에 사무라이의 칼을 두지만 오키나와인들은 전통 악기인 산신을 둔다.

그 누구도 노래하고 춤추는 이들보다 더 평화로울 수 없다. 또한 오키나와 사람들보다 평화의 중요성을 잘 알고 있는 이도 없다. 오키나와의 서점에는 전쟁을 규탄하는 책들이 눈에 가장 잘 띄는 곳에 진열되어 있다. 보이는 단어가 전부 '군국주의 반대', '오키나와 역사 연구', '평화 주장', '원자폭탄', '위안부', '난징대학살' 등과 같은 것들이었다.

그간 약 십여 차례 일본 방방곡곡을 여행했지만, 일본에서 오키나와만큼 평화를 갈망하고 전쟁을 두려워하는 곳은 보지 못했다.

오키나와인들은 전쟁의 피해자이면서 동시에 일본인들과 국적이 같기에 가해자이기도 하다. 그래서 그들이 일본을 가장 증오하는 것일지도 모른다. 하지만 또 일본을 대신해 가장 철저하게 반성할 줄 아는 민족도 그들이다. 오키나와인들에게 모순은 어디에나 항상 존재한다.

"일본인들은 어떤 이들인가? 스스로를 그런 일본인과는 다른 일본인으로 바꿀 수는 없을까?" 오에 겐자부로는 그의 저서에서 줄곧 이와 같은 질문들을 하고 있다. 일본 교과서에는 오키나와에 관한 이야기가 쏙 빠져 있다. 일본군이 오키나와 주민들에게 집단자결을 강요했던 사실도 교과서에서는 나오지 않는다.

오에 겐자부로는 그와 같이 삭제된 이야기들을 책에 밝혔다가 소송을 당했다. 2007년 9월, 11만 명의 오키나와 주민들도 기노완 해변 공원에 모여 항의 집회를 열었고, 교과서에 '일본군의 강요'라는 단어를 남겨 역사적 진실을 지킬 것을 촉구했다. 그리고 한 해를 거른 후, 오에 겐자부로는 승소했다.

그럼에도 불구하고 역사 교과서 문제는 여전히 해결되지 않았고, 오키나와인들의 분노 역시 사그라지지 않았다. 서점 내 오키나와 관련 역사 코너에 "우리는 일본인이 아니다"라고 적혀 있는 것도 그리 이상할 일이 아니다.

●

 "당신은 일본인인가요?" 2010년 겨울, 나는 오키나와에서 투숙 중이던 숙소 직원에게 당돌하게도 이렇게 물었다. 그러자 그는 방긋 웃어 보이더니 "당연하죠!"라고 답했다. 약간 까무잡잡한 그의 피부에는 '남국'의 분위기가 어려 있었다.

 나는 잠시 망설이다가 이내 고개를 끄덕였다. 그리고 벽에 붙어 있는 지도를 보기 위해 시선을 돌렸다. "하지만 우리에겐 우리의 언어가 있어요!"

 나는 웃으면서 알고 있다고 답했다. "타이완에도 여러 가지 종족 언어가 있어요. 제 모국어는 타이완어고요. 그런데 그거 아세요? 타이완어에는 일본어가 섞여 있거든요." 그는 눈을 동그랗게 뜨더니 무슨 말인지 도통 이해하지 못하겠다는 표정을 지었다.

 "일본으로부터 식민통치를 당한 적이 있거든요. 그래서 어떤 말들은 그대로 남았죠." 이 간소한 대답이 그토록 그를 놀라게 할 줄은 몰랐다. "몰랐던 사실이에요! 일본이 타이완을 식민통치했었단 말이죠?" 생각해보니 예전에 만났던 일본인도 비슷한 반응을 보였던 적이 있었다. 나는 그저 쓴웃음을 지어 보였다.

 "우리도 일본으로부터 식민통치를 당했어요." 오키나와인들은 다를 것이라고 생각했던 것을 막 후회하려 할 때 그가 말했다. 그러더니 몸을 살짝 숙여 깍듯이 인사하면서 외쳤다. "만나서 반가워요. 앞으로 많이 알려주세요!"

대한민국

당신들이 그어 내게 남겨진
고요한 분열의 기억

비행기가 아직 활주로를 달리고 있었지만 내 옆에 앉은 '여사님'들은 이미 핸드폰의 전원을 켜고 있었다. 그들이 버튼을 여기저기 눌러대자 조용하고 어두침침한 기내가 불빛으로 반짝였다. 대한민국의 수도 서울에 처음 방문한 것은 아니었다. 다만 그새 과학기술이 또 발전해 나는 내릴 준비를 하는 사람들의 동작에서 서울의 발전상을 다시금 실감할 수 있었다.

탑승구가 열리려 하니 주변에 있던 여행객들이 일제히 일어나 통로에 서기 시작했다. 핸드폰을 켰던 여사님들은 이미 그보다 훨씬 더 앞서 문 앞까지 가 있었다. 탑승구가 열리자 사람들은 쏜살같이 뛰쳐나갔고, 공항 복도를 잽싸게 걸어갔다. 분위기가 그렇다 보니 나까지 절로 걸음이 빨라졌고, 거의 경보하다시피 해서 세관을 통과했다. 반면 짐을 가지고 에스컬레이터에 올라탄 서양인들은 무척이나 여유로워 보였고, 덤덤한 모습으로 우리 '황색 대군'에게 복도를 내줬다.

영화 〈인 디 에어Up In The Air〉에서 기업의 해고 전문가로 분한 조지 클루니는 보안검색대를 통과할 때마다 아시아인 뒤로 줄을 선다. "그 뒤에 따라붙으면 안전해. 그들은 가장 효율적이거든." 그런 그가 말해주지 않은 게 있다. 아시아의 보안 검색 직원 역시 일말의 시간 낭비도 허용하지 않기 때문에 매우 신속하게 업무를 처리해준다는 것이다. 그들은 여행객 하나하나의 여권과 데이터까지 검사를 빠르게 마친 다음 지문을 누르도록 안내했는데, 그 와중에 미소까지 잃지 않았다. 덕분에 그 빠른 걸음을 따라온 나도 금세 수화물을 찾고 공항을 빠져나와 공항버스에 올라탈 수 있었다.

어둑어둑해진 시내를 가로실러 게스트하우스로 가니 문 앞에 도착하기도 전에 그곳에서 아르바이트를 하는 중국인 유학생이 얼굴을 내밀고 중국어로 인사를 했다. 나는 열쇠를 건네받은 다음 그곳 서비스에 대한 명쾌한 설명을 듣고 오 분 만에 내 방 침대 위에 누울 수 있었다.

이번 여정의 첫째 날이 밝았다. 한국은 여전히 놀라울 만치 '역동적'이었고, 그늘 특유의 빨리빨리 문화를 보여줬다. 문득 프랑스에서 유학 중인 친구 와리의 말이 생각났다. 여러 해 동안 타이완에 들어오지 않다가 오랜만에 온 그는 공항에 발을 딛자마자 투덜댔다. 사람을 너무 조바심이 나게 한다는 것이었다.

"사람들이 계속 초조하게 서성이면서 수화물 컨베이어 벨트를 뚫어져라 보고 있지 뭐야." 프랑스에서 생활하며 그곳의 시간에 익숙해지다 보니 아시아에서의 시간이 너무 빠르게 느껴졌던 것이다. 프랑스에 비춰 타이완을 되돌아본 와리의 행동은 내가 서울이라는 도시를 바라보는 데 힌트가 되었다. 그날 저녁 나는 온라인으로 그에게 연락했다. "왜 타이완이 한국을 경쟁자로 여기곤 하는지 이제야 알 것 같아."

타이완 언론들은 '한국에 질까 봐' 우려하는 목소리를 수시로 내보낸다. 알 수 없는 반한 콤플렉스까지 더해지면서 대다수 타이완인들은 한국을 보면 컨베이어 벨트를 앞에 두고 질주하는 경쟁자를 떠올린다. 그 앞에서 사람들은 질세라 서로 순서를 앞 다툰다. 나는 비행기 객실에서 세관 통과까지의 그 짧은 여정 속에서도 다투고 쫓기는 것 같은 느낌을 받았다.

한국인 친구들과 대화를 하다 보면 나는 "사실 우린 닮았어"라는 말을 자주 한다. 두 나라 모두 유교 문화로부터 영향을 받았고, 일본의 식민통치를 경험했으며, 권위주의 시대를 살았고, 백색테러에 대한 공포에 시달렸기 때문이다.

그뿐만이 아니다. 둘 모두 민주화를 이뤘고, 경제 성장을 통해 국제 사회에서의 지위를 높이고자 하며, 승부욕이 강하고, 작은 영광을 국가적 자긍심으로 확대시키곤 한다. 또한 국제관계는 애매하며, 이웃 강대국들 사이에서 딜레마를 겪기도 한다. 따라서 타이완에서 한국을 최대 라이벌로 삼아 경계하는 말을 들을 때면 "가장 큰 적은 자기 자신이라는 말이 그래서 있는 거구나"라는 생각이 절로 든다. 너무 닮았기에 절대 질 수 없는 것이다.

●

서울에 도착한 이튿날, 나를 보기 위해 신아영이 한국 중앙부에 있는 도시인 대전에서 차로 두 시간을 달려왔다. 그는 나의 가장 친한 한국인 친구다. 아영은 정치 문제에 있어 입장이 분명하고, 양안 관계에 대해서도 이해하고 있는 편이며, 비평에 능하고 자신의 생각을 거침없이 말한다. 그에게서 모호한 구석이라곤 찾아볼 수 없다. 한국에 대한 나의 인식은 그로부터 받은 영향이 크다. 그러다 보니 타이완인들에게서 한국에 대한 오해나 비판을 들으면 자연스레 그가 떠오른다. 그는 내게 한국을 들여다보는 눈이 되어줬다.

비록 근 5년 동안을 못 보고 지냈지만 시공간의 간극도 우리 사이를 갈라놓지는 못했다. 우리는 일 년에 한두 번씩은 연락을 주고받았는데, 그때마다 그의 입에서는 '공부' 얘기가 나왔다. 얼굴을 마주 보고 앉아 있어도 주제는 똑같았다. "지난번에 네가 쓴 편지엔 온통 번체자만 있어서 읽기가 좀 힘들었어. 그래서 번역 프로그램도 돌려보고 사전으로 단어를 찾아서 내용을 이해했어."

"내 영어 실력은 아직도 별로인 것 같아. 더 열심히 공부해야지." 아영이 운전하면서 말했다. 그는 지독한 공붓벌레로, 나와 나의 언어 역시 모두 공부 대상이었다. 한번은 내가 중국어 문화권 언어의 역사와 차이를 설명해줬는데, 그는 다 듣고 난 후 "아무래도 타이완어를 공부해야겠어"라고 말했다.

그와는 2007년 초 중국 윈난雲南에서 처음 만났다. 그때 나는 처음으로 중국 자유여행길에 오른 참이었다. 어렸을 적부터 중국 공산당은 나쁘다고 세뇌 당했기에 여행하는 내내 가슴이 조마조마하고 불안했다. 하지만 불안감은 얼마 지나지 않아 유스호스텔에서 만난 룸메이트 덕에 사그라졌다.

"혹시 타이완에서 왔니?" 그는 내 짐에 붙어 있던 태그를 보더니 침대에서 뛰어내리며 물었다. 약간 어눌한 중국어로 말을 걸어오는 이 한국 소녀는 당시 하얼빈에서 중국어를 공부하고 있는 교환학생이었다. 그는 공책을 꺼내들더니 '신아영申雅英'이라는 세 글자를 중국어로 열심히 써서 보여줬다. 그리고 그 아래 중국어 병음과 함께 한국어로 쓰는 방법을 달아줬다. 그러더니 내게도 공책을 내밀며 중국어로 이름을 써달라고 했다.

"이건 어떻게 읽어야 돼?" 중국어 간체자를 배우고 있던 그는 내 이름이 무슨 글자인지 알아보기 힘들었는지 물었다. 그래서 나는 이름 자체가 읽고 쓰기 어려워서 타이완 사람 중에서도 알아보지 못하는 이가 있다고 웃으며 말했다. 그런데도 그는 자세히 알려달라며 끝까지 매달렸다. "나는 번체자도 공부하고 싶어." 타이완에 대한 동경이 있던 아영은 타이완의 팝스타 아메이의 팬이기도 했다. 그는 꼭 한 번이라도 타이완에 가서 아메이의 콘서트를 보고 싶어 했다.

중국어를 제대로 공부하기 위해 그는 각종 읽을거리를 찾고 음악을 들으며 드라마를 보는 등 중국어와 가까워질 수 있는 온갖 기회들을 만들어냈다. 그 과정에서 자연스레 '타이완'이라는 존재도 익숙해졌다. "중국의 것들에 비해 타이완의 드라마와 음악이 더 현실적이고 생동감이 있거든."

아영은 타이완뿐만 아니라 양안 관계, 중국과 그 주변 국가 및 민족 등에 대해서도 호기심이 충만했다. 함께 밥을 먹을 때, 그는 묘한 표정으로 가방 속에서 책 한 권을 꺼내 보여줬다. 바로 한국어로 된 달라이 라마의 책이었다. 갈색 종이가 책의 겉표지를 감싸고 있었는데, 아영은 내게 눈짓을 하더니 "중국에서 이런 책을 보면 일이 번거로워질 거야"라고 상기시켜줬다.

"한국어인데 뭘." 나는 긴가민가했다. 그러자 그는 고개를 가로젓더니 내가 중국에 처음 와서 잘 모르는 것이란다. 그는 자신이 나보다 중국이라는 나라를 더 잘 안다고 믿고 있었다. 그의 눈에 나는 그저 멀리서 온 '손님'이었다.

비록 첫 중국 여행이자 중국에 도착한 첫날이었지만, 그래도 최소한 한국인인 그보다는 내가 이곳에서의 생활과 여행을 더 수월하게 할 것이라고 생각했었다. 어쨌거나 나는 중국어를 유창하게 할 줄 알고 중국이 익숙하니 말이다. 내 입에서는 "그래도 결국 모두 '중국인'인 걸We are Chinese"이라는 말이 무심코 튀어나왔다. 그때 나는 일부러 영어를 썼다.

"그렇지 않아No, you are not!" 이 칼칼한 한국 아가씨는 거의 방방 뛰면서 단호한 어조로 말했다. "타이완은 엄연히 독립적인 주권국가야. 우리 교과서에도 그렇게 나와 있어!" 그는 자신의 말이 사실임을 입증하기 위해 식당 안의 다른 한국인 여행객에게까지 의견을 물었다. 갑자기 질문을 당한 그 남성은 당황한 기색이 역력했지만, 그러면서도 고개를 끄덕이며 그렇다고 대답해줬다.

이번에 만났을 때에도 그 얘기가 다시 나왔다. 아영은 과거 본인이 했던 말에 대해 약간 머뭇거리며 말했다. "한국에서 타이완의 역사를 교육할 때에는 타이완의 입장에서 해야 한다고 생각해. 중화민국은 중국의 첫 현대 민주주의 국가이고, 일본의 침략과 국공내전 때문에 장제스가 타이완으로 간 거야." 윈난에서 조금 더 직설적으로 말했던 것에 비하면 그의 말은 꽤 조심스럽고 신중해져 있었다. "물론 나는 여전히 타이완이 하나의 국가라고 생각하지만, 내 의견이 한국인 전체를 대표하는 건 아니야. 중국과 타이완을 구별할 줄 모르는 사람도 있는걸. 몇몇 사람들은 한국과 타이완 간의 단교 역사도 잘 몰라."

●

한국과 타이완의 단교 이전 한국인들이 중국 대륙인 및 타이완인들을 어떻게 바라봤는지는 모노폴리Monopoly와 비슷한 보드게임을 통해 들여다볼 수 있다. 1982년 출시된 '부루마블'이라는 이름의 게임에는 중화민국의 국기가 그려진 카드가 한 장 포함되어 있는데, 카드 상에는 "이곳은 한국의 서남 측에 위치한 섬나라로, '자유 중국'이다"라는 소개 문구가 적혀 있다. 이는 한국인들이 '두 개의 한국'이라는 경험에 따라 양안 관계를 이해하고 있음을 보여준다.

   한국인들이 보기에 남북한은 같은 국가로, 이른바 양국 문제 따위는 존재하지 않는다. '자유 중국'에 상응하는 표현은 '자유 한국'으로, 간단히 말해 북한은 북측 영토가 지금 잠시 공산 정권에게 장악당한 상태에 불과하다. 한국에서 발행한 지도에 나오는 휴전선은 국경선이 아니라 가상으로 설정한 경계선일 뿐이다. 한국인들의 시각에서 볼 때 한반도 전체는 하나의 국가다.

   이 게임이 나왔던 당시 한국과 타이완은 단교하기 이전이었다. 중국은 막 개혁개방을 했지만 공산주의 색채는 여전히 짙었다. 당시 한국과 타이완은 모두 미국의 비호를 받는 '민주 진영'으로, 내부적으로는 아직 권위주의 통치 속에 살고 있었다. 민주화 운동이 태동하는 시점에 이르러서야 국가 정체성 및 정치에 대한 인식이 모호해지는 분위기가 생겼다. 그리고 나와 아영의 세대에 와서는 남북한 관계와 국가에 대한 생각이 종전과는 많이 달라졌다. 통일은 선택 사항이 아니거니와 불가능한 일이 된 것이다.

"한국인들 중에는 인젠가 북한이 붕괴될 것이니 남북한이 통일해서는 안 된다고 생각하는 사람들도 있어. 심지어는 붕괴된 북한이 중국에 흡수되어 중국의 성 가운데 하나로 바뀔 수 있다고까지 생각해." 아영이 말했다. 예전에 아시아 기자 모임에 참석했을 때에도 그와 비슷한 생각을 들은 적이 있었다.

당시 우리와 같은 세대인 한국의 기자 김씨는 이렇게 말했다. "저는 남북한이 통일될 수 있을 것이라고 생각하지 않습니다. 저만 그런 게 아니라 많은 이들이 기대를 안 해요. 만약 한반도 문제가 해결될 수 있다면 아마 북한이 이미 중국 땅이 되어 있는 상태겠죠." 그러더니 그는 나와 한 홍콩 기자의 귀에 대고 낮은 목소리로 탄식했다. "중국은 욕심이 너무 많아요!" 그가 보는 중국은 너무나 많은 것들을 전부 자기들 것이라고 생각하고 있었다. 북한까지도 갖고 싶어 하니 말이다.

우리 세대에게 있어 국가의 분단과 같은 비극이란 조금은 멀게 느껴지는 얘기일지도 모른다. 그러다 보니 이러한 문제가 나오면 자신과는 상관없다는 식의 무관심을 보이기까지 한다. 김 기자는 한반도 남측에 속하는 사람이다. 반면 아영의 본적은 북쪽에 있었다.

한국인들은 자기소개를 할 때 본적을 얘기하고는 한다. 아영은 '평산 신씨'인데, 이는 그들 신씨 가문이 북쪽 평산에서 왔음을 의미한다. 남북한이 분열된 이후 북측의 공산화 분위기를 걱정스럽게 지켜본 아영의 조부모는 남측으로 건너왔다. 할머니는 당시 공산주의자들에게 금품을 빼앗길까 봐 비녀 머리와 아기 포대기 속에 숨긴 채 대전 땅까지 왔다. 대전에서 태어나고 자란 아영에게 있어 북한은 너무나도 멀고 비현실적인 존재였다.

북쪽은 아영이 아닌 조부모의 고향이다. 그는 자신이 북한을 다른 나라로 여기며, 복잡한 감정 따위는 가지고 있지 않다고 생각하고 있었다. "북한에 대해 특별한 감정은 없어. 누가 그들 정부를 비난하거나 간섭할 자격을 가지고 있다고 생각하지 않으니 말이야. 다만 그럼에도 드는 생각이 있다면 그들의 지도자가 인민들에게 너무 잘못하고 있다는 거야. 그건 분명 잘못됐어."

참여정부 당시에는 남북한 관계가 완화되었는데, 그때 아영도 38선을 넘어 북한에 가봤었다. 그리고 조부모를 대신해 고향 땅을 바라보고 왔다. "사실 그 순간만큼은 가슴이 북받쳤어."

아영은 그 이후에도 여러 차례 친구나 손님을 데리고 DMZ(비무장지대)에 갔는데, 그때 느꼈던 감격은 여전했단다. 결국 38선의 비극은 그와 완전히 무관하지 않았다. "판문점에 갈 계획이라고 했지? 그곳에서 우리의 현실과 복잡함을 생생하게 느낄 수 있을 거야." 잠시 침묵했던 아영이 다시 입을 열었다.

●

한반도의 경계선에는 압록강과 두만강, 그리고 중국이 있다. 동해와 서해 사이에 두드러진 이 땅을 일제의 지배를 받기 전까지 고려와 조선 왕조가 천 년 간 통치했었다. 한반도는 오랫동안 독립적인 정권과 온전한 영토를 가진 하나의 통일 국가였다. 시기에 따라 친일, 친중 등과 같은 이데올로기가 존재했던 적은 있었지만 사실상 분단 상태였던 적은 거의 없었다.

그런데 2차 세계대전 종결 이후, 미국인들은 주변의 소련이 이 땅 전체를 점거하는 것을 막기 위해 허무맹랑하게도 지도 위에 북위 38도선을 긋고 그에 따라 한반도를 둘로 갈라놓았다. 그렇게 북측은 소련, 남측은 미국에 넘겨진다.

길이 155마일, 폭 2.5마일 크기의 남북을 나눈 경계에는 지뢰, 참호, 철조망 등과 같은 전쟁 도구들이 깔렸고, 경계선은 반도 위의 땅과 사람들을 모질게 갈라놓았다. 경계를 두고 분리되자 대립이 시작되었다. 미국에서 유학한 보수파 지도자 이승만은 남쪽에 대한민국 정부를 수립했고, 모스크바 당국이 지원한 김일성은 조선민주주의인민공화국을 세웠다. 그리고 다시 전쟁의 불길이 치솟는다.

대다수의 타이완인들에게 한반도에서 벌어진 전쟁은 자신들과 무관한 사건으로 느껴질 수 있다. 그러나 한국전쟁은 미국으로 하여금 타이완을 방어하고 원조하도록 하는 등 타이완에게 이익을 가져다줬다. 후에 나는 한국전쟁과 관련된 책을 읽던 도중 타이완이 그와 같은 역사 속에서 매우 중요한 역할을 했다는 사실을 알게 되었다.

"미국인들이 보기에 장제스와 관계를 유지한다는 것은 그를 보호해야 함을 의미했고, 그를 보호하려면 다름 아닌 타이완을 지켜야 했다." 저명한 저널리스트인 데이비드 핼버스탬David Halberstam은 《콜디스트 윈터The coldest winter: America and the Korean war》에서 당시 미국이 타이완에 대한 보호를 강화한 점을 언급했다.

"한국전쟁 발발 이후, 미국은 즉각적으로 제7함대를 타이완해협으로 이동시키는 것을 결정했다. … 마오쩌둥은 자신이 해상과 공중에서는 미군에 상대가 되지 못한다는 사실을 잘 알고 있었다. 따라서 미국과 승부를 겨루기로 결정했을 때 전쟁터는 한국이 되어야 했다. … 만일 미국이 대담하게도 타이완해협에 자신의 경계선을 설정하면, 마오쩌둥이 북한에 자신의 경계선을 긋는 것은 그야말로 손바닥을 뒤집는 것만큼이나 쉬운 일이었다."

전쟁은 꼬박 2년간 이어졌다. 서로 진격도 퇴격도 하지 못했기에, 핼버스탬은 한국전쟁이 마치 그저 '무승부'를 향해 달리는 싸움 같다고 말했다. 전쟁이 멈춰진 이후에도 시간은 휴전선 위에서 굳어버린 듯했고, 한반도는 여전히 두 개의 국가다.

한반도 비무장지대는 남북한이 휴전선으로부터 각각 2킬로미터 물러난 지대로 설정되어 있다. 이곳은 항상 하루 평균 백여 명이 넘는 관광객들로 붐빈다. 나도 그중 하나가 되어 다른 외국인들과 함께 서울에서 DMZ로 향하는 버스에 올라탔다. 버스는 자유로를 따라 파주를 관통해 북한을 마주하기 위한 곳으로 향했다. 그런데 놀랍게도 '자유'라는 이름이 붙은 그 길 위에서 '철의 장막'에 다다르기도 전에 이미 도로변은 철조망으로 둘러싸여 있었다.

'철의 장막'은 공산국가의 폐쇄성에 대한 풍자다. 그 순간 나는 겉으로는 '자유'라 불리지만, 사실은 진정한 '철의 장막'과 마주했다. 이 모순된 상황이 지금 내가 있는 곳이 어디인지를 알려줬다. 이곳은 잠시 휴전했을 뿐 언제 폭탄이 터질지 모르는, 지금이라도 당장 전쟁이 다시 벌어질 수 있는 지점이었다.

자유로 위에는 임진강과 한강이 만나는 지점에 '오두산 통일 전망대'가 있다. '통일'이라는 이름이 붙은 이 전망대 위에 서서 북쪽을 바라보면, 북한은 여전히 아득하고 멀기만 하다. 안내 표지판에 표시된 북한의 가정집과 건물 등을 보려면 상상력이 꽤나 필요하다. 전망대를 찾는 관람객 가운데 다수는 한국인이다. 노인 관람객들 틈에 낀 나는 전쟁 세대인 그들이 이곳을 방문해 느끼는 감회, 안고 있는 상처들이 무엇인지 궁금했지만 알 길이 없었다.

그들은 역사의 산증인이자, 이 비무장 지대의 진정한 실체이기도 하다. '통일'에 대해 그들이 각각 어떤 생각을 가지고 있는지는 알 수 없었지만 이곳에서 북녘을 바라보며 옛 고향과 친구들을 그리워하고 있을 것이라는 점만큼은 분명했다.

●

가이드는 외국인 관광객들의 호기심을 충족시켜주기 위해서인지 우리에게 탈북자 한 명을 소개했다. 그 탈북자는 북한 교실의 모습을 본떠 만들어 놓은 전시실에서 자신의 경험담을 들려줬다.

그가 탈북한 시기는 1996년이다. 북한에서 도망치기 위해 가장 먼저 두만강을 건넜고, 중국에서 남쪽으로 내려와 캄보디아에 이른 후 도움을 받아 한국으로 들어왔다. 홀로 도망쳐 나오면서 어머니와 남동생은 북한 정부로부터 어디론가 강제 이송을 당한 다음 연락이 끊겼다. 그는 우리에게 자신의 사진을 찍더라도 아무 곳에도 올리지 말아 달라고 당부했다. 가족들이 받을 불이익이 두렵기 때문이었다.

탈북자의 경험담을 들은 다음 우리는 영상실로 안내되었다. 그곳에서는 김일성 부자의 악행을 고발하고 북한 주민들의 생활 실태를 보여주는 영상이 상영되었다. 그런데 나는 영상을 보면서 괜스레 불편하기도 하고 동시에 낯익음을 느끼기도 했다.

불편했던 까닭은 영상 속에 나오는 참혹한 광경들 때문이었고, 낯익은 것은 무언가의 추악함을 고발하는 비슷한 영상들을 봤던 어린 시절의 기억들이 떠올랐기 때문이었다. 그 고발 대상은 북한의 형제인

'중국 공산당'이었다. 우리는 남북한처럼 서로 접촉하지 못하고 이해할 수 없는 상황에서 단편적이고 일률적인 생각들을 주입당해야 했다. 항상 그들은 절대 악이고, 오로지 우리 자신만이 '정의'의 편에 서 있었다.

나를 제외한 다른 외국인 관광객들이 그 영상을 보며 어떻게 느꼈을지는 모르지만, 내 눈에 그들은 마치 아주 따분한 영화 한 편을 보듯이 심드렁한 얼굴을 하고 있었다. 적어도 내게는 그 영상의 구성 방식이 굉장히 투박하고 지루하게 느껴졌다.

전망대 1층 홀에는 영화 〈공동경비구역 JSA〉의 포스터와 주연 배우들의 피규어가 세워져 있었다. 한국의 유명 배우들인 이영애, 이병헌, 송강호 등이 출연한 이 영화는 한국 영화사에 새로운 흥행 기록을 세웠고, 나 역시 이 영화를 계기로 한국 영화에 빠져들었다.

영화는 판문점에서 보초를 서는 남북한 군인들이 몰래 우정을 키워나가던 중에 살인 사건이 발생하면서 일어나는 이야기를 담고 있다. 그런데 극중 중립국을 대표해 남북한 사이에서 사건을 조사하기 위해 파견된 수사관 소피 장은 그 과정 속에서 자신의 아버지가 인민군이었고, 북한에서 도망쳐왔다는 사실을 알게 된다. 이 영화를 본 이들은 감탄을 금치 못할 것이다. 본래 형제임에도 불구하고 적으로 대할 수밖에 없는 남북한의 현실을 바라보며 우리는 전쟁과 역사가 남기는 참혹한 잔재로부터 깊은 모순과 괴리를 느끼게 된다.

영화 속 이야기가 전개되는 장소는 판문점 즉 JSA^{Joint Security Area}로,

남북한 군사분계선 상에 있는 공동경비구역을 가리킨다. 판문점 주변 전후좌우 800미터 지역에서는 양쪽 군인들이 공동으로 보초를 서고 있다. 중국 공산당과 가까운 북한 측은 이곳을 한자로 표기해 '판문점'이라 칭하고, 반면 미국과 유엔군 측은 'JSA'라고 부르고 있다. 영화를 봤기 때문인지, 까만 선글라스를 끼고 단정히 서 있는 군인의 얼굴에 이병헌의 그림자가 겹쳐졌다. 심지어는 영화 촬영 세트장 안에 들어와 있는 느낌이 들기도 했다.

●

38도 휴전선 상에 위치한 판문점은 과거에만 해도 외부에 잘 알려지지 않은 작은 마을에 불과했다. 그런데 1953년 7월, 이곳에서 남북한 대표 간 휴전회담이 진행되면서 이 작은 마을은 역사에 새겨졌다.

　사실 나 같은 여행객에게 판문점은 굉장히 '번거로운' 관광지다. 방문을 결심한 순간부터 관광을 마치고 돌아갈 때까지 온갖 자질구레하면서도 복잡한 주의사항과 규정들이 따라다니기 때문이다. 동시에 그저 천진난만하기만 한 관광객들에게는 바로 그 번거로움이 현재 서 있는 곳이 '군사 구역'이라는 사실을 잊지 않게 해준다. 물론 한편으로는 이 '군사 구역'이 남북한 관광업계에 가져다주는 경제적 이익도 적지 않을 것이다.

　이 구역은 한때 보안 및 간첩 문제 등으로 인해 한국인 출입이 금지되고, 외국인 역시 방문이 제한되었다. 약 44개 국가에 해당되는 국적을 가진 사람들의 경우 판문점 방문 일주일 전에 미리 신청을 해야 했고, 그마저도 승인이 보장된 것은 아니었다. 44개 국가에는 중국과 타이완, 홍콩이 포함됐다. 그밖에도 이슬람 국가, 중앙아시아와 아프리카 내 분쟁 가능성이 있는 국가들이 이에 해당됐다. 그 사유는 "테러리스트의 침입을 막기 위해서"였다.

이와 같은 제한 리스트는 이미 개정되었고, 이제 타이완인들 역시 타 국가 국민들과 마찬가지로 방문 3일 전에 신청하기만 하면 된다. 나는 이곳에 오기 전, 타이완에서 이메일로 여권 사진을 보내 방문 신청을 했다. 그런데 신청해 놓고서도 살짝 불안했다. 판문점 앞까지 가서 '국적' 때문에 출입을 저지당할까봐 걱정이 된 것이다. 그러나 다행히도 검문은 버스 안에서 여권과 사람들의 차림새 등을 탐색하는 방식으로 이루어졌고, 나는 하차 요구를 받지 않았다.

다른 무리들과 함께 판문점에 들어간 나는 가이드로부터 다음과 같은 주의사항을 공지 받았다. 그런데 그 주의사항들은 "사진을 찍지 마십시오", "가방 소지는 불가합니다", "손가락질을 해서는 안 됩니다." 등 하나같이 군대에서 쓰일 법한 명령 같았다.

과거 남북한 간 휴전회담은 조그마한 방 안에서 진행되었는데, 그곳은 양쪽으로 문이 나 있고 방 한가운데에는 기다란 회담 탁자가 가로놓여 있었다. 우리가 들어간 문 쪽으로는 한국 측 대표의 자리가 있고, 반대편에는 북한 측 대표의 자리가 있었다.

북한 측 출입문 쪽에는 북한 군인 한 명이 마치 산처럼 움직이지도 않고 꼿꼿이 서 있었다. 그는 까만 선글라스를 낀 채 앞만 응시하고 있었는데, 알고 보니 이곳 남북한 군인들이 선글라스를 끼는 이유는 서로 눈을 마주치지 않도록 하기 위함이었다. 적이 가까이 있는 만큼 단순한 눈빛 하나로도 어떤 일이 벌어질지 모르고, 일단 발생하는 순간 수습이 불가능해지기 때문이다.

관광객들은 한가로이 회담 탁자 이쪽저쪽을 둘러봤고, 이미 북한에 오기라도 한 마냥 신기해했다. 어떤 이는 정면으로 보이는 판문각 쪽을 사진으로 담으면서 나름대로 '북한 여행'을 즐기고 있었다. 가상과도 같은 이러한 국경선을 배회한 관광객들은 어렴풋하게나마 전쟁의 의미를 몸소 체험하고 판문점을 떠난다.

●

버스가 우리를 태우고 서울로 돌아오는 길, 가이드는 버스 안 외국인 승객들에게 "여러분은 자부심을 가지셔야 합니다"라며 감성적인 말을 던졌다.

그의 설명에 따르면 한국전쟁 당시 16개 국가가 파병을 하면서 미국을 중심으로 하는 유엔군이 만들어졌고, 이들은 한국군과 함께 북한군의 침략을 막아냈다. 따라서 이들 국가의 국기가 JSA 내에 걸려 있고, 희생된 병사들의 이름도 용산 전쟁기념관 내 비석 위에 새겨져 있다. 버스 안에 있는 이들 가운데 대부분이 바로 그 '16개' 국가에서 온 사람들이었다.

가이드는 "자유는 거저 주어지는 것이 아닙니다The freedom is not free"라는 문구를 언급하면서 외국인 관광객들에게 감사 인사를 했다. 그러면서 또 덧붙였다. "우리 모두는 자유국가에서 살아왔습니다. 어쩌면 그래서 자유의 소중함을 놓치고 있을지도 모릅니다. 이번 여정을 통해 자유가 거저 주어지는 것이 아님을 다시금 느끼셨기를 바랍니다. 또한 한국인이 자유를 쟁취하는 데 있어 여러분들 나라의 희생이 있었음을 기억해 주시기 바랍니다."

하지만 나는 가이드의 말속에 담긴 일종의 '경계선'으로부터 따로 분리되어 밖으로 튕겨져 나오는 느낌을 받았다. 타이완은 한국전쟁 당시 직접적으로 파병을 하지 못했기 때문이다. 당시 타이완은 파병을 통해 남한을 돕고자 하는 의사를 전달했으나, 미국은 이를 거절했다. 따라서 타이완은 다른 방식으로 전쟁에 참여할 수밖에 없었고, 그렇게 살아갔다. 한국전쟁으로 인해 중국의 타이완 침공 계획이 어그러졌다. 그러나 그 결과는 '정체성의 상실'로 돌아왔다. 타이완은 국제사회에서 자유를 잃은 것이다.

숙소로 돌아오는 길에 나는 편의점에 들러 야식을 먹었다. 건넨 상품들을 계산하느라 마주한 점원은 내가 타이완임을 한눈에 알아봤다. 그는 상냥하게 말을 걸며 다가와 오늘 가본 곳을 물었다. 나는 가방 안에 있던 팸플릿을 꺼내 보여주며 'DMZ와 판문점'에 다녀왔다고 답했다. 그는 고개를 끄덕이며 미소를 짓더니, 서툰 영어로 계속해서 말했다. "남북한 관계는 양안 관계와 비슷하죠." 나는 무심코 고개를 끄덕었다.

그런데 편의점에서 나와 숙소로 가던 도중 문득 그게 아니라는 생각이 들었다. 남북한 관계와 양안 관계는 다르다. 나는 지금이라도 돌아가 그렇게 이의를 제기하고 싶었다.

중국 조선족 자치구

한국과 중국 사이,
저는 조선족입니다

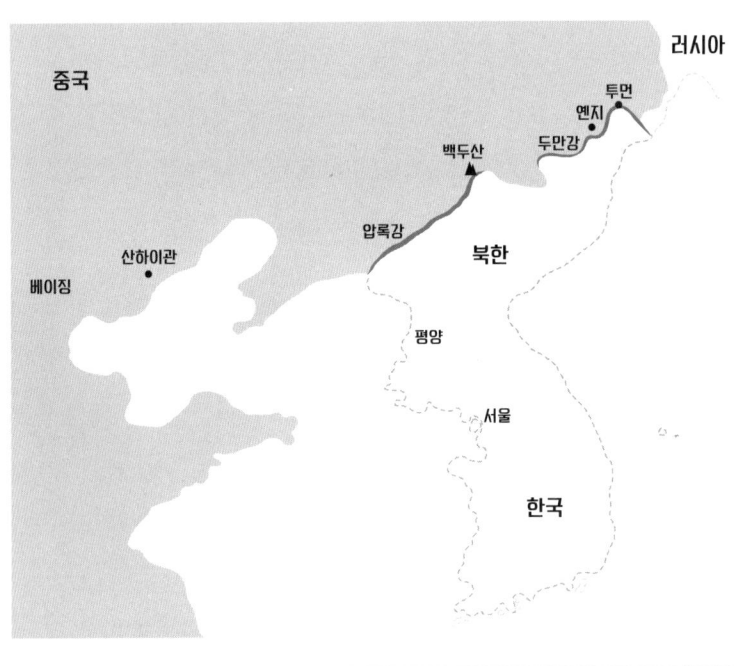

정오 무렵, 하루 한 번 운행하는 옌지延吉(옌볜조선족자치주의 주도)행 고속철도가 베이징에서 출발했다. 열차는 고막을 찢을 것 같은 굉음을 내며 앞으로 나아갔고, 나는 그 안에 앉아 열차 밖의 세상이 점점 더 차가워지고 있다는 생각을 하고 있었다. 여기부터는 이제 '관외關外(산하이관을 벗어난 곳이라는 의미로, 중국에서 동북지역을 가리킨다)'다.

땅거미가 질 무렵, 열차가 어딘지 모를 역에 멈춰서더니 한참을 그대로 있었다. 나는 무슨 일인지 궁금해 창밖을 내다봤지만 상황 파악이 되지 않았다. 그때 맞은편에 앉아 닭다리를 뜯고 있던 한 아저씨가 내게 설명해줬다. 알고 보니 그 역이 산하이관山海關이었다. '천하제일관'이라 불리는 바로 그곳 말이다. 열차는 산하이관을 거쳐 랴오닝성遼寧省으로 들어갔다.

산하이관은 외족의 침입을 막기 위해 만든 요새였으며, 만리장성의 시작점이기도 하다. 주원장朱元璋이 천하를 얻은 후 산하이관을 지었지만, 오삼계吳三桂가 청군에게 문을 열어주면서 명을 멸망시킨 것 역시 이곳이다. 중국의 북방과 남방 민족을 가르는 이 경계선은 오늘날에도 여전히 중국인들의 마음속에 보일 듯 말 듯 존재하고 있다. 마치 중국 지리상의 좌표처럼, 그리고 아저씨의 입에서 무심코 튀어나온 '관외'라는 그 말처럼 말이다.

바로 전날 나는 베이징의 한 서점에서 《컨트리 드라이빙Country Driving》을 사서 읽었는데, 마침 책의 앞부분에서 저자인 피터 헤슬러

Peter Hessler가 자동차로 만리장성을 따라 달린 이야기가 나왔다.

"북방의 초원은 무방비 상태였다. 그리고 고대에 수많은 이곳 유목민족들은 이동을 좋아하지 않는 그들의 이웃을 수시로 침입했다. 중국인들은 그에 대응하기 위해 항상 성벽을 쌓았고, 그와 같은 방어 공사의 역사는 알려진 것만 따져도 기원전 656년으로까지 거슬러 올라간다."

●

고대 중국의 경계는 불명확했다. 항상 전쟁 혹은 자원 배분으로 인해 경계선은 진퇴를 거듭했다. 그와 같은 국경 수비 관문은 오늘날 지리적 분계선이 되어줄 뿐만 아니라 정체성과도 연관이 있다. 나는 베이징에서 열차에 올라타기 전에 중국 간쑤甘肅 출신의 친구들을 만났는데, 그들은 고향 얘기를 하며 내게 강조했다. "우리 지역은 구내口内(여기서 '구口'는 만리장성의 관문으로, 구내는 만리장성 안쪽을 가리킨다)에 속해." 즉 중국 서북부는 싱싱샤星星峽를 경계로 삼아 간쑤는 '구내'에 해당되고, 싱싱샤의 신장위구르 자치구를 넘으면 '구외口外'(만리장성 이북 지역)로 칭해진다. 이러한 '관문'의 개념은 중국 역사 속 그들의 위치, 그리고 '중국'과의 거리를 알려준다.

베이징에서 옌지로 가는 열차표를 사던 도중 나는 문득 호기심이 들어 간쑤에서 온 친구에게 물었다. "혹시 이 철도의 이름을 아니?" 그러자 그는 이런 질문이 나올 것이라고는 예상하지 못했는지 잠시 갸우뚱하더니 이내 고개를 가로저었다. 나는 입을 삐죽이며 말했다. "너희 중국인들도 몰라도 되는 철도 이름을 왜 우리는 달달 외워야 했을까?"

나는 연합고사를 치르기 위해 철도명을 외우는 데 청춘을 바쳤다. 오만과 모욕으로 점철된 그 철도는 우리 타이완 교과서 속에 펼쳐져 있었다. 그때 암기했던 것들은 벌레처럼 내 머릿속에서 꿈틀거렸지만, 시험지 답안 작성을 마치자마자 나비로 우화된 듯이 저 멀리 하늘 위로 훨훨 날아갔다.

창춘長春에서 투먼圖們으로 직통하는 이 창투철도가 과거 일제가 만주와 조선을 곧바로 잇는 과정에서 설치한 것이라는 사실은 나중에야 자료를 찾다가 다시 기억이 났다. 1905년부터 일본은 두 식민지를 연결하기 위해 조선에서 만주-창춘으로 직통하는 길을 적극적으로 다지기 시작했다. 투먼은 바로 그 길목이었다.

철도는 흔히 식민주의자들이 자원을 얻으려 하는 과정에서 깔아둔 궤적이라고 볼 수 있다. 일제는 조선, 타이완 그리고 랴오둥반도에 하나하나 철도를 설치해 나가면서 과거 중국의 화외지지化外之地(문명이 미치지 않는 곳)를 '근대화'시켰다.

●

내가 탄 열차는 K215호로, 베이징에서 옌지까지는 꼬박 하루가 걸렸다. 열차가 지린성吉林省에 진입한 후에야 지평선 너머로 해가 떠올랐고, 비로소 창밖의 풍경들이 보이기 시작했다. 남방 출신인 내게 그곳 북방의 겨울 운치는 신비 그 자체였다. 나는 흥분한 나머지 거의 차창에 코를 박다시피 하고 겨울 나라의 풍경을 구석구석 뜯어봤다.

중국 둥베이東北 지역의 농촌은 일본이나 유럽, 미국 등지와는 다른 그만의 특색을 지니고 있다. 그곳에는 일자로 곧게 뻗은 굴뚝에 붉은 춘련이 붙은 가옥들이 눈더미 속에 늘어서 있었는데, 그러한 춘절春節 분위기가 낯선 풍경을 조금이나마 친근하게 만들어줬다. 눈이 새하얗게 농촌을 뒤덮고 있었지만 그 속에서도 농지가 가지런히 늘어져 있음을 한눈에 볼 수 있었다.

"철도 주변의 논들은 전부 조선족들이 대대로 살아온 곳이야." 여정을 떠나기 전 조선족 교수님 한 분을 찾아뵈었을 때 조선족의 역사를 들을 수 있었다. 직설적이고 호탕한 성격을 지닌 그는 북방 민족다운 기백을 가지고 있으면서도 한편으로는 꽤 조심스럽게 행동했다. 그는 내게 자신의 소속과 이름을 노출하지 말 것을 거듭 당부했는데, 그 모습이 바로 나와 다른 세상에 살고 있다는 사실을 상기시켜줬다. 즉 항상 국가가 관리 및 통제하고 있는 곳인 것이다. 교수처럼 무려 반세기 동안 정치적 혼란을 겪어온 중국의 지식인은 비록 이야깃거리는 한보따리여도 더 소심하고, 무언가 말하길 조심스러워했다.

그는 중국의 역사적 경계선 상에 살고 있는 이들 가운데 하나로, 옌볜延邊에서 태어났지만 조상들은 대대로 조선(북한)에서 살았다. 북한은 '관외'라는 개념을 기준으로 보면 그보다도 더 '관외'인 곳이다. 교수의 부친은 먹고살기 위해 1930년대 둥베이(당시 만주국)로 건너가 한 정미소에서 일하다가 그대로 정착했다.

당시 상당수의 이민자들이 이와 같이 경제적인 이유로 북한에서 둥베이로 이주해왔는데, 그보다 더 이전인 19세기 말 한반도에 기근이 들었을 때에도 수많은 조선인들이 인적이 드문 베이다황北大荒까지 와서 땅을 일궜다. 그보다 훨씬 더 이전에는 고구려가 그 황무지를 뒤덮은 바 있었다. 그리고 훗날 일제가 조선을 식민통치하자 많은 조선인들이 살길을 찾아 압록강과 두만강을 넘어 중국 둥베이로 피난을 왔다. 그들 가운데에는 독립운동을 하다가 피난 온 이들도 있었다. 이를테면 김일성처럼 말이다. 이와 같이 중국에 뿌리 내리고 살아온 조선인들이 바로 오늘날 '중국 조선족'이다.

"일본이 둥베이를 점령하면서 강제로 데려온 조선인 이민자들도 있었지. 식민주의자는 각 마을의 황무지와 논을 할당해 그들에게 일구도록 했어." 교수의 말에 따르면 조선은 일본의 식민지였기 때문에 일본은 양질의 토지를 일단 조선인들에게 분배해줬고, 한족들은 상대적으로 척박한 땅으로 내몰렸다. 따라서 그들은 수수와 쌀만 재배할 수 있었다. 당시 둥베이에서는 일본인이 가장 높은 지위를 차지했고, 조선인이 그 뒤를 이었으며, 만주인과 한족이 최하위였다. "그래서 어렸을 적부터 나는 한족이 우리를 증오하는 걸 느꼈어. 우리는 늘 '가오리 방쯔高麗棒子(한국인에 대한 멸칭)'라고 욕먹고는 했지."

●

이주에는 보통 부득이하거나 어려운 상황이 따라온다. 만일 그것이 권력 혹은 계급 구조와 연결되면 대개 부정적인 꼬리표가 붙는다. 원주민들은 자신과 국적, 종족, 문화, 사회가 다른 '침입자'들을 보며 자원을 빼앗기거나 혈통이 영향을 받을까봐, 혹은 자신들의 생존 공간을 박탈당할까봐 걱정한다. 그러다 보니 항상 이방인들에 대한 부정적인 혐오가 존재한다. 이것이 바로 가오리방쯔라는 단어가 만들어진 사회적 배경이다. 구미 지역에 있는 라틴 아메리카 및 아프리카 후손들, 타이완에 있는 동남아시아 결혼이주여성 또는 이민자 모두 비슷한 상황과 마주한다.

타이완의 경우 이민자의 영향력은 도착 순서와 무관했다. 조선인들이 둥베이에서 가장 비옥한 토지를 차지한 것처럼 한족은 원주민들을 산속으로 몰아내고 양질의 농토를 쟁취했다. 발언권을 차지한 이들 또한 한족이었기에 그들이 타이완에서 황무지를 개간해낸 것은 '강탈'이 아닌 고된 노동을 감내해낸 '미담'이 되었다.

1949년 이후 권력자는 새로운 이민자들을 데려왔고, 발언권을 장악했다. 반면 앞서 도착한 이민자들은 새로운 이민자들에게 밀려나고 억압을 받게 되면서 타이완 사회에 종족 갈등이 심어진다. 그렇게 심어진 갈등은 언제 불이 붙을지 모르는 도화선과 같았다. 나는 다른 이민자 사회의 역사적 맥락을 이해한다면 타이완에 대해서도 성찰해볼 수 있겠다는 생각이 들었다.

이후 중국 대륙이 개혁개방을 하고 나서 또 한 무리의 한국인들이 중국으로 이주해왔다. 그들은 조금 더 멀리 나아가 베이징, 칭다오 등지로까지 퍼져나갔고, 이윽고 넘치다 못해 거의 하나의 한인타운을 따로 만들 수준으로까지 성장하게 되었다. 조선족 교수도 베이징 속의 '작은 한국'인 왕징에 살고 있었다.

2007년 중추절 연휴 기간에 처음 베이징에 간 내게 강한 인상을 남겼던 점은 어딜 가나 한국인이 있다는 것이었다. 공항에서부터 이미 한국인과 한국어에 둘러싸인 나는 혹시 목적지를 잘못 날아온 것이 아닌가 하는 착각마저 들었다. 공항에서 시내로 나가던 도중 마침 왕징을 지났는데, 옆에 있던 친구가 고층 건물들을 가리키며 말했다. "여기는 한인타운이야. 한국인 이민자들이 살고 있어."

같은 해 발표된 통계에 따르면, 왕징에는 약 삼천 가구 정도의 한국인이 살고 있어 사실상 도시 안에 또 하나의 도시를 이루고 있다. 게다가 한국 언론 매체들의 보도에 따르면 해당 연도 베이징 내 한인 수가 십만, 중국 내 한인 수가 삼사십 만에 이르러 향후 백만을 넘어설 수 있을 것으로 예측되었다.

이후 글로벌 금융 쓰나미의 여파로 베이징에서 사업 혹은 거주하던 상당수의 한국인들이 떠나갔지만, '베이징 속 한국'의 존재감은 약해지지 않았다. 왕징뿐만 아니라 다른 곳들에서도 한국인 이민자들은 자신들의 마을을 형성했고 한반도로 돌아갈 수도 있지만 언제든지 다시 돌아올 수도 있었다.

2차 세계대전 이후, 조선인들은 대거 한반도로 돌아갔다. 반면 그대로 남은 조선인들은 중국 공산당과 북한 정부와의 논의 아래 선택의 여지 없이 중국 국적으로 편입되었다. 다시 말해 '중국인'이 된 것이다. 그리고 1950년대, 그러한 조선인들은 중국의 56개 소수민족 가운데 하나가 된다.

"우리는 그중에서도 유일하게 자신의 국가를 가진 소수민족이야." 하지만 교수의 설명은 다소 부정확해 보였다. 중국 신장, 간쑤 등에 분포한 소수민족인 카자흐족노 사실은 카자흐스탄인이 아니던가? 애매하게 경계선 상에 살던 민족은 그렇게 현대 민족국가의 분리 아래 국경을 넘은 민족이 되어버렸다.

그러다 보니 중국은 역사 교과서에서 한국의 역사를 왜곡하고 그 뿌리를 제멋대로 지워 한국인들의 분노를 불러일으켰다. 예를 들어 중국은 고구려 영토 가운데 일부가 오늘날 중국 국경에 속한다는 점만을 근거로 내세워 그와 같은 주장을 하는데, 심지어는 한국인들이 중국 문화를 자신들의 것처럼 해석하고 있다는 식의 유언비어까지 퍼뜨리기도 했다. 중국과 한국은 역사 지리적으로 너무 가깝다 보니 이와 같은 갈등이 늘 끊이지 않았고, 이민자들을 사이에 둔 복잡한 감정이 요동치고 있다.

이 때문에 지난 세기 중국의 각종 정치 운동에서 조선족은 '민족 정풍民族整風'(중국 공산당이 1942년부터 1944년까지 옌안에서 진행한 대중운동)의 최대 피해자가 되었다. 민족분자들은 당시 올바른 조국관을 세운다며 수차례에 걸쳐 조선족들을 공격했다. 교수는 "어떤 어르신들은 절대 중국을 자신의 조국으로 받아들이지 않으려고 해서 대대적으로 숙청을 당했지"라고 말했다.

문화대혁명 시기에는 중국과 북한 간 관계가 긴장 상태가 되면서 조선족들도 갈등에 휘말렸다. 그들은 첩자로 의심된다는 이유로 공격받았다. 오늘날까지도 조국을 둘러싼 정체성 문제는 여전히 민감한 편이다. 교수 역시 이 부분에 있어서는 평정심을 유지하지 못했다. 그는 '중국 조선족'이라는 신분을 가지고 반평생을 '중화민족'에 편입을 당했으면서도 여전히 '반도인'이라는 자신의 뿌리를 똑똑하게 인식하고 있었다.

하지만 요즘 세대의 조선족들은 달랐다. 그들은 그러한 정체성의 혼란을 초월한 것 같았다. 교수의 아들은 베이징에서 살고 있는데, 둥베이에 사는 조선족들이 조선어 학교에 진학하는 것과 달리 한족들과 함께 공부를 했다. 따라서 그는 조선어를 거의 하지 못했고 자신을 확실하게 '중국인'으로 생각했다.

"아들 녀석과 함께 축구 경기를 볼 때, 특히 한국과 중국 간의 시합이 있을 때면 나는 그래도 한국 팀을 응원하더라고. 그런데 녀석은 아주 열정적으로 중국 팀을 응원하지. 그럴 때면 정말이지 화가 나 죽겠어." 옅게 쓴웃음을 지으며 말하는 교수에게도 그러한 경계는 어쩔 수 없는 일이었다.

●

열차가 안정적으로 쑹화강松花江 평원을 달리고 있을 무렵, 날이 이미 환하게 밝기 시작하자 푸른 하늘과 눈밭에 햇살이 드리워지면서 빛이 굴절되어 차창으로 들어왔다. 나는 눈이 부셔서 더 이상 버티지 못하고 일어나 세수를 했다. 열차 안의 사람들은 이미 대부분 기상해 아침을 먹기 시작한 참이었다. 아직 정신이 덜 깬 상태에서 나는 미리 챙겨 온 사과를 한입 물었다.

그때 맞은편 침대에 앉은 할머니 한 분이 자신의 음식을 함께 먹자고 손짓했다. 할머니는 조선족으로, 남편 쪽 성이 최씨였다. 유창한 수준은 아니어도 중국어로 어느 정도의 대화는 가능했다. 우리는 침대 맡에 앉아 사과와 해바라기씨 등을 나눠 먹으며 대화를 나눴다.

할머니는 내가 타이완 사람이고, 혼자서 옌지까지 왔다는 것을 알고 무척이나 호기심을 가지며 타이완의 임금부터 시작해 생활 수준 등을 꼬치꼬치 캐물었다. 사실 그중 '쌀 한 근이 얼마나 하는지'와 같은 질문은 나같이 민생고를 모르는 도시 여성에게 있어서는 답하기가 조금 어려웠다. 나는 우물쭈물 웃어 보이면서 속으로 '내가 정말 타이완에서 온 게 맞는지 의심하는 것은 아닐까?'라는 생각을 했다.

할머니는 자식들에 관해서만 얘기했다. 언젠가 교수가 말해준 바에 따르면 조선족은 '기회를 쫓아다니는 민족'이라고 했는데, 할머니네 최씨 일가가 바로 그 전형적인 사례 같았다. 할머니의 세 자녀는 사방으로 흩어져 타지에서 일하고 있었다. 딸은 중국 남쪽, 작은 아들은 하이난섬海南島, 큰 아들은 한국에 있고, 손주들은 일본과 프랑스에 가서 유학 생활을 하고 있다고 했다. 할머니는 바로 얼마 전 손자를 데리고 남쪽에 가서 아들을 만나고 돌아오던 참이었다.

어느 부분이 그의 마음을 움직였는지는 몰라도 할머니는 갑자기 우울한 얼굴로 내게 문화대혁명 시기 그의 가족들이 상처받은 이야기를 해주기 시작했다.

"오라버니는 문화대혁명 이후 돌아가셨지." 그의 회고에 따르면 오라버니는 당시 마을에서 가장 똑똑했으며 5개 국어에 능통한 인재였다. 그런데 학교에서 러시아어를 가르치던 그가 문화대혁명 시기 조선 첩자로 몰리면서 문화대혁명이 끝날 때까지 백두산에서 숨어 있어야 했다고 한다.

"오라버니는 당시 결혼을 앞두고 있었어. 그런데 그 일 때문에 결혼식도 못 올렸고 산속에서 고된 생활을 해 건강도 다 해쳤지. 나중에 산에서 내려와 결혼을 했지만 얼마 못 가 돌아가셨어."

가족 얘기를 하다 보니 감회가 새로웠는지, 아니면 조선족 특유의 친절함 때문인지는 몰라도 할머니는 타지에서 홀로 새해를 맞이하는 내게 밥을 먹고 가라며 집으로 초대해줬다. 때마침 열차가 옌지에 도착했고, 나는 할머니와 함께 크고 작은 짐들을 인 다른 승객들을 따라 열차에서 내렸다.

사람들로 가득 차 있는 승강장을 빠져나오니 눈앞에 보이는 건 휑하니 널찍한 주차장뿐이었다. 크게 한숨을 들이쉬니 콧구멍에서 허파까지 시린 기운이 스며들었다. 둘러보니 차는 적은 편이고 건물들은 낮았는데, 그게 아니었다면 남쪽에서 온 나 같은 사람은 베이징과의 차이점을 찾아내지 못했을 것이다.

역 바깥에서 할머니를 한참 기다리던 최씨 할아버지가 우리를 보고서는 쏜살같이 달려와 할머니와 손자의 짐을 들어주며 자연스럽게 역 부근에 있는 식당으로 우리를 데려갔다. 조선족들이 좋아하는 음식, 개고기를 먹기 위해서였다. 아들을 보기 위해 남쪽 지역에 오랫동안 가 있으면서 개고기를 그리워했을 할머니를 위해 할아버지는 고량주와 개고기를 주문했다.

나는 끝까지 고집해 두부 음식 하나를 겨우 주문했는데, 할머니와 할아버지는 내가 예의를 차린다고 생각하고서는 계속해서 내게 개고기를 권했다. 이에 나는 육식을 좋아하지 않는다는 핑계로 완곡히 거절했다. 나는 개를 사랑하지만, 다른 문화와 식습관을 존중해야 한다고 생각한다. 그에 대해 윤리적 잣대랍시고 나의 기준을 들이대서는 안 된다. 더군다나 상대방을 불편하게 만들고 싶지는 않았다. 그래서 혼자 조용히 다짐했다. 이번 여정에서만큼은 절대로 육식주의자가 되지 않으리라!

할머니는 의아해하면서도 걱정되는 표정으로 물었다. "그렇게 먹어서 끼니가 되겠어?" 나는 재차 괜찮다고 대답하며 두부를 가리켰다. "두부에 단백질이 충분히 들어가 있다고 하니까요. 콩은 밭에서 나는 고기라잖아요!"

"고기를 안 좋아한다는 건 그래도 먹을 수는 있단 의미인가?" 할머니와 할아버지의 중국어는 그리 유창하지 못해 말할 때마다 재차 확인하며 넘어가곤 했는데, 그들은 내가 고기를 먹을 수 있는 것인지 아닌지를 궁금해했다.

"저녁으로 닭고기를 먹으려고 하는데, 괜찮겠어?" 알고 보니 이 노부부는 손님에게 어떤 음식을 대접해줄지 고민하고 있었던 것이다. 이 상황에서 내가 육식을 하지 않는다고 대답하면 그들은 다른 메뉴를 준비해야 할 참이었다. 나는 급하게 대답했다. "먹을 수 있어요! 닭고기라면 조금은 먹을 수 있어요."

사실은 잠시나마 내심 저녁식사도 개고기가 될까 봐 걱정했는데 닭고기라는 소리를 듣자 한시름 놓을 수 있었다. 그런데 할머니는 원래 개고기 요리 실력을 보여주려고 했던 모양이었다. 할머니는 손주가 밥을 먹도록 달래면서 내게 몇 번이고 반복해 "개고기가 얼마나 맛있는데, 왜 안 먹어?"라며 아쉬워했다.

●

이번 연휴에는 최씨 집 큰아들이 집을 떠난 지 3년 만에 처음으로 돌아왔다. "집 밖으로 나가 열심히 돈 벌고 사는 게 조선족들 특징이야." 큰아들은 서울에서 용접공으로 일하고 있다. 그는 식탁 쪽에 기대어 맥주를 한 모금 마시며 얘기했다. 이곳 옌지 지역 사람들은 대개 그처럼 밖으로 나가 돈을 벌었다.

최씨 일가의 가장인 할아버지도 새해에는 한국에 가서 일을 할 계획이라고 했다. 본래 조선어 선생님이었던 할아버지는 이미 은퇴해 안식년을 갖고 있던 참이었는데, 우리 얘기를 듣고 있다가 깊이 숨을 내쉬며 말했다. "나는 토마토 농장에 가서 일할 거야."

"장졔스가 자네들을 데리고 타이완으로 간 건가?" 할아버지가 갑자기 물었다. 나는 고개를 가로저으며 생활고를 겪은 선조가 약 삼백 년 전쯤 대륙에서 타이완으로 이동해온 것으로 알고 있다고 답했다. 그러자 할아버지는 고개를 끄덕이며 이해할 수 있다는 반응을 보였다. 그의 선조 또한 생활고 때문에 북한에서 중국 둥베이로 이주해왔기 때문이다. "그때는 정말 고되었지." 그렇게 최씨 집안이 둥베이에 정착한 지도 어언 90년의 세월이 흘렀다.

어설픈 중국어를 쓰는 최씨 할아버지는 원래 내가 하는 말을 잘 이해하지 못했는데, '몇 대손인지'에 관한 얘기가 나오자 갑자기 흥분하며 어디선가 족보를 꺼내왔다. 돋보기 너머로 잔뜩 상기된 그의 눈빛이 보였다. "내가 벌써 18대야." 그가 족보를 들추며 말해주길, 집안의 선조 중에 대장군이 있었는데 그를 기리는 조각상이 지금도 북한에 세워져 있다고 했다.

유교 문화의 영향으로 정통성과 뿌리를 강조하는 조선족들은 족보를 무척 소중하게 여겼다. 족보가 없는 집안은 조선족들에게 뿌리가 없는 것으로 간주될 수도 있었다. 더욱이 중국으로 이주해와 '중국인'이 된 그들 조선족에게 있어 한반도에서 온 그들의 뿌리를 설명할 수 있는 것은 족보밖에 없기도 했다.

호기심이 생겼는지 손자는 계속해서 족보를 들여다보려고 했다. 나는 아이가 그들 집안의 보물을 망가뜨릴까 봐 걱정되어 급히 아이의 장난을 막고 나섰다. 그런데 손자를 지극히 아끼는 할아버지가 조선어로 몇 마디 하자 아이의 얼굴에 웃음꽃이 활짝 폈고, 아이는 나를 보며 얘기했다. "나중에 이건 제 거예요." 아이는 그 집안의 장손이자 유일한 손자로, 족보는 훗날 그가 물려받을 것이라고 했다.

큰아들이 텔레비전 채널을 돌리자 한국의 사극 드라마가 나왔다. 그래서 나는 그에게 한국의 역사를 공부하는지 물었다. 그는 박장대소하며 어떻게 공부할 수 있겠느냐고 반문했다. 옆에서 내 말을 듣고 있던 아이는 또 채널을 돌렸다. 아이는 한국 방송국의 중국어 채널을 좋아했다. 화면을 보니 만화영화에 중국어 더빙이 덧입혀졌는데, 자막은 한국어였다.

나중에 알고 보니 이 조선족자치주에서는 조선족 가정 거의 모두가 텔레비전 케이블을 설치해 한국의 방송들을 시청하고 있었다. 큰아들의 말에 따르면 그것은 불법이었다. 하지만 정부에서 금지시켜도 사람들은 어떻게든 케이블을 설치해 한국 방송들을 시청했고, 정부 또한 그냥 눈감아주고 있는 듯했다.

그렇게 한국 방송들에서 흘러나오는 정보들을 쉽게 접하기 때문인지 국제사회에 대한 그들의 인식은 일반적인 중국인들과는 달랐다. 최씨 집안사람들이 생각하기에 양안 관계는 남북한 관계와 같았다. 타이완에 관한 얘기가 나오자 그들은 타이완이 중국에 귀속되는 게 아니라 스스로의 정권을 가지고 있다고 인정해줬다. 그러면서 하나의 중국이라는 정책 아래 타이완은 국제사회에서도 지위를 갖지 못하고 있다며 연민해줬다.

그때 일은 수차례의 여행에서도 흔한 경험이 아니었다.

●

하루가 지나고, 나는 투먼에 도착했다. 그곳은 중국, 북한, 러시아의 접경 지점으로 두만강을 사이에 두고 북한, 러시아와 마주하고 있다. 그리고 우의대교友誼大橋가 중국과 한반도를 연결하고 있는데, 다리만 건너면 곧바로 북한 땅에 닿는다. 33만 인구 가운데 55퍼센트가 조선족인데, 최씨 집안 할머니의 고향집이 바로 이곳에 있었다. 할머니는 옛날에 블라디보스토크, 시베리아 등지에 가서 옷을 팔았다고 한다.

옌지에서 버스를 타면 한 시간 이내에 '투먼'이라는 국경지대에 도착할 수 있다. 그런데 투먼은 옌지와 분위기가 크게 달랐다. 공허하고 스산했으며, 길가 곳곳에 구정물이 얼어 있어도 치우는 이가 보이지 않았다. 옌지에 비하면 도시 전체가 지저분한 느낌이었다. 집들의 분위기는 보통 북한과 비슷했지만, 특별히 계획된 주택가에는 참신한 느낌의 건축물들이 지어져 있어 허름한 벽돌집과는 대조적인 분위기를 자아냈다.

두만강 국경 통과 지점에 보이는 '국경수비', '조국'과 같은 단어들은 이곳이 국경지대임을 똑똑하게 확인시켜줬다. 동시에 그와 같이 '만들어진' 표어들은 그만큼 이곳의 정체성과 경계선이 매우 취약하니 주의를 기울이지 않는 사이 법을 어기거나 분열되는 것을 경계하라고 사람들에게 상기시키고 있었다.

하지만 정체성은 정체성, 소비는 소비로 그 둘은 별개의 문제였다. 시장에는 북한의 화폐, 우표, 먹을거리부터 해서 러시아에서 온 물건들까지 한바탕 어지럽게 펼쳐져 있었다. 나아가 여행객은 관심이 있다면 걸어서 북한으로 가는 '두 시간짜리 도보 코스'를 신청해볼 수도 있었다.

두만강은 이미 얼어붙어 사람들은 빙판 위에서 놀고 있었다. 사방에서 음악이 울려 퍼졌고, 어떤 이들은 망원경을 들고 북한을 내다봤다. 문득 머릿속에 이런 생각이 스쳤다. 이렇게 울려 퍼지는 최신 유행곡들은 경계선에 있는 북한 병사들에게 이쪽으로 넘어오라는 유혹이 되지 않을까?

북한과 중국 간에는 850마일에 달하는 경계선이 있다. 백두산에서 시작되는 압록강과 두만강은 두 국가 사이에 있는 천연 국경이다. 그중 압록강은 남쪽으로 해서 황해로 흘러 들어가고, 두만강은 북쪽으로 해서 동해로 유입된다. 두만강은 압록강에 비해 물살이 완만하고 좁아 상대적으로 수영해서 건너가기가 쉽다.

들은 바에 따르면, 어떻게든 북한에서 도망치고 싶어 하는 수많은 북한 사람들이 어둑한 밤이 되면 빛줄기 하나 보이지 않고 위성으로도 안 잡히는 그 나라로부터 도망쳐 나와 중국에서 가정을 이루고 살아간다고 한다. 그래서 국경 지대인 이곳에는 이미 탈북 네트워크가 형성되어 있었다. 추산에 따르면 북한에서 대기근이 발생한 1990년대부터 2010년에 이르기까지 중국으로 도망쳐온 탈북자의 수는 30만 명에 달한다. 그 가운데 대다수는 여성으로, 결혼을 구실 삼아 중국 농촌으로 와서 생존을 도모했다.

사람이 몰래 건너올 정도니 물건이 밀반입되는 것은 당연하다. 한국의 해적판 DVD들이 북한과 중국의 경계에서 거래되면서 그네들에게 세상을 바라보는 창이자 몇 안 되는 즐길 거리가 되어줬다. 그리고 그렇게 지하경제가 형성되었다.

이곳의 국경수비는 우리가 상상하는 것보다는 느슨해 보이지만, 현지인들로부터 직접 들어보면 그 속에는 경악할 만한 이야기들이 숨겨져 있다. 바로 북한 정부의 요청을 받은 중국 공안이 수시로 탈북자 체포 및 소탕 작업을 벌인다는 것이다. 어떤 때는 백여 명의 탈북자들을 한꺼번에 모아 전체주의 국가 북한으로 송환시킨다고 한다. 국경에서 그들을 인계할 때 북한 군인들은 탈북자들의 어깨, 팔뚝 등의 살갗에 철사를 꿰어 줄줄이 엮은 다음 가축을 몰듯이 북한으로 돌려보낸다고 한다. 이후 그들은 가혹한 노동교화 수용소로 보내지거나 사형을 당한다. 그래서 일부 인권단체는 중국 당국의 탈북자 송환조치에 강하게 반발하고 나선다.

"북한 여행에 도전해보는 것도 좋을 것 같아." 베이징에서 둥베이

지역 여행을 계획할 때 친구들에게 장난삼아 말했다. 그러자 사람들이 일제히 예상보다도 더 크게 정색하며 반대했다. 그러면서 내게 외국인이라고 해서 그곳 국경을 넘는 데 대해 환상을 갖지 말라고 경고했다. 그들은 북한 정부가 '미치광이'라고 했다.

'전쟁'이 아닌 베트남

낭만으로 소비되는
타인의 전쟁

베트남으로 떠나기 전까지만 해도 그 나라에 대해 전혀 알지 못했다. 그런데 디스커버리에서 출간한 책을 읽다가 어느 한 문장에서 머리를 크게 한 방 맞았다. 아직도 그 글이 기억에 생생하다. "오늘날 베트남 정부는 베트남은 '전쟁'이 아니라 '나라'라고 계속해서 강조한다."

솔직히 나 또한 동남아시아 자유여행을 계획했을 당시 '베트남전쟁' 때문에 베트남에 관심을 가지고 여행지로 택했다. 당시 베트남에 대한 나의 인식은 문학과 예술에서 비롯되었다. 올리버 스톤Oliver Stone의 영화부터 시작해 그레이엄 그린Graham Greene의 소설까지 전부 베트남전쟁을 배경으로 삼고 있었다. 심지어는 베트남 관련 기행문학까지도 호찌민 루트를 따라 전쟁 흔적의 기록을 좇고 있었다.

그 가운데 가장 인기 있는 작품은 뮤지컬 〈미스 사이공〉일 것이다. 이국적 정취가 물씬 풍기는 이 러브 스토리 역시 잔혹한 전쟁을 배경으로 하는데, 무대 위에서 헬리콥터 한 대가 굉음을 내며 내려오고 관객들의 탄성 속에서 미군 병사는 베트남 여인을 두고 떠난다. 사람들은 이와 같은 이야기들을 두고두고 접하면서 베트남전쟁을 베트남에 떨어진 폭탄들처럼 머릿속에 깊이 각인했다. 베트남은 그렇게 조금씩 전쟁의 상징이 되어갔다.

그 나라의 정부와 사람들이 품은 희망사항 따위와는 관계없이 '전쟁'은 이미 베트남에 방문하는 외국인들의 소비를 부추기는 요소가 되었다. 그들은 호찌민시에서 달러를 쓰고, 베트남 전통 모자를 쓴 채 폭탄이 떨어졌던 호찌민 루트를 따라 걷는 등 각종 베트남전쟁 체험 투어에 참여한다.

그중에서도 가장 인기 있는 여행 상품을 꼽으라면 단연 구찌터널Cu Chi Tunnels을 들 수 있다. 2002년, 베트남에 도착한 이튿날 나는 구찌터널로 향하는 버스에 올라탔고, 거기서 만난 스위스 친구들과 함께 그 '타인의 전쟁'을 피부로 직접 느꼈다.

●

구찌터널은 호찌민시에서 북서쪽으로 약 40킬로미터 정도 떨어진 곳에 위치해 있는데, 원래는 베트남 농민들이 프랑스 식민통치에 대항하기 위해 20년 동안 맨손으로 파낸 지하 터널이었다. 그리고 베트남전쟁 시기에는 베트콩의 지하 기지가 된다. 폭이 80센티미터도 안 되는 통로는 내부에서 200킬로미터의 길이로 이어지고, 그 안에는 침실, 회의실, 식량 창고, 병원, 함정까지 전부 갖춰져 있다.

베트남전쟁은 반식민지주의 전쟁의 연장선상에 있다. 2차 세계대전 종전 전후 호찌민이 이끄는 베트민(베트남독립동맹)은 베트남 북쪽에서 독립 및 건국을 선포한다. 반면 남쪽에서는 프랑스가 황제를 붙잡아 나라를 세운다. 두 세력은 베트남 전체 영토에 대한 통치권을 확보하기 위해 다퉜고, 결국 프랑스가 패퇴해 베트남에서 물러난다.

그렇다고 해서 베트남이 하나로 통일된 것은 아니었다. 열강은 제네바 협정을 통해 북위 17도선을 베트남을 가르는 칼날로 다듬었고,

분열된 남북은 계속해서 다퉜다. 그리고 프랑스가 떠나자 미국이 들어왔다. 북베트남의 공산주의 세력이 남쪽으로 침입할 것을 우려한 미국 정부는 쿠데타를 일으켜 독재정부를 수립한 응오딘지엠吳廷琰을 지원한다. 더 나아가 베트남으로 병력을 투입하면서 전쟁의 시작을 공식 선포한다.

베트남전쟁의 잔혹성은 당시 미 공군 사령관 커티스 르메이Curtis LeMay의 주장을 통해 가늠해볼 수 있다. "베트남을 폭격해 석기시대로 돌려놔야 한다!" 당시 베트남은 오직 건물과 농지만 있는 곳처럼 생명체라고는 찾아보기 힘들었다. 작가 리리李黎는 《굿모닝 베트남早安越南》에서 구체적인 수치를 들어 베트남전쟁의 잔혹성을 비판했다.

"베트남전쟁 시기 미국의 공중 폭격은 쉴 새 없이 이어졌고 투하한 폭탄의 총량은 2차 세계대전 당시의 모든 폭탄을 합한 것의 3.5배에 달했다. … 당시 베트남은 남녀노소 불문하고 개인당 평균 천 파운드의 폭탄을 '선사'받았다. 그 전쟁으로 인해 삼백만 명의 베트남인들이 죽고 최소 백만 명이 부상을 입은 것으로 추정된다. 화학전으로 인해 후대가 입은 피해까지 따지면 셈하기조차 힘들다."

구찌터널 입구에서는 짤막한 소개 영상 하나가 흘러나왔다. 다른 전쟁 관련 영상물들이 전쟁의 고조에 초점을 맞추는 것과 다르게 너무 무미건조해 여느 전체주의 국가에서 볼 수 있는 신문처럼 보는 이를 하품 나오게 만들었다. 다행히도 영상은 금방 끝났고, 홀에서 걸어 나오자 풀과 과녁이 보였다. 이어서 버려진 탱크 몇 대와 은신용 참호를 지나면서 눈앞에 펼쳐진 풍경들이 지루한 영상을 잊게 해줬고, 그제야 전쟁에 대해 실감이 났다.

우리는 지하 터널에 열심히 몸을 구겨 넣고 개미처럼 그곳을 파고들어갔다. 어느새 허리는 곧추 펴지 못해 저렸고 내 몸이 어디에 붙어 있는지조차 모를 정도로 무감각해졌다. 겨우겨우 머리를 내밀어 지면에 디디랐을 때 우릴 맞이한 것은 카사바 한 접시였다. 카사바는 베트남전쟁 시기 인민들의 주요 식량으로, 전쟁 상황을 체험해볼 수 있도록 여행객들에게도 제공되었다.

우리는 달짝지근한 카사바를 맛보며 가이드의 얘기를 들었다. 가이드는 베트남전쟁 때문에 대학교 학업을 포기했다고 한다. 당시 그는 전쟁이 끝나면 다시 평온했던 일상으로 돌아갈 줄 알았지만 뜻밖에도 베트남-캄보디아 전쟁에 다시 징집 당한다. 그는 그 전쟁에 관해서는 더 이상의 언급을 삼갔다.

아이러니하게도 그런 그가 지금은 미국인을 비롯한 서양인들을 데리고 전쟁 유적지를 둘러보는 일로 먹고산다. 가이드는 "매번 가이드 일을 할 때면 저는 과거의 기억과 마주해야 합니다. 지뢰를 품에 안고 있듯이 말이죠"라고 자조했다. "어쩌면 전쟁이 총알처럼 제 몸 깊숙이 박힌 것일지도 모르겠네요."

그런데 이 구찌터널 가이드의 몸속에만 전쟁이 총알처럼 깊이 박힌

게 아니다. 타이베이에 거주 중인 베트남 화교 라오뤄도 그런 사람 가운데 하나다.

●

베트남 여행을 마치고 돌아온 뒤 몇 년 후, 이주 노동자 지원 사업을 하는 장정張正의 소개를 받고 라오뤄를 알게 되었다. 그는 구구절절한 사연을 안고 있었는데, 조금만 대화해도 어른스럽다는 것을 금세 알 수 있었다. 그는 베트남에 대한 나의 인식을 바로잡아줬고, 표정과 태도부터 말투 그리고 생각까지 누가 봐도 꼭 '베트남인'다웠다. 하지만 그러면서도 막상 베트남에 관한 얘기가 나오면 남의 일처럼 대하는 것이 마치 베트남이라는 나라의 영원한 외부인 같았다.

비가 자주 내리는 타이베이 분지 남쪽은 겨울철이면 뼛속까지 비가 스며든다. 나는 라오뤄의 조그마한 가게 뒤편에 웅크리고 앉아 그가 들려주는 전쟁 이야기를 들었는데, 방 안에 있는데도 으스스해 뜨끈뜨끈한 베트남 커피 한 잔을 받쳐 들고 한기를 몰아내야 했다. 그런 나와 달리 일흔 살인 라오뤄는 달링 재킷 하나 걸치고서도 짱짱해 보였다.

라오뤄는 화교들이 모여 있는 호찌민시 5군에서 태어났다. 뜻을 이루지 못한 중국 지식인이었던 아버지 밑에서 자랐는데, 낡은 제도를 전복시킨 '공화국'에서 태어나는 바람에 벼슬길이 막혔고, 어쩔 수 없이 중국 광둥에서 남하해 사이공으로 와서 살 길을 찾아야 했다. 모친도 청 말기 베트남으로 이주해 온 중국 농민의 후예다. 다만 집안의 2세인 라오뤄는 중국에 대한 기억이 없는 '베트남인'이다.

"내가 가지고 있는 기억의 대부분은 전쟁에 관한 것들이지." 그의 어릴 적 기억 속에는 일본군이 베트남에서 철수하는 장면도 있었고, 프랑스가 전후 일본으로부터 베트남을 돌려받았을 때 맹렬히 퍼부었던 포화도 어렴풋하게나마 있었다.

"프랑스군은 락자에 상륙하기도 전부터 기슭 쪽을 미친 듯이 쏘아댔어." 베트남 남부 도시인 락자는 시암만과 인접해 있는데, 당시 호찌민의 독립 선언이 못마땅했던 프랑스는 저항하는 이가 보이지도 않는 락자를 인정사정없이 군함으로 공격했다.

어린 라오뤄는 무슨 일이 벌어지는지도 몰랐고, 국제정치에서의 세력 다툼 따위를 이해할 리도 만무했다. 오로지 그가 알 수 있는 것은 자신이 언제 어디서든 포화와 만날 수 있고, 침대까지도 폭격을 맞을 수 있다는 사실뿐이었다. 당시 그가 편히 잠들 수 있는 날은 손에 꼽혔다.

베트남전쟁이 발발한 당시 라오뤄는 한창 패기 넘치던 때였고 자신의 꿈을 맘껏 펼쳐보고자 했다. 그러나 미국이 베트남 상공에서 폭탄을 떨어뜨리면서 라오뤄는 인생까지 폭격을 맞았다. 이 나약한 서생은 징병 통지를 받았을 때 그것이 다시는 돌아오지 못할 죽음의 길임을 알고 있었다. 그는 죽을 짓을 사서 하는 일만은 피하고 싶었다. 그것은 '타인의 전쟁'이었기 때문이다.

●

전쟁 초기만 해도 베트남 화교들은 군대에 가지 않아도 되었지만 전쟁이 갈수록 격화되자 화교까지 징병 대상에 포함되었다. 그리고 그들은 훈련조차 제대로 받지 못한 상태에서 전쟁터에 끌려가 희생당했다.

이에 화교 가운데 능력 있고 돈 있는 이들은 속속히 도망쳐 나갔고 그렇지 못한 이들은 최대한 징집을 피할 방법을 궁리했다. 어떤 이들은 징집을 피하기 위해 아예 몇 년 동안이나 대문 밖도 나가지 않았다고 한다. 물론 정부에서는 순찰을 보냈지만 그때마다 사람들은 쌀통 속으로 몸을 숨긴 다음 머리 위에는 돈 담긴 봉투를 올려놓았다.

집안을 수색하던 군경들은 쌀통 뚜껑을 젖히다가 봉투를 발견하면 약속이나 한 듯이 조용히 집어 들고 나갔다. 그리곤 상부에 아무도 보이지 않았다고 허위 보고를 했다고 한다. 그렇게 징집을 피한 청년은 화를 면할 수 있었고, 그 뒤로도 계속해서 집안에 숨어 있었다.

라오뤄 역시 징집을 피하고 싶었다. 다만 그는 쌀통에 숨는 대신 중국어 신문을 발행하는 언론사의 기자가 되는 방법을 택한다. 전쟁 소식을 전하는 일을 맡으면 병역을 피할 수 있었기 때문이다. 그러나 신문사에 들어간 후에야 전 직원이 징집 대상에서 제외되는 것이 아니라 사장과 편집장 등의 직급만이 조건에 해당되는 것을 알게 되었다. "당연한 거잖아. 그 사람들 나이가 입대 연령보다 위였으니 말이야."

그렇다면 남은 길은 단 하나, 도망치는 것이었다. 막 스무 살이 넘은 라오뤄는 쥐꼬리만한 돈을 쥐고 몰래 캄보디아로 넘어갔다. 휘몰아치는 포화 속에서 그는 메콩강변의 밀림을 따라 국경을 넘었는데, 돌이켜보는 것만으로도 고통스러울 정도로 고된 여정이었다고 한다. 간신히 캄보디아로 건너간 그는 그곳에서 조그마한 장사를 하나 시작했고 곧 안정적으로 정착해 나갔다. 캄보디아 여성에게 장가도 갔고 딸도 얻었다. 그리고 베트남전쟁이 끝난 후에야 베트남으로 돌아왔다.

베트남전쟁은 라오뤄를 다른 곳으로 떠나게 만들고, 그의 인생을 뒤흔들어 놓았다. 베트남전쟁이 끝난 다음 '북측'은 '남측'을 통일시켰다. 구찌터널 지하의 베트콩이 승리한 것이다. '타인의 전쟁'이 끝난 다음 라오뤄가 베트남에 돌아와서 보니 '북측'은 심하게 낙후되어 있었다. "그들의 승리는 그야말로 기적에 가까운 일이었어."

1991년, 타이완 교무위원회Overseas Community Affairs Council의 정책 덕분에 베트남 화교들은 귀향 항공편에 올라탔고, '베트남 화교'에서 '타이완인'으로 변신한다. 어쩌면 국적과 신분은 쉽게 바꿀 수 있는 것일지도 모른다. 하지만 정체성의 문제는 훨씬 더 복잡하다. 그들의 일상 또한 국경을 넘었다고 해서 손바닥 뒤집듯이 금세 뒤집힐 수 있는 것이 아니다.

라오뤄 일가는 여전히 살아가기 바빴고, 저렴한 집을 찾아 타이베이 분지 변두리를 떠돌며 이사를 자주 다녔다. 그러다가 이곳 시장 한쪽 귀퉁이에 터를 잡아 작은 가게를 하나 열 수 있었다고 한다. 청년 시절 품었던 원대한 포부로부터는 일찌감치 멀어졌지만, 안정적인 일상을 보낼 수 있기에 라오뤄는 타이베이에서의 바쁜 일상을 기꺼이 감내하며 살아간다.

전쟁은 결코 베트남과 먼 존재가 아니다. 그래서 베트남전쟁 시기에 태어나 자란 베트남인이라면 누구나 절절한 사연 하나쯤은 품고 있을 것이다. 사실 나는 그 전쟁을 북측과 남측 간의 싸움 정도로만 생각해왔다. 역사 속에 '베트남 중부'의 목소리가 빠져 있다는 점은 미처 생각지 못한 것이다.

나중에 자료를 찾다가 알게 된 바에 따르면 이른바 북위 17도선이라는 것은 지리학적 위도와 완벽히 맞물리는 가로로 곧은 접선이 아니다. 벤하이강을 중심으로 펼쳐진 약 8킬로미터 길이의 공간으로, 남쪽으로 100킬로미터 떨어진 거리에는 베트남 중부의 도시 후에가 있고, 서쪽은 베트남과 라오스 간의 국경으로 이어진다.

원래 그곳 비무장지대는 제네바협정에 따라 잠정적으로 그어진 분계선이었다. 경계가 그어진 목적은 1956년 베트남 총선거가 순조롭게 진행되어 인민들이 새 정부를 선출하고 남북을 통일하는 데 있었다. 그러나 이처럼 평화를 위해 만들어진 '17도선'은 베트남전쟁의 도화선이 되었다.

그리고 국제사회가 공인한 비무장지대는 모순되게도 그 어느 곳보다도 포화가 가장 격렬하고, 사망자 수가 가장 많으며, 지뢰로 인한 오염이 가장 심각한 '전쟁지대'가 되었다. 비무장지대에는 당시 뿌려진 지뢰들 가운데 폭발하지 않은 것들이 여전히 많이 남아 있다. 오늘날 이곳의 인구 밀도는 매우 낮은데, 전쟁 때문이기도 하고, 높은 비율을 차지하던 그곳 가톨릭교도들이 베트콩의 통치 이후 베트남을 떠날 수밖에 없었기 때문이기도 하다.

한편 북위 17도선의 남측에는 '도망자'들이 모인 마을이 있었다. 그들이 반대한 정권은 '청 왕조'였다.

●

호이안은 남베트남에서 중국인들이 최초로 정착한 도시다. 과거 청 왕조로 귀순하는 것을 원치 않은 수많은 명 유신들은 일족과 식솔, 신하, 백성들을 이끌고 그곳으로 이주해왔다. 이에 응우옌씨 왕조는 그곳을 '민흐엉明鄕'으로 봉한다. 마치 명의 고향처럼 말이다. 실제로 현대적이고 시끌벅적한 호찌민시를 떠나 호이안에 들어섰을 때 길가에 늘어진 홍등을 보고선 중국으로 잘못 들어선 것은 아닌지 착각이 들기도 했다.

물론 이러한 감상은 착각에 그쳤다. 호이안에 와서 돌아다닌 지 얼마 되지 않아 '황씨고택黃氏古宅'에서 찬물 세례를 받았기 때문이다. 베트남 아오자이를 입은 여성은 단호한 표정으로 내게 말했다. "나는 중국인이 아니에요. 여기도 중국 문화가 아니고요."

내가 대문에 들어서자 한 여성이 웃으며 다가와 안내를 해주려 했다. 그가 벽에 있는 중국어를 가리키며 설명하려 하기에 나는 이렇게 말했다. "해석해주려 애쓰지 마세요. 저도 당신처럼 화교거든요.I am Chinese, too! 이건 중국 문화고요." 이어서 나도 황씨라고 말하려는 찰나에 여성이 말문을 막아버렸다. 기다란 허리를 가진 그는 내가 우리 둘이 같은 뿌리를 가졌다고 오만하게 단정 지었다 생각해서인지 불쾌하다는 기색을 드러냈다. 여성은 웃음기를 거뒀고, 공기 중에 어색한 기운이 감돌면서도 한편으론 무언가 낯익었다.

'화華'(Chinese)라는 글자에는 복잡한 역사와 정체성의 문제가 담겨 있다. 영어로는 형용사로서 '문화'를 형용할 수 있고 명사로는 '언어'가 될 수도 있다. 외국인에게 있어서 이 글자에 담긴 문화·역사적 의의를 이해하는 것은 상형문자를 식별하는 것만큼이나 난해한 일이다.

사실 나는 스스로가 화라는 단어와 그와 관련된 역사를 잘 설명할 줄 안다고 생각해왔다. 그러나 막상 화교를 만나면 돌연 방향감을 상실하곤 한다. 도대체 역사적 좌표에서 나 같은 타이완인과 해외 화교는 무엇이 다를까?

이 의문을 푸는 데 시간이 오래 걸린 것은 아니었다. 나는 황씨고택을 나와 '일본교日本橋'를 건넜고 모퉁이를 돌아 '황허'로 들어갔다. 그리고 그곳에서 다른 화교 하나를 만났다. 그는 중국에 관한 화제가 나오자 불편해하기보다는 조국에 대한 자신의 감정을 신나게 떠벌렸다.

'황허黃河'는 식당 이름이다. 곳곳에 중국 관련 문양들이 보이는 그 마을에서 황허라는 두 글자를 보는 것도 그리 이상하거나 놀라울 일은 아니다. 식당 안으로 들어서자마자 양 갈래로 콧수염을 길러 꼭 홍콩인처럼 보이는 주인장이 친절하게 맞아줬다. 우리는 그의 유창한 중국어에 한 번 놀랐고, 이어서 그가 해주는 잊지 못할 이야기들에 두 번 놀랐다. 마침 손님이 적은 시간대였기에 주인장은 어두컴컴한 조명 아래에서 우리에게 자신이 살아온 이야기를 들려줬다.

●

그의 조상들은 대대로 중국 푸젠성에서 살아왔는데, 주인장 본인은 베트남 5세대 화교다. 그의 선조는 청 왕조에 맞서 하이난으로 내쫓겼고, 그곳에 도착한 이후 성씨를 린林에서 양楊으로 바꾼 다음 베트남으로 도망쳤다. 황허라는 식당 이름은 1965년 개업 당시 지은 것으로, 중국 문명을 잉태한 강을 통해 자신의 뿌리를 기억하고자 하는 뜻을 담았다고 한다. "황허는 중국 문화의 어머니야. 어딜 가든 그 영향으로부터 벗어나지 못하지." 주인장이 무덤덤한 얼굴로 설명을 덧붙였다.

그러나 '어머니 황허'는 그곳 사람들을 편안하게 품어주는 역할을 하지는 못했다. 생계를 위해, 혹은 정치적 문제나 역사로 인해 황허의 자손들은 계속해서 외부로 이동하거나 도망쳐야 했다. 세계지도 상에 붉은 피가 번져나가듯이 그들은 다른 땅으로 이동해 '화교'가 되었다. 그리고 중국 땅을 떠나 안정적으로 정착할 수 있을 줄 알았던 그들은 또다시 다른 곳으로 떠나야 하곤 했다.

주인장의 선조는 그렇게 거듭해서 도망쳐온 호이안에 정착했는데, 그의 세대에 와서 베트남전쟁과 맞닥뜨리게 되었다. 호이안은 남베트남의 통치권 아래 속했기에 당시 주인장은 무조건적으로 미군을 도와야 했다. 하지만 그는 "어느 쪽이 승리를 거둘 것인가? 앞으로 어떻게 될 것인가?"와 같은 물음과 함께 실의에 빠졌다.

　동시에 당시 그의 가족들과 약혼녀는 불안정한 시국에 대한 우려를 안고 안정을 찾아 미국으로 피난을 갔다. 그의 가족들은 그렇게 조상들이 그래왔듯 다시 떠나야 했다. 그의 세대에서 벌어진 이산에 관한 얘기가 나오자 주인장의 말투가 약간 서글퍼지면서 이따금씩 문밖을 쳐다보는 것이 무언가를 회상하고 있는 것 같았다.

　주인장은 베트남에 그대로 남아 있기로 했다. 이미 그곳에 뿌리를 내렸기 때문이다. 그러나 그것은 주인장만의 일방적인 바람이었는지도 모른다. "중국인들은 우릴 베트남인으로 보고, 반대로 베트남인들은 우릴 중국인으로 보지." 주인장은 자신의 베트남 신분증을 꺼내 우리에게 보여줬다. 신분 란에는 '중국인'으로 표기되어 있었다. 그것은 몇 세대가 살아왔든 정착 기간과 무관하게 새겨지는 정체였다. 도망쳐 온 베트남에 깊이 뿌리를 내렸지만 여전히 알맹이는 중국에 두도록 강제당한 것이다. 주인장을 포함해 여전히 뿌리를 간직 중인 화교들의 입장에서는 이솝우화에 나오는 박쥐처럼 자신의 정체성을 스스로 선택하지 못했고 또 타인으로부터 인정을 받지도 못했다. 모순의 선율은 그렇게 황허 혈통과 함께 볼륨을 높이며 울려 퍼졌다.

　이야기를 이어가다 보니 주인장의 목소리가 점점 더 높아졌다. "중일전쟁 때 우리 베트남 화교들이 힘을 얼마나 많이 보탰다고!" 정말 그랬다. 수많은 해외 화교들이 명청시대에 중국을 떠났을지언정 있는 힘을 다해 '조국'을 도왔다. 특히 베트남 화교의 상당수가 뎬웨철도滇越鐵

路를 통해 물자를 전달함으로써 항일전쟁 당시 후방을 지원했다.

이에 일본군은 뎬웨철도를 폭파해 보급을 차단시켰다. 동남아시아 화교들이 후방을 지원하기 위해 힘을 모으자 동남아시아 일대의 일본군은 현지 화교들을 처리하는 데 집중했다. 학살이 늘어났고, 이에 따라 동족 간 갈등도 불거졌다. 그때의 비극은 동남아시아 화교에게 오늘날까지 영향을 미치고 있다. 주인장은 노발대발하면서 이웃 나라에서 일어난 일까지 들먹였다. "크메르루주가 캄보디아를 피로 물들였을 때도 중국은 캄보디아 화교들의 생사엔 신경도 안 썼어."

그해 중국 공산당은 베트콩을 도왔고, 베트콩의 캄보디아 내 기지 설치를 의심한 미국은 캄보디아를 폭격했다. 이로 인해 75만 명의 캄보디아인이 죽었고, 폴 포트 등의 급진주의자가 캄보디아를 통치할 기회를 잡았다. 몇 년 전 미국 매체가 폭로한 바에 따르면, 당시 미국은 비밀리에 크메르루주를 지원했고, 중국 또한 그에 동참했다. 이야기는 베트남이 캄보디아를 '해방'시키고, 친베트남 성향의 훈센(캄보디아 총리)이 집권하는 것으로 끝이 난다.

국제적인 이데올로기 게임과 대결 속에서 항상 가장 큰 피해자는 민간인들이다. 이러한 비극에 종족이 어디 있고, 누가 누구를 돌볼 여유가 또 어디 있을까? 주인장의 분노는 무기력해 보였고, 그래서 더욱 안쓰러웠다. "그들은 너무나도 오랫동안 전쟁 중에 있었어. 도망간다 한들 어디로 도망갈 수 있겠어? 결국에는 아무도 그들을 보호해주지 못하니 그저 계속 도망만 칠 뿐인 거야."

●

"화교들은 동남아시아에서 대개 상업에 종사하고, 정치에 참여하는 경우는 드물어. 특히 베트남에서 그래. 그들은 안정적인 생활만을 추구하지." 베트남 화교인 양위잉楊玉鶯이 말을 이었다. "전란을 피해 도망쳐왔으니 그저 하루하루를 무사히 살아가기만 바라는 거야."

타이완에서 대학원을 다니고 있는 양위잉은 베트남전쟁 이후에 태어난 세대여서 그런지는 몰라도 자신의 고향에 대해 얘기할 때의 표정이나 말투가 라오뤄와는 확연히 달랐다. 그 역시 라오뤄와 마찬가지로 여행을 통해 알게 된 친구인데, 장정은 내게 그를 이렇게 소개했다. "그가 가진 베트남인으로서의 정체성은 확고해. 항상 스스로를 베트남 사람으로 강조하는데, 심지어 어떤 때는 화교라는 배경을 생략하고 넘어갈 정도야."

확실히 중국 문화의 영향을 강조하는 다른 동남아시아 화교들에 비하면 양위잉의 화교에 대한 정체성과 중화 문화권에 대한 태도는 아주 냉랭한 편이었다. 그는 자신의 매력적인 단발머리를 가리키며 말했다. "아마 타이완에 와서 공부하지 않았다면 여전히 다른 베트남 여자아이들처럼 긴 머리를 하고 있었을 거야."

화교 여성이 헤어스타일을 원하는 대로 바꿀 수 있는 데 반해 베트남 여성들은 긴 머리를 일종의 정체성으로 봤다. "베트남 친구들은 하나같이 예뻐. 긴 머리에 얼굴은 갸름하고 피부는 하얗지. 딱 보면 화교와는 다르다는 것을 바로 알 수 있어." 양위잉은 베트남에 있을 때만 해도 긴 머리를 고수했다고 한다. 그들의 일원이 되고 싶었기 때문이다.

양위잉은 3세대 베트남 화교로, 그의 조부와 외조부 세대가 국공내전 시기 베트남으로 피난을 왔다. 부모님은 두 분 모두 베트남에서 태어났다. "한 번은 타이완 유학 중에 본적을 적어야 할 일이 있었는데, 그때 처음으로 내 뿌리가 광둥성 차오양潮陽에 있다는 사실을 알게 됐어." 어렸을 적부터 베트남 징족 친구들과 함께 자란 양위잉은 줄곧 자신의 베트남 국적과 정체성에 대해 확신을 가져왔다. 그는 자신이 머리부터 발끝까지 전부 베트남인이라고 말했다. 마음속 생각부터 하는 행동까지 전부 말이다.

조주어潮州話(중국 광둥성 등지에 쓰는 중국어 방언)밖에 할 줄 모르는 양위잉은 대학교에 진학하면서 중문과를 선택했다. 물론 자신의 뿌리를 되찾기 위해서가 아니라 순전히 취업을 위한 선택이었다. 1990년대 타이완 기업들이 베트남으로 물밀 듯이 들어오면서 일자리가 대거 생겨났다. 그에 따라 화교 상당수가 타이완 기업에 취직을 하면서 '중국어'는 화교 구직자들에게 필수 특기가 되었다.

양위잉네 집안사람들도 거의 대부분 타이완 기업에서 일을 하고 있으며, 그중에서도 그의 언니는 특별히 학력이 높지 않아도 중국어가 유창해 졸업하자마자 일자리를 잡았다. 양위잉은 그런 언니가 무척이나 부러웠다. 타이완으로 유학을 가고 나서 그는 거의 사전을 품에 안다시피 지내왔는데, 그러한 노력을 통해 조금씩 중국어를 터득하고 중국 문화를 이해할 수 있었다. 하지만 또 그렇기 때문에 자신이 어디에서 왔고, 누구이며, 어떤 것이 진정으로 자신의 언어인지 더 명확히 알 수 있었다. "일곱 살 때 동생을 재우기 위해 노래를 불러줬던 게 생각나. 그때 난 베트남 시를 불러줬었지."

그러나 그의 가족들은 양위잉과는 사정이 달랐다. 늘 '도피'해야만 하는 운명 속에서 헤매고 있었기 때문이다. 베트남전쟁 시기 양위잉의 가족들은 자신들이 몸 담고 있는 곳에 미군이 집결한 덕분에 경제적 이득을 얻었다. 플라스틱 공장을 경영하던 외조부가 꽤 큰돈을 번 것이다. 그러나 베트남전쟁이 끝난 다음 베트콩이 정권을 장악하면서 플라스틱 공장은 강제로 국유화되고 외삼촌들도 잡혀가 노동개조를 당했다. 외삼촌 가운데 한 명은 노동개조를 피해 베트남을 떠나 캐나다로 밀입국했다가 타이완으로 갔다. 게다가 국공내전 시기 중국에 남겨진 큰외삼촌까지 있으니, 양위잉의 집안은 내내 정치 문제로 이산가족이 될 수밖에 없었다.

전쟁은 한 집안을 풍비박산 냈고, 나아가 국민들 사이의 관계에도 영향을 미쳤다. 화교들은 상업에 종사하고 대부분 정치 문제에 무관심하며, 다른 종족 집단에 대해 극도로 강한 증오와 편견을 지니고 있다. 양위잉의 어린 시절엔 중국과 베트남의 관계가 좋지 않은 편이었는데, 그 당시 화교들은 맨날 '바타우BATAU(직역하면 '배 세 척'을 의미한다)'라고 욕을 먹었다. 어머니도 항상 베트남인들과 자주 어울리지 말라고 경고했다. "전 세대의 동남아시아 화교들은 현지인들을 멸시했고, '말레이 돼지' 아니면 '베트남 개' 따위로 그들을 부르곤 했지."

●

베트남에서 이런 종족 차별에 대해 논하다 보면 자연스레 올리버 스톤의 〈7월 4일생Born On The Fourth Of July〉이 떠오른다. 극중 톰 크루즈가 분한 주인공 론 코빅의 생일이 바로 7월 4일, 즉 미국의 독립기념일이다. 그래서 그는 항상 자신과 미국의 공생, 국가와의 공영을 생각한다. 말그대로 애국을 위해 태어난 사람이었다.

그는 미국을 위해 이역만리까지 가길 선택했고 그곳에서 참혹하고 허무한 전쟁의 실상을 목도한다. 그리고 부상을 입어 하반신까지 마비된다. 그러면서도 그는 자신을 돌봐주는 의료진에게 우쭐거리며 묻는다. "애국이 뭐가 잘못됐죠?" 그러자 앞에 있는 흑인으로부터 냉담한 대답이 돌아온다. "당신들은 밖에 나가 인권 전쟁을 운운하지만 막상 국내 인권 문제는 돌보지 못해."

영화의 배경은 1960년대, 반전의 목소리가 높아지고 인종 및 성 차별에 관한 인권운동 역시 고양되던 시기였다. 론 코빅을 돌봐주던 의료진은 대놓고 말했다. "베트남전쟁은 백인의 전쟁, 돈 있는 이들의 전쟁이야."

영화는 론 코빅이 반전운동가가 되는 것으로 끝이 난다. 그는 군사력을 아주 먼 곳, 자신들과 무관한 곳까지 뻗쳐놓은 자신의 국가를 목소리 높여 비판한다. 그 전쟁은 단지 가난한 베트남 농민들의 저항에 대응하기 위한 것인가? 그곳의 인민들은 독립을 위해 이미 천 년을 분투했다. 그렇다면 베트남전쟁은 도대체 누구의 전쟁인가?

우리 세대 타이완인들이 보통 그렇듯이 양위잉 또래의 베트남인들도 아마 미국에서 베트남전쟁을 다룬 영화를 봤을 것이다. 존 레논 등이 부르는 미국의 대중음악들도 귀가 닳도록 들었을 것이다. 호찌민 시내를 걷다 보면 서구의 락음악, 미국의 유행과 문화가 그곳에 깊숙이 퍼져 있음을 쉽게 알 수 있다. 〈굿모닝 베트남〉의 해적판 DVD를 사면서 가게 주인으로부터 듣자 하니 그런 종류의 소재를 다룬 음악이나 영상물들이 관광객들에게 가장 인기가 좋다고도 했다.

우리 같은 '타인'의 입장에서 전쟁은 낭만적으로 묘사된 예술 작품 같을지도 모르겠다. 양위잉과 같은 전후 세대들에게는 전쟁 경험담이 그저 전설 정도로 느껴질 수도 있다. 그래서 그들은 미국을 적으로 보는 교과서로 공부하며 희생당한 베트남 영웅들을 기리면서도, 다른 한편으로는 할리우드 영화를 보고 락음악을 듣거나, 아메리칸 드림을 꿈꾸며 더 나은 인생을 좇는다.

'전쟁'이란 어쩌면 전부 타인의 것이다. 그러나 꿈, 희망과 같은 것들은 항상 지금 당장 좇아야 할 것들이다. 그리고 그것은 국경을 뛰어넘는다.

보르네오

마음속에 경계를 간직한
우림 속 옛 전사들

롱하우스 밖 마당은 작열하는 태양으로 반짝였고, 맨발의 여인은 삽을 들고 멍석 위의 후추를 이리저리 뒤적거렸다. 태양에 후추가 고루고루 잘 마르도록 하기 위해서는 그렇게 해야 한다. 여인은 발바닥으로 지그시 후추를 밟았고, 그 검은 주름살이 낀 발로 그것들에게 상냥하게 말을 건넸다.

말레이시아는 매년 2만 8,000톤의 후추를 생산하며, 그중 9할이 사라왁Sarawak(보르네오섬에 있는 말레이시아의 주)에서 나온다. 과거 '향신료의 왕'으로서의 매력은 많은 식민지 개척자와 상선들이 이곳으로 와서 교역하도록 유인했고 보르네오인들을 땀 흘려 일하게 만들었다.

라장강 중류에 있는 이반Iban족은 그러한 보르네오인을 구성하는 종족 가운데 하나다. 그들이 거주하는 롱하우스 앞에는 후추가 널려 있고 고무도 말려지고 있다. 이반족은 사라왁의 원주민으로, 강가를 따라 살고 있다. 그들의 영역은 인도네시아 칼리만탄Kalimantan 경계에까지 이른다. 사라왁은 '코뿔새의 땅'으로 불리고, 이반족도 코뿔새를 신의 사자로 본다. 축제에서 이반 전사들이 추는 화려하면서도 과장된 춤은 바로 그러한 코뿔새의 동작을 모방한 것이다.

북부에서 아직 봄의 꼬리를 붙잡고 있을 무렵, 이곳 남부에서는 풍년을 경축하고 사방으로 흩어져 있던 동족들이 속속히 고향으로 돌아온다. 그들은 롱하우스의 복도에 앉아 춤추고 노래하며, 거나하게 먹고 마신다. 평소 노인의 품에 아이가 조용히 안겨 있는 모습만 보였던 복도는 그 며칠 동안만큼은 찬란하게 빛나고 온종일 벅적거린다.

나의 사라와 친구 아차이阿財는 고향의 축제를 함께 즐기기 위해 우리 타이완 친구 몇 사람을 초대해줬다. 그래서 2010년 5월, 나는 오랫동안 환상을 품어온 그 열대 우림으로 떠났다. 코뿔새가 날개를 펴고 날아가는 모습을 직접 볼 수 있길 고대하면서 말이다.

그런데 코뿔새 대신 내가 본 것은 건강미 넘치는 이반족 청년 곽Kwok이 추는 코뿔새춤이었다. 그는 곱고 아름다운 깃털에 은색 장신구로 꾸민 채 나이를 백 세 가까이 먹은 족장을 따라 코뿔새 스텝을 선보였다. 리듬에 맞춰 목재 바닥에서는 탁탁 소리가 났고 무용수가 내는 코뿔새 울음소리가 곁들여졌다. 누가 봐도 전쟁에 나가기 전에 사기를 북돋는 춤이었다.

곽은 말레이시아의 전문 무용수다. 쿠알라룸푸르에 있던 그는 이번에 특별히 고향으로 돌아와 설을 쇠고 있던 참이었다. 우리가 즐거워하는 모습을 본 그는 세 차례나 타이완에 와서 타이완 원주민들과 함께 춤을 춘 적이 있다고 하며 이렇게 말했다. "그것은 우리의 문화가 내게 준 기회였어."

나는 무용수 앞쪽 땅바닥에 자리를 깔고 앉아 함께한 사람들과 음료와 간식거리를 즐겼는데, 축제 음식이 '중국풍'의 4색 쟁반에 담겨 있는 모습에 눈길이 갔다. 이반족의 주방에 들러보니 우리에게 익숙한 항아리도 진열되어 있었고, 집안을 둘러보니 중국어 달력과 중국식 장식품도 걸려 있었다. 장식품 사이에 코뿔새 깃털 몇 개가 꺼 있었기에 망정이지, 그렇지 않았다면 내가 도대체 어디에 와 있는 건지 헷갈릴 뻔했다.

심지어는 집안을 뛰어다니는 이반족 꼬마도 중국어 몇 마디로 나와 대화를 할 수 있었다. "중국어를 할 줄 알면 유리하거든. 화교는 사업 수완이 정말 좋아. 그들에게 배워서 나쁠 게 없지." 우리를 데리고 롱하우스 방들을 하나하나 보여준 화교 친구 양푸성楊福生은 아버지가 1920년대 조부를 따라 중국 푸젠에서 사라왁으로 왔다고 했다.

사라왁 현지에서 태어나 원주민과 한데 어우러져 자랐기에 양푸성은 그들과의 관계가 매우 좋았다. 밀림 속 이반족의 장로를 양아버지로 삼았을 정도다. 그러한 관계가 있기에 그 마을을 제집 드나들듯이 자유롭게 출입할 수 있었다. 그렇지 않았다면 우리도 그 이반족의 우림 마을을 쉽게 들어가 구경하지는 못했을 것이다.

양푸성과 원주민의 관계는 사라왁 원주민과 화교 사이에 의형제나 혼인 관계를 맺음으로써 서로를 연결 지은 것과 같다. 우리 앞을 뛰어다니던 그 큰 눈을 가진 꼬마도 원주민과 화교 간의 혼인을 통해 태어난 후손이다. "말레이시아인들과의 관계가 빠듯한 것에 비하면 우리와 이반족의 관계는 아주 좋은 편이야."

●

일찍이 화교는 위진 남북조시대 때부터 보르네오와 접촉이 있었고, 아직도 사라왁에는 송 시대의 도자기 유적이 존재한다. 과거 정화鄭和가

대규모의 상선과 함대를 이끌고 서쪽 바다로 갔을 때, 두 차례에 걸쳐 보르네오의 포니Po-ni(브루나이 일대에 존재했던 고대 왕국), 즉 오늘날 브루나이Brunei에 닿았다. 정화를 따라 남쪽의 보르네오로 내려온 선원들 가운데 일부는 그대로 남아 보르네오 화교 이주사의 시작점이 되었다. 그와 같은 화교들은 대개 보르네오 남쪽, 즉 오늘날의 칼리만탄에 남아 있다.

보르네오의 서부 지역 역시 화교들이 개척했다. 18세기 무렵 광둥 객가인이 이곳에 최초로 화교가 만든 공화국을 세웠다. 이름하여 랑팡공화국Lan Fang Republic이다. 하지만 라장강 연안은 20세기가 되어서야 수천 명의 푸저우福州인들이 와서 개간한다.

19세기, 영국 식민주의자는 보르네오의 자원을 수탈하기 위해 중국인 노동자들을 대거 끌어들였다. 그와 같은 대규모 이주에 식민주의자의 분할 통치에 따른 차별정책까지 더해지면서 종족 갈등이 생겨났고, 그 갈등은 계속해서 이어진다.

사라왁 역사 속에는 그러한 종족 갈등과 관련된 이야기가 하나 있다. 과거 금광을 채굴하던 사라왁의 중국인 노동자들이 고역살이에 불만을 품고 들고 일어났다. 그들은 쿠칭Kucing(말레이시아 사라왁 주의 주도)에 위치한 정부 청사를 공격하고 정부 관리의 거처와 상점을 불태웠다. 그로 인해 일부 영국 관리가 목숨을 잃기까지 했다.

영국 식민주의자들은 이러한 문제제기를 종족 갈등을 부추기는 방식으로 해결하려 했다. 이번에도 마찬가지로 영국 식민주의자들은 말레이족과 사라왁 원주민들을 대규모로 끌어 모아 중국인 노동자에게 반격을 가함으로써 불만과 반항을 저지시켰다. 결국 중국인 노동자들은 패배해 달아난다.

그러나 열세였던 중국인 노동자들은 그들 고유의 실리를 추구하는 정신과 지혜를 발휘해 길을 찾았다. 경제적 우위를 가진 다음에 원주민들에게 반격을 가한 것이다. 말레이시아 화교 출신 작가 장구이싱張貴興은《원숭이 잔猴杯》에서 사라왁으로 이주해온 화교 가정이 어떻게 자신들의 지위를 바꿨고, 원주민들의 토지를 점거하고 착취했으며, 그 결과 화교와 원주민들이 몇 대에 걸쳐 도돌이표와 같은 보복 살인 속에서 살아갔는지를 자세하게 그리고 있다.

하지만 시간의 흐름에 따라 원했든 원하지 않았든지 간에 이주자는 서서히 현지 원주민과 혼인 관계를 맺고 본토 문화를 받아들이게 되었다. 라장강을 개척한 푸저우인, 우림으로 숨어들어간 무장 유격대 모두 이 땅에 뿌리를 내리고 진정한 보르네오인이 된 것이다.

●

우리는 이반족 마을에서 나와 라장강을 따라 아래쪽으로 걸었다. 사라왁주의 주도 쿠칭으로 돌아가던 도중 잠시 휴식을 취했는데, 그때 양푸성이 비둘기 조각상을 가리키며 말했다. "저기가 말레이시아 정부와 사라왁 공산당이 평화 회담을 한 곳이야."

나는 이곳에서 그런 역사적인 장소에 올 수 있을 것이라곤 생각하지 못했다. 비록 그 당시의 역사에 대한 이해는 깊지 않았지만, 마치 알기라도 하듯 탄성을 지르며 놀랍다는 반응을 보였다. 그런데 내가 탄성을 미처 다 삼키기도 전에 양푸성이 자신이 살아온 반백 년의 세월을 계속해서 이어나갔다. 알고 보니 그의 부친은 과거 말레이시아 공산당에 입당했었다.

"사실 아주 많은 사라왁 화교들이 공산당에 입당했었어. 우리 장모님도 마찬가지고 말이야." 양푸성의 말에 따르면 그의 장모는 공산당에 들어갔다가 붙잡히는 바람에 아내가 어렸을 적부터 장모를 대신해 집안을 돌봐야 했다. 많은 화교 가정들이 이와 비슷한 일들을 겪었기에 특별히 말하지 못할 이유도 없었다.

일본의 남침이 시작되면서 사라왁 화교는 무장부대를 조직해 일본에 맞섰다. 그리고 일본의 패망 이후에도 유격대를 해산하지 않고, 계속해서 식민 세력 타도를 시도했다. 나아가 인도네시아, 말레이시아와는 별도로 독립된 공산 정권을 보르네오에 세우길 원했다.

그들은 중국 공산당과의 연계를 통해 베이징으로부터 직접 지시를 받았고, 중국 공산당 역시 사람을 보내 그들을 교육하고 공산주의 이념을 주입시켰다. 그 당시 많은 중고생들이 스승을 따라 우림으로 들어갔으나 살아나온 이는 드물었다. 우리에게 코뿔새춤을 선보인 신비의 우림 역시 공산당 유격대가 손에 총기를 들고 오랜 기간 일상을 살아갔던 곳이다.

코민테른Communist International의 사상 아래 공산당은 결코 민족주의를 주창하지 않았다. 그럼에도 불구하고 붉은 혁명을 뿌리 뽑으려 애쓴 동남아시아 각국 정권들 가운데 대다수는 화교들이 중국과 정보를 주고받는 것으로 보고 예의 주시했다. 오늘날 대부분의 역사 서술 또한 여전히 동남아시아 공산당을 화교와 동격으로 바라보고 있다. 《원숭이 잔》에서 장구이싱은 이렇게 이야기한다.

"산록 아래로는 라장강으로 흘러 들어가는 한허漢河가 있다. … 백 미터 가량의 산허리에는 광대한 핑린坪林이 있고, 열대우림으로 가득하다. 강가에서 우러러보거나 굽어보면 핑린은 광대하지만 눈에 잘 띄지 않는다. 그런데 밀림의 나뭇잎 더미 아래로 저 유명한 양쯔강揚子江 지휘본부가 숨어 있다. … 핑린, 그곳에는 두 개의 깃대가 우뚝 솟아 있고 그 기둥 위에는 중화인민공화국의 오성기와 양쯔강 부대의 붉은 바탕에 검은 용이 그려진 커다란 깃발이 휘날리고 있다."

●

벽에 기댄 채 담배를 피우고 있던 이반족 어르신은 시끌벅적하게 웃고 떠드는 아이들을 무덤덤한 눈빛으로 바라보고 있었다. 훌쭉하게 야윈 그의 몸은 살벌한 문신들로 뒤덮여 있었다. 나는 궁금증을 참지 못하고 그의 목을 가리키며 물었다. "아프지 않으세요?" 문신은 그의 목에까지 새겨져 있었다.

"아프긴 무슨, 안 아파." 좀처럼 보기 드문 청자를 만나자 어르신의 얼굴에 생기가 도는 것 같았다. 그에게 문신은 훈장이었다. 여든 살이 넘는 그곳 노인들은 전부 몸에 문신을 지니고 있었는데, 내가 봤던 백 살에 가까운 족장에게는 문신이 그의 주름만큼이나 많아 과거의 위용을 뽐내고 있었다.

그들은 새까맣게 새긴 문신일수록 좋은 것으로 쳤다. 검은 문신이 사후의 길을 밝혀준다고 보기 때문이다. 그들은 문신이 검을수록 왕생하는 이의 세상이 밝다고 봤다. 그리고 이반족의 문신은 역사와 사연을 담아내고 있기도 했다. 여권처럼 다른 이에게 문신 주인이 가본 곳을 알려주고, 또 증서처럼 주인이 과거에 했던 일을 증명해줬다.

"연세가 어떻게 되세요?" 이어서 어르신께 물었다. "일본인들이 왔을 때 내 나이는 열한 살에 불과했어." 무슨 이유에서인지 몰라도, 내가 노인들에게 나이를 물을 때면 그들은 한결 같이 일본군이 왔던 시기를 기준으로 셈을 했다. 그들에게 있어 인생의 중대 사건이란 멧돼지나 사람의 머리를 사냥하는 창칼을 손에 쥐고 밀림의 침입자에 대항하는 것이었다. "이를테면 일본군에 맞섰던 일처럼 말이다. 나는 일본인을 죽였어. 그래서 이게 있는 거지." 어르신은 자신의 등에 새겨진 문신을 가리키며 말했다. "그때가 열한 살이었어."

그런데 노인의 몸에 있는 문신을 바라보고 있다가 문득 싸한 느낌이 들었다. 그가 죽였다는 '일본인'이란 혹시 타이완에서 온 사람들이 아니었을까?

●

1941년부터 1945년 사이, 일본은 태평양전쟁을 일으키고 동남아시아의 풍부한 자원을 수탈한다. 타이완은 바로 그들의 남진에 있어서 발판이 되었다. 당시 일본 식민지 정부는 21만여 명의 타이완인들을 징발해 동남아시아 일대로 파견했다. 그 결과 삼만여 명의 타이완 젊은이들이 타지에서 목숨을 잃었다.

리챠오李喬는 《한야삼부곡寒夜三部曲》의 마지막 부분에서 그 당시 남양 전쟁터에 놓인 객가 청년의 처절한 몸부림을 크게 다루고 있다. 보르네오 출신인 말레이시아 화교 작가 리융핑李永平도 《망향望鄕》에서 길거리를 거닐며 〈망춘풍望春風〉(일제시대 당시 타이완 유행가)과 〈우야화雨夜花〉(타이완의 옛 유행가)를 부른 '일본 병사'에 대해 이야기하기도 했다.

"북보르네오에 화교가 많기 때문에 일본군은 피는 물보다 진하다는 민족 정서를 두려워했다. 따라서 군부는 타이완 국적 감시관의 이름을 일본식으로 개명함으로써 화교가 그들의 처지를 아는 등 군사 정보가 새어나가는 사태를 방지하고자 했다."

문학사 작업자인 리잔핑李展平은 커징싱柯景星 등과 같은 타이완 국적 일본군의 구술 기록을 빌려 연합군 포로 감시를 맡은 타이완인의 심경을 돌이켜본 바 있다. 커징싱의 전우인 저우칭펑周慶豐은 인터뷰에서 이렇게 회고했다.

"그들은 남십자성이 빛나는 야자수 하늘 아래서 〈강가춘몽河邊春夢〉 등과 같이 타이완 민요를 각색한 일본 군가를 부르며 고향을 그렸습니다. 전쟁 포로들과 오랜 시간을 함께 지냈고, 똑같이 생과 사를 오가는 처지에 있었기에 그들 자신도 모르는 사이에 공감하는 마음이 생겼지요. 참혹한 살육 속에서 '덴노天皇를 위해 싸운다'는 신념도 서서히 희미해져갔고 죄책감이 그림자처럼 따라다녔습니다."

21만여 명의 타이완 국적 일본군 가운데 2만여 명은 타이완 원주민으로, 그들은 가오사 의용군高砂義勇軍(가오사는 타이완의 별칭)으로 불리기도 했다. 청 왕조는 타이완을 통치할 때 타이완인들을 화외지민化外之民(교화가 미치지 못하는 곳의 백성)으로 봤고, 일제는 원주민들을 강제로 길들이며 덴노를 위해 싸우도록 만들었다.

인류학자 차이정량蔡政良은 한 아미족(타이완의 원주민) 할아버지의 기억을 따라 남양의 전쟁터를 찾아갔던 경험을 바탕으로 《두란에서 뉴기니 섬까지從都蘭到新幾內亞》를 집필했다. "오늘 밤 우리는 일본제국 최남단 전선으로 나아가 전투에 힘을 보탤 것이다. 바다의 사나이라면 마땅히 그 전쟁터에 나가야 하며, 우리는 덴노를 위해 싸우고 일본 황군을 도와 대동아전쟁에서 승리를 쟁취한다!" 아미족 할아버지의 대장은 이렇게 외쳤고, 사람들은 〈타이완군의 노래台灣軍之歌〉를 부르기 시작했다고 한다.

저 먼 태평양 하늘, 빛을 내뿜는 남십자성이여.
쿠로시오해류의 물결이 야자수 섬에 흩뿌려지고, 성난 파도를 헤치며 적도를 통과하네.
남쪽을 지키는 건 우리 타이완군이라네. 아, 규율이 엄격하고 공정한 타이완군.

이반족 어르신이 처치했다는 그 '일본군'이 정말 타이완인인지 아닌지 알 길은 없지만, 나는 황당한 줄거리 하나를 상상해봤다. 가령 두 섬의 원주민들은 이곳에서 서로를 죽였고, 서로의 몸에 있는 문신을 보지 못했으며, 사람의 머리를 베는 창칼에 대해서도 알지 못했다. 다만 그들이 아는 것은 단 하나, 무기를 들고 적 하나를 죽이기만 하면 몸에 흔적을 새길 수 있다는 것이었다.

수많은 타이완인들이 이곳에서 목숨을 잃었다. 어떤 이들은 전쟁에서 살아남아 그대로 이곳에서 숨죽인 채 지내다가 조용히 생을 마감했다. 하지만 그들은 전부 연기처럼 쓸쓸히 사라진 과거가 되었다. 어떤 이들이 그 역사를 열심히 글로 썼지만 그것은 전부 후대가 애써 해석해낸 것으로, 살아서 증언한 이는 극히 드물기에 정정한 이반족 어르신이 자신의 이야기를 들려주는 것만 못했다.

그러나 어르신의 말씀도 내 마음속의 호기심을 완전히 충족시켜주진 못했다. 나는 묻고 싶었다. "혹시 적군 중에 똑같이 몸에 문신을 새긴 사람 못 보셨어요?" 그런데 입 밖으로 말을 꺼내기도 전에 당시 일제에 의해 문신이 이미 금지되었다는 사실이 떠올랐다. 금지한 이유는 그러한 풍습이 '야만'이기 때문이었다.

일제에게 황민화皇民化란 곧 야만을 제거하는 것이었다. 이에 따라 신체, 문화적 '야만'이 금지되고 탄압받았다. 그러나 전쟁과 살육은 일제가 규정한 야만에 포함되지 않았다. '야만'적인 그들의 신체와 문화가 벗겨진 타이완 원주민들은 충성을 보여줌과 동시에 문명의 척도를 증명해 보이기 위해 '비야만적인' 전쟁터로 나갔다. 그렇게 그들은 '야만적인' 남양의 원주민들에게 대항하고, 문명적이지 못한 남쪽 사람들을 수탈했다.

●

"우리 집 일꾼이 저기서 넘어왔어." 차에 우리를 태우고 이반족 마을을 돌아다니던 사라왁 친구 차이위성蔡裕勝이 저 멀리 산을 가리키며 말했다. 보르네오 내 국경이자, 말레이시아와 인도네시아 간 갈등의 전선이었다. 산의 다른 한 편은 칼리만탄으로 인도네시아 영토에 속했다. 쿠칭 부근에 목장을 가지고 있는 차이위성은 이전에 인도네시아 인부를 따라 고향으로 돌아갔다가 그곳이 '문화를 상실한' 척박한 땅임을 직감했다.

세계에서 세 번째로 큰 섬인 보르네오는 네 등분되어 세 개 국가로 나뉘어져 있다. 남쪽의 큰 조각이 인도네시아의 칼리만탄주고, 북쪽으로는 말레이시아에 속하는 사라왁과 사바주Sabah가 바싹 붙어 있다.

그리고 그 사이에 조그맣게 브루나이가 껴 있다.

케이크를 잘라놓은 것 같은 그 인위적인 접선은 식민주의자들의 칼로 그어진 것이다. 17세기 당시 네덜란드인들은 이미 보르네오 남부에 들어와 있었는데, 칼리만탄이라 불린 그곳을 공식적으로 식민지배하기 시작한 때는 19세기에 이르러서였다. 그와 동시에 영국이 북보르네오에 대한 통치권을 취득했다.

하나의 섬에 육중한 몸을 비집고 들어간 두 유럽 열강이 사납게 맞서면서 갈등은 끊이지 않았다. 그리하여 1891년 경계를 획정하기로 협의하고, 보르네오 북동 해안과 북위 4도10분선의 접경을 주요 기준점으로 삼는다. 과거 이익 분배를 위해 그었던 세력 경계선이 오늘날 보르네오 내 말레이시아-인도네시아 양국의 국경선이 된 것이다. 이 경계선은 말레이시아 독립 당시 인도네시아와 교전을 벌인 '말레이시아-인도네시아 전선'이 되기도 했다.

제2차 세계대전이 막 종결된 당시 인도네시아는 서둘러 독립을 선언했다. 쑨원이 주도하는 민족 혁명의 영향을 받은 수카르노는 일본의 지원을 받으며 독립을 이끌었다. 그는 온 마음으로 '위대한 인도네시아'의 구축을 꿈꿨고, 남태평양 군도와 말레이반도의 말레이족을 서구 식민 세력으로부터 함께 벗어나게 하고, 자신의 국가를 세우고자 했다.

하지만 아시아 내 공산세력의 확산을 막기 위해 영국은 말레이시아의 독립과 건국을 지지함으로써 그것을 말레이반도 및 보르네오 공산세력의 소멸과 맞바꾼다. 이에 좌경화된 수카르노는 서구 강권이 이

지역의 목구멍까지 잡아 비트는 것에 대해 불만을 가졌고, 말레이시아가 영국의 꼭두각시인지 따져 물으며 전쟁까지 불사한다. 당시 충돌에서 주요 전투 구역이 바로 보르네오였다. 칼리만탄과 사라왁, 사바의 경계에서는 전쟁의 불길이 끊이지 않았다.

●

이반족 마을을 벗어나자 차이위성은 어느 단출한 잡화점들이 늘어서 있는 곳 앞쪽으로 차를 세웠다. 그러고선 사람들에게 다리를 펴고 조금 쉬도록 했다. 그때 방금 막 그가 손으로 가리켰던 산기슭의 전선이 눈앞에 가까이 보였다. 우리는 그곳에 서서 포탄이 쏟아지고 총알이 빗발치는 상황에서 유격대가 산과 산 사이를 넘나들며 서로 치고받는 모습을 가만하게 상상해봤다. 그런데 적군에 속했던 인도네시아인들은 오늘날 산을 넘어오는 막노동자나 품팔이꾼이 되었다. 또 어떤 이들은 생활용품을 사기 위해 국경을 넘어온다. 우리가 서 있는 이 단출한 잡화점들이 바로 국경을 넘어오는 이들의 목적지다. 말레이시아인이 운영하는 보통의 상점들에 비해 이곳에서 파는 물건들이 보다 더 저렴하고 쓰기 편하기 때문이다. 그리고 상점과 상품에는 모두 말레이어와 큰 차이가 없는 인도네시아어가 쓰여 있다.

말레이시아와 인도네시아의 공식어는 둘 다 말레이어에 속한다. 이 역시 수카르노가 말레이시아의 개별 독립에 불만을 가진 이유였다. 그에게 있어 그들은 당연히 하나의 대민족 국가여야 했다. 한편 그 전쟁

속에서 화교는 그들만의 입장과 태도를 가지고 있었고, 그들이 치러야 하는 전쟁도 있었다.

차이위성의 차에는 우리 몇몇 타이완인들 뿐만 아니라 돼지 한 마리가 올라타 있었다. 그는 돼지를 원주민의 산돼지와 맞바꿔 교미시킬 작정이었다. 차가 한참이나 흔들려 돼지는 우리 안에서 거의 쓰러질 듯이 비틀거렸고 입에 거품까지 물었다. 나는 목적지에 도착하기도 전에 돼지가 죽을까 봐 걱정됐다. 차를 완전히 멈춰 세운 다음 차이위성은 돼지를 살펴봤다. "큰일날 뻔했어. 그래도 돼지가 아직 당산으로 돌아가진 않았어."

당산이라는 두 글자를 들은 나는 멍하니 차이위성을 쳐다보다가 키득거리며 웃었다. "당산이라뇨?" 어렸을 적 본 영화 〈당산 너머 타이완 唐山過台灣〉을 제외하면 나는 그동안 누군가가 '당산'이라는 단어를 입 밖으로 꺼내는 것을 거의 보지 못했었다. '중국'을 그 단어로 대신 부르는 환유법을 쓰는 경우도 본 적이 극히 드물었다. 내게 있어서 그 단어는 고대 옥편 속에나 들어 있는 먼지투성이의 글자와 같아, 그것을 꺼내려면 먼지부터 털어내야 할 것만 같았다.

그런데 오히려 동남아시아 화교들은 그 단어를 자주 언급했다. 그때 쓰이는 의미는 보통 '중국'이 아니라 '사후에 귀속되는 곳'이라는 뜻이었다. 어쩌면 과거 이민자들이 이곳에 뿌리를 내리면 다시는 이번 생에 돌아가지 못할 것을 알고, 생명이 끝나야만 그나마 영혼이 조상들의 고향으로 돌아갈지도 모른다는 생각으로 오늘날까지 그 단어를 쓰다 보니 관습으로 굳어졌을지도 모르겠다. 말에는 우리가 이해하기 힘든 어떤 민족 정서가 녹아 있기도 하다.

●

"아이들은 이미 고향 말을 할 줄 몰라." 차에 올라탄 뒤 차이위성이 핸들을 붙잡다가 갑자기 이 말을 꺼냈다. 그의 말속에 약간의 아쉬움이 섞여 있었다. 차이위성은 푸젠 객가인으로, 그의 선조는 청 말기 정세가 어지럽던 시절 온 집안사람들을 이끌고 싱가포르로 도망쳤다가 나중에 다시 북쪽으로 올라와 사라왁에 정착했다. 차이위성이 말하는 고향 말은 중국어가 아닌 객가어를 가리켰다. "인도네시아에 가봤으면 알아차렸겠지만 그곳엔 이미 아무것도 없어." 그의 눈엔 보르네오의 다른 한쪽인 칼리만탄은 낙후되고 빈곤할 뿐만 아니라 문화 수준도 낮아 보였다. "인도네시아 화교는 현지 원주민에게 전해준 약초와 모피를 빼고는 자신의 전통과 언어 따위는 애저녁에 전부 잃어버렸지."

차이위성의 설명에 따르면, 고향 말을 잃게 만든 것은 화교 사회였다. 1970년대 종족 갈등이라는 어두운 그림자 아래, 말레이시아 정부는 '신경제정책'을 제정했다. 그 정책은 겉으론 부의 평등을 명분으로 삼았지만, 실상은 상대적으로 우세한 화교의 경제적 지위를 억압하고자 마련된 것이었다. 이에 평소 각 본적별로 후이서會社(옛날 중국의 정치 학술 단체)를 가지고 있던 화교 사회는 문호를 허물고 단결하기로 한다. 그렇게 함으로써 정치 문화적으로 우위를 점한 말레이 종족에 대항하고자 한 것이다.

 그 단결의 첫걸음은 언어부터 통일하는 것이었다. 즉, 남북의 방언이 뒤섞임으로써 만들어진 장벽을 극복하기 위해 일단 언어를 통일해야 했고, 따라서 중국어 교육이 중요해졌다. 아이들은 학교에서 중국어를 사용했고, 어른들도 마찬가지였다. 광둥, 푸젠, 하이난 등 어디에서 왔든지 간에 이제 모두 '같은 화교'였다. 타이완에서 '국어 운동'을 시행했던 것처럼 점차 모어와 방언은 젊은 세대의 입에 오르내리지 않게 되었다.

 "어쩌겠어. 저마다 각자 자신의 고향 말을 사용하면 장벽과 갈등은 계속 존재할 수밖에 없는 걸." 차이위성의 말에 따르면 말레이시아에서 화교는 본래 고향 말과 향우회를 통해 '선조의 고향'에 대한 정체성을 지켜나갔다. 그리고 그들이 받아들이는 정체성은 멀고 먼 '중국'이 아닌 익숙한 방언을 사용하는 '고향'에 있었다.

 하지만 언어의 통일은 말과 본적을 중심으로 한 정체성까지 흔들리게 될 수 있다는 것을 의미했다. 중화라는 정체성이 산과 바다로 분리된 종족·지리적 정체성을 대체한 것이다. 신분증에 올라간 '화교'라는 신분 또한 푸저우인 혹은 차오저우潮洲인보다 더 명확하게 대상을 구분할 수 있는 특성을 가졌다.

 조국의 문화를 잊지 않기 위해 화교는 그들만의 학교를 세웠다. 그 학교를 독립중학獨立中學(줄여서 독중獨中)이라 부른다. 그런데 독중은 민간이 직접 경영하는 사립학교에 속해 말레이시아 정부는 학력으로 인정해주지 않는다. 그럼에도 불구하고 대다수 화교 집안의 가장들은 자신의 아이들을 학비가 높은 독립중학으로 보낸다. 그만큼의 값어치가 있다고 생각하기 때문이다. 차이위성의 네 자녀 역시 모두 그 학교를 다니고 있었다.

그의 집에 초대받아 갔을 때, 성격이 활달한 셋째가 체육대회 모금 용지를 우리에게 내밀며 '실적'을 올려달라고 청해왔다. 그래서 링깃 몇 닢을 쥐어주자 첫째와 둘째까지 덩달아 용지를 들이밀었다. 알고 보니 모금은 전교 범위에서 이루어지는 활동이었다. 차이위성도 웃어 보이며 모금 신청서를 냈다. "학교 동문, 타이완 유학생 동창회를 대표해, 그리고 가장으로서 내게도 모금 신청서 다섯 장이 있지."

체육대회 개최는 명분에 불과하고 실상은 학교 재정을 마련하고자 모금을 하는 것이었다. 학생들의 학비만으로 학교를 운영하기란 불가능한 일이었기에 학교는 반드시 화교 사회를 대상으로 지원을 받아야만 했다. 학생에게도 모금과 관련해 일정한 임무가 부과됐다. 그것은 지속적으로 중국어를 배우기 위해 필요한 대가이자 비용이었다. 그와 같은 희생은 곧 화교와 말레이족 사이에 존재하는 고정불변의 종족 경계를 유지하기 위한 것이기도 했다. "우린 절대로 동화돼서는 안 돼!"

●

나는 보르네오에서 수많은 물음을 안고 타이완으로 돌아왔다. 타이완 대학 사회학 석사과정에 재학 중인 천민제陳民傑가 나의 고민 상담 상대가 되어줬다. 서말레이시아에서 태어난 그는 동말레이시아(보르네오)에 대해서는 그다지 잘 알지 못했다. 그래도 내가 일본인을 죽인 원주민 어르신과 보르네오 공산당에 관한 얘기를 꺼내자 그는 자기 집안의 이야기를 들려줌으로써 어느 정도 내 말에 호응해줬다. "일본의 침략과 공산당을 잡아들인 일을 둘러싼 비극은 비단 보르네오에서만 일어난 게 아냐."

그의 조부는 1920년대 광둥 차오저우에서 싱가포르로 왔고, 거기서 다시 북상해 말레이시아의 슬랑오르주Selangor에 이르렀다. 그리고 차오저우 향우회의 도움을 받아 그곳에 정착해나갔다. 하지만 중국에서 일어난 전란을 피해 말레이반도로 도망온 이들 가족은 도리어 타향에서 또다시 일본인, 전쟁과 마주하게 된다.

고향 어른들이 보는 일본인은 극악무도한 존재였다. 그들이 휩쓸고 지나가기만 하면 집안의 온갖 물건들이 처참히 부서졌고, 키우고 있는 동물들도 사라졌다. "한 번은 일본군이 마을에 왔다는 소식을 듣고 마을 사람들이 황급히 몸을 숨겼어. 그런데 당시 어렸던 큰고모만 미처 숨지 못하고 마을에 남았지." 그런데 일본군은 고모를 능욕하지 않았을 뿐만 아니라 오히려 배고프지 않은지 상냥하게 물은 다음 음식까지 가져다줬다. "그래서 큰고모는 일본인도 나쁜 사람들은 아니라고 늘 말씀하곤 하시지."

이들 가족이 말레이반도에 도착했을 무렵 영국인들이 떠나자 일본인들이 왔다. 그리고 일본군이 가자 다시 영국인들이 왔다. 이어서 말레이시아는 독립하기에 이른다. 슬랑오르주는 본래 정치 경제와는 거리가 먼 곳이었고, 마을 사람들에게 있어서는 일본인이나 영국인이나 별반 다를 게 없었다. 말레이시아 독립 당시에도 그들은 별일 아니라는 듯이 그저 국기를 들고 흔들 뿐이었다.

하지만 천민졔의 부모님은 달랐다. 그들은 젊은 시절 정치에 대한 이상을 품고 있었다. 그래서 노동당 좌파 조직을 위해 헌신했고, 냉전 시기 당국으로부터 탄압을 받는 바람에 수시로 감옥을 들락거려야 했다. 천민졔가 태어났던 때에도 아버지는 옥중에 있었다. 그때부터 천 씨 집안 어른들은 다른 말레이시아 화교들과 마찬가지로 정치에 관심을 두지도, 입에 올리지도 않았다.

●

그러나 말레이시아 화교가 정치에 무관심했다기보다는 말레이족이 주도하는 정치에 화교의 참여가 불허되었다고 보는 편이 옳다. 말레이 종족의 정치적 우위는 영국의 식민지배 시기 무렵 시작되었는데 말레이시아 정부는 독립 이후 그전과 똑같이 말레이족의 정치 문화적 위계를 보호하고 그에 대한 도전을 용납하지 않았다. 그리고 1969년 5월 13일, 반대세력이 과반수의 득표율을 얻으면서 처음으로 연맹 정부를 넘어선다.

이에 반대당은 기뻐서 날뛰며 길거리에서 경축 퍼레이드를 벌였는데, 몇몇 급진적인 말레이족의 반대 시위와 맞닥뜨리면서 격렬한 다툼

이 벌어졌고 결국 유혈 충돌이 빚어지기에 이른다. 이러한 충돌이 말레이시아 전역에 산발적으로 퍼졌다. 역사에서 '5·13 사건'이라고 부르는 갈등이다.

이와 같은 종족 갈등에 관한 기억은 말레이시아인들에게 침묵의 그늘을 남겼다. 충돌을 겪은 말레이시아인들은 그 후로도 계속해서 가슴을 졸였고, 자칫했다가 또다시 충돌에 휩싸일까봐 몹시 두려워한다.

"우리 어머니는 매우 불안해하셨어. 조금만 불안한 낌새가 있어도 그때마다 또 충돌이 벌어지는 건 아닌지, 비상식량을 사둬야 하는 건 아닌지 묻곤 하셨지. 그것들이 전부 5·13 사건이 남긴 그늘이야." 천민졔의 설명에 따르면 그후 2008년 대선에서 야당이 승리를 거뒀는데 사람들의 얼굴에선 웃음기를 찾아보기가 힘들었고, 어느 누구도 함부로 그것을 경축하지 못했다고 한다. 5월 13일이 재현될까봐 두려웠기 때문이다.

타이완에서도 2·28 사건 당시 종족 갈등으로 인한 증오가 남은 것처럼 말레이시아 당국과 언론도 오늘날까지 여전히 해당 사건에 대해 어떠한 설명이나 보고도 내놓지 않고 있다. 그에 따라 결국 5·13 사건은 그저 입으로만 전해지는 비밀처럼 되어버렸다. 하지만 말레이시아 화교들의 마음속에는 그것이 선명히 남아 있다.

●

풀라우피낭주에서 태어난 량유쉬안梁友瑄과도 5·13 사건에 관해 이야기를 나눈 적이 있었다. 그는 타이완에서 공부하던 시절 '타이완 백색 테러 시기' 관련 기록을 찾는 일을 도운 적이 있었다. 그런데 조사 과정에서 고향에서 일어났던 정치사가 수시로 떠올랐다고 한다. 그래서 그는 타이완에서 하듯이 민간의 기억을 추적 및 기록하고 싶은 마음에 카메라의 렌즈를 자신의 어머니에게 돌렸다. 그로써 자기 나라의 '말할 수 없는 비밀'을 돌이켜 반성하고 차분히 바라보고 싶었다.

카메라 앞에 선 량유쉬안의 어머니는 그날 밤 집 밖에 있었던 본인이 얼마나 큰 공포를 느꼈는지 토로했다. 사건 당시, 어머니는 일단 다른 사람의 집에 숨어 화를 면했다. "하지만 주변에 있던 말레이 사내가 멈추지 않고 우리 집을 때려부쉈고 지붕도 전부 박살냈지." 화교 사회의 집들은 거의 대부분 피해를 입었다. 바로 그때부터 화교는 정치를 무서워하기 시작했다. 또한 자신들이 정치에 참여하고 사회적 이슈에 목소리를 낼 권리를 상실했다고 생각한다. "충돌이 벌어지지 않기만 하면 그걸로 된 거야."

다른 화교들처럼 량유쉬안의 어머니도 늘 말레이족을 장점이라고는 하나도 없는 이들이라고 비난했다. 그리고 그러한 멸시는 다음 세대에도 영향을 미쳤다. 량유쉬안은 제대로 아는 말레이시아 친구 하나 없으면서도 말레이족을 혐오하고 두려워했다. 한편으로 역설적이게도 근래 어머니는 말레이족과의 대화를 꺼리지 않기 시작했다. 시장에서 물건을 파는 어머니는 심지어 어떤 말레이 손님들은 성격이 좋다며 칭찬하기도 했다. 오랫동안 함께 살다 보니 천천히 편견을 내려놓게 되기라도 한 것처럼 말이다.

그런데 정작 타이완에서 생활한 지 오래됐고, 스스로 자신은 종족 갈등과 편견을 지워낼 수 있다고 믿는 량유쉬안은 어느 날 길을 걸어가다가 한 말레이족이 길을 물어오자 본능적으로 뒷걸음질을 치며 경계심을 보였다. 그는 말레이족을 향해 말했다. "뭘 하려는 거야?" 그 일이 있고 난 후 량유쉬안은 반성하며 한숨 지었다. "종족 사이 마음속에 존재하는 응어리를 진정으로 풀려면, 정말이지 아직 갈 길이 한참 먼 것 같아."

3부 경계에 서 있는 정체성

홍콩

중국인이나 영국인이 아닌
홍콩인으로 산다는 것

처음으로 홍콩에서 광동廣東으로 들어갈 때 버스를 탔다. 버스를 선택한 이유는 '국경 넘기'에 심취해 있기도 했고, '일국양제'의 분리선을 넘는 것에 대한 호기심이 있었기 때문이다. 두 지역은 분명 하나의 국가임에도 불구하고 그 사이에는 변경 수비를 위한 경계선이 존재했다.

'내륙행' 버스의 정류장은 공항 바로 옆에 있었다. 시멘트로 만든 한 칸짜리 단조로운 대기실과 같은 형태였고, 밖으로는 중국 남부 도시로 향하는 버스를 알려주는 표지판들이 늘어서 있었다. 열댓 정도 되는 승객들은 무료해하며 버스를 타라는 안내를 기다리고 있었다. 아무도 나처럼 잔뜩 긴장하고 있는 것 같지는 않았다.

버스가 제 시간에 들어올까? 놓치면 어쩌지? 경계선 앞까지 가서 무슨 문제가 생기는 건 아닐까? 국경을 여러 차례 넘어봤어도 여전히 그 시점이 되면 아드레날린이 솟구치고 심장이 빨리 뛰었다. 중국 경내를 육로로 들어가 보기는 처음이었다. 나는 생사를 건 미지의 도박판을 바로 앞에 둔 것 마냥 긴장했다.

폴란드의 유명한 저널리스트이자 작가, 사상가인 리샤르드 카푸시친스키Ryszard Kapuscinski는 시베리아 횡단 철도를 타고 중국과 러시아 간 국경을 통과하며 이렇게 적었다.

"국경은 일종의 압박이고, 나아가 공포다. 드물기는 하지만 심오하게는 해방의 의미도 있다. 또 국경의 개념에는 종결이 포함될 수도 있다. … 문은 우리 등 뒤로 영원히 닫히고, 경계는 곧 생과 사의 중간 지점이다."

미니버스 한 대가 들어오자 광둥어를 쓰는 안내원이 목청 높여 외쳤다. "선전, 광저우!" 나는 다른 몇몇 사람들과 함께 그 8인승짜리 버스에 허둥지둥 올라탔다. 비집고 들어선 버스 안에는 푸퉁화普通話(현대 중국 표준어)를 구사하는 사람들이 있었는데, 오가는 얘기를 엿들어보니 집으로 돌아가는 길인 듯했다. 그들과 함께 있어서인지 버스기사가 신분증을 걷을 때 나의 올리브색 타이완 동포증이 붉은색의 여권들 사이에서 유독 더 튀었다.

버스는 모퉁이를 몇 번 돈 다음 빠르게 북쪽을 향해 움직였고, 쭉 뻗은 도로 위에 올라타자 푸르렀던 하늘이 점차 회색과 오렌지빛으로 뒤덮였다. 그렇게 홍콩이라는 도시가 등 뒤로 침몰하듯이 시야에서 흐릿해져 갔다. 버스가 국경 부근에 가까워지자 앞쪽으로 세관 통과를 기다리는 차량들이 즐비해 있었고, 저마다 초조하게 머리를 내밀고 있는 모습을 보니 줄이 긴 데 비해 질서정연하지는 못한 느낌이었다.

그렇게 버스는 세관을 향해 조금씩 이동해갔고, 이내 고속도로 톨게이트처럼 생긴 세관에서 사람 하나가 걸어 나왔다. 그가 버스를 향해 다가오자 기사는 창문을 열고 마치 통행료를 내듯이 미리 걷어둔 신분증을 내보이는 등 민첩하게 움직였다. 검문을 하는 사람은 젊은 청년이었는데, 그는 목을 길게 빼고 버스 내부의 사람 수를 셌다. 그러고선 세관 통과 도장을 찍어줬다. 그렇게 나는 홍콩에서 '출국'했다.

이어서 기사는 또다시 가속 페달을 밟았는데, 버스 바퀴가 열댓 번도 채 굴러가지 못하고 또 멈춰섰다. 이번에는 중국 측 변경에 도착한 것이다. 나는 창문을 열고 뒤를 돌아봤다. 이제 와서 보니 홍콩과 중국 대륙 간의 거리는 대략 운동장 하나 정도의 간격에 불과했다.

중국 쪽 세관에서도 마찬가지로 매끈하게 제복을 차려 입은 청년이 나왔다. 그도 똑같이 차창 너머로 사람 머릿수를 셌고 신분증에 도장을 찍었다. 이번엔 나는 중국으로 '입국'했다!

그와 같은 통관 방식은 공항에서 비행기를 탈 때와 비슷했다. 통관을 원하는 사람은 줄을 서서 검문을 기다렸고, 선전강深圳河에 가로 걸쳐 있는 외팔 현수교 식의 육교를 건너면 바로 맞은편의 세관에 닿았다. 중국대륙주민증 혹은 나처럼 타이완동포증을 소지한 사람은 모두 같은 순서를 거쳐야 했다. 하지만 '홍콩영구주민'증을 가진 사람은 전철역 개찰구를 통과하듯 신분증을 갖다 대기만 하면 바로 세관을 통과할 수 있었다.

이것이 선전과 홍콩을 오가는 가장 흔한 방식이다. 어떤 의미에서 보면 타이베이 환승역의 기능과 거의 같았다. 실제로 내가 뤄후羅湖항(중국 광둥성 선전시에 있는 항구)에서 통관한 다음 지하철에 올라타 홍콩 중심부로 갈 때, 객실에서 신문을 보는 노인이며 장바구니를 들고 있는 여성까지 모두들 '국경 넘기'를 여상한 풍경으로 만들고 있었다. 마치 일상 속의 일부인 것처럼 말이다. 홍콩과 광둥을 넘나들지만 그 사이에 문화적 장벽이나 거리는 느껴지지 않았다. 나는 이 지점에서 그들 사이에 놓였던 경계가 점차 사라져 간다는 것을 확인했다.

●

국경 개방에 큰 영향을 미친 것은 경제일 것이다. "우리는 인민폐를 써서인지 물가 상승을 말 그대로 체감하고 있어. 그리고 남편이 버는 돈은 홍콩 달러거든. 그래서 홍콩 달러의 위축을 두 눈으로 똑똑히 보고 있기도 하고." 고등학교 동창인 샤오야小鴨와 나는 선전의 한 쇼핑몰에서 만나 양안 생활에 대해 온갖 이야기를 나눴다.

그는 타이완에서 온 '월급쟁이'로 대륙의 기업에서 일하고, 그의 남편은 홍콩에 있는 타이완 은행 분점에서 일하고 있었다. 남편은 매일 푸톈항을 통해 홍콩으로 출근하고, 주말이면 또 홍콩에서 아이쇼핑을 즐겼다. 홍콩 사람은 내륙으로 출근하고, 광둥 사람은 거꾸로 홍콩에 와서 쇼핑을 했다. 국경지대에는 매일같이 사람뿐만 아니라 돈도 물결처럼 일렁이며 넘나들었다. "세계는 평평하다"라는 철학은 그들 부부 사이에서 살아 숨 쉬고 있었다. 경제 활동에는 아무런 경계가 없다.

두 지역을 잇는 뤄후항은 과거 빈부격차가 극심한 두 세계 사이의 경계였다. 국경지대에서 사는 많은 사람들은 빈곤에서 벗어나기 위해 죽을 각오로 홍콩으로 탈출해 새로운 인생을 찾아 나섰다. 광둥 사람들이 홍콩으로 피난을 간다는 보고를 받은 덩샤오핑鄧小平은 딱 한 마디를 남겼다. "군대처럼 우리가 통제할 수 있는 게 아니다."

당시 그는 이미 개혁개방 계획에 착수했고 중국의 대문을 열고자 했다. 그러나 몇 년 간 중국과 홍콩 간 20킬로미터에 이르는 경계선은 여전히 일부만이 개방되었다. 검문은 예전과 다를 바 없이 삼엄했고, 홍콩으로 도망친 이들은 전혀 중국으로 돌아오고 싶지 않아 했다. 경계선을 사이에 둔 양측은 아무 일도 일어나지 않은 듯이 그렇게 긴 시간 동안 이전과 똑같은 상태를 유지했다.

30여 년이 흐른 지금, '남쪽으로의 대문 개방'에 대한 덩샤오핑의 구상은 기본적으로 실현되었다. 개혁개방 초창기인 1980년대, 홍콩에는 이미 성장 정체가 나타났고, 홍콩 기업들은 저렴한 노동력과 자원이 절실해졌다. 중국 또한 홍콩으로부터의 자금 유입이 필요했다.

한편 청 말기 남쪽에서부터 중국의 대문을 연 서방 각국과 상인들은 새 시대에 접어들어서도 여전히 홍콩을 경유해 중국 대륙으로 북상해야 했다. 심지어 무역을 할 때 홍콩과 중국 간의 특수 관계를 거쳐야 하기도 했다. 홍콩과 중국 간의 통로는 개방하면 할수록 커졌고, 양측 간의 왕래는 작은 물줄기들이 모여 세찬 물결이 되었다. 경계는 사라지고, 홍콩 사람과 광둥 사람을 구분하는 것도 차츰 어려워졌다.

홍콩 반환 이후 주강 삼각주 전체는 한층 더 견고한 경제체제를 이뤘다. 주강 삼각주를 커다란 조개에 비유하자면 그곳은 동방의 진주를 품고 있었고, 홍콩이 광둥 지역으로 깊숙이 들어가니 광둥 역시 홍콩과의 거리를 가까이 당겼다.

과거 홍콩인들은 마음속 깊이 '내륙의 아찬阿燦'(홍콩인들이 중국 내륙에서 온 이민자들을 가리키는 멸칭)을 깔보았으나, 오늘날에 와서는 거꾸로 중국 경제발전 상황에 대한 이해가 부족한 자신들을 '강찬港燦'(내륙에 대한 이해도는 낮아도 내륙에 들어가 살며 일하고 싶어 하는 홍콩인을 가리키는 말)이라는 용어로 부르며 자조하게 되었다.

그러나 신세대 홍콩인들의 생각은 다르다. 그들은 '내륙'의 접근을 거부한다. 금싸라기였던 홍콩 땅의 가격을 폭등시켜 건물 하나 서기조차 힘들 정도로 만들었기 때문이다. 물질과 발전을 두고 펼쳐진 게임은 마치 통제불능 상태에 빠진 듯이 그들의 어깨를 짓눌렀다.

내 또래의 한 홍콩 만화가는 홍콩 반환 때부터 무관심했다가 최근 들어 중국 경제가 침입해 오면서 상황을 실감하기 시작했다고 했다. 우리는 그와 그의 동료가 세를 든 완차이灣仔(홍콩섬 북부에 위치한 특별행정구)의 좁디좁은 작업실에 모여 그가 홍콩 반환 후의 각종 사회 부조리를 놓고 터트리는 분노를 들었다. 그는 중국과 경계가 인접한 홍콩 신제新界 지역에 거주하고 있었는데, 매일 같이 굳이 고생스럽게 홍콩의 중심지로까지 건너가서 일했다. 그의 몸은 중국과 아주 가까웠지만, 마음은 그로부터 매우 멀었다.

●

홍콩과 선전은 폭 30미터에 불과한 선전강을 경계로 삼고 있다. 1980년대 이전까지 그 강에는 시신들이 무수히 떠다녔고, 죽은 자들은 수많은 이야기들의 산 증인이 되었다. 선전강은 양안에서 벌어지는 각종 희로애락과 변화들을 묵묵히 지켜봐왔고, 각 세대의 홍콩인들이 들려주는 저마다의 역사와 정체성에 관한 이야기들을 들었다.

홍콩 사회학자 뤼다러呂大樂가 말한 1세대 홍콩인은 전란 및 각종 정치 운동을 피해 전후 홍콩으로 온 사람들을 가리킨다. 이를테면 작가 류이창劉以鬯과 진융金庸 나아가 자유파 학자 첸무錢穆처럼 말이다. "그들은 홍콩에서 나고 자라지 않았기 때문에, 또한 언젠가 고향으로 돌아갈 수 있길 간절히 바랐기에 의식과 무의식의 사이에서 자신을 그나마 익숙한 홍콩으로 데려온 것이다."

남쪽으로 도망쳐 온 중국의 지식인과 기업가들은 자신이 가진 자본과 야망을 전부 홍콩이라는 손바닥만 한 섬에 집중적으로 투자함으로써 홍콩 발전의 밑거름이 되었다. 당시 광둥과 홍콩 사이의 국경은 닫히지 않아 피난민들은 쉽게 경계를 넘었다. 홍콩 식민지 정부는 임시 증명서를 발급해 그들이 머무를 수 있도록 해줬다. 그렇게 홍콩은 자신의 작디작은 뱃구레에 그 큰 중국의 이민자들을 담아냈다.

하지만 용량이 아무리 클지라도 온 중국을 담아내지는 못하는 법이다. 더군다나 조가비에 불과한 홍콩이 조그마한 진주는 몰라도 바닷속 모래까지 다 품을 수는 없다. 더 이상의 피난민을 수용하기도 힘들었고 국경도 1980년대에는 닫힌다. 그 사이에 쳐진 철조망은 중국과의 연결고리를 잘라냈고, 탯줄을 끊듯이 홍콩의 문화적 정체성도 그들만의 테두리를 그었다. 이렇게 홍콩의 주체성이 만들어졌다. 홍콩의 문화인 천관중陳冠中의 말에 따르면, 바로 그 지점이 홍콩인이 '중국 정체성'을 버리고, 스스로를 '홍콩인'이라고 말하기 시작한 때였다.

전후 베이비붐 세대인 천관중은 제2세대 홍콩인이라고 할 수 있다. 1952년 상하이에서 태어났으며 본적은 저장성浙江省 닝보寧波로, 네 살 무렵 집안 전체가 홍콩으로 왔다. 그가 《나의 세대의 홍콩인我這一代香港人》에서 회고한 바에 따르면 그의 할아버지 세대에서는 모두들 홍콩을 '남하'해 내려가는 일종의 피난처로 봤다. 홍콩이라는 정체성이 형성된 때는 그의 세대부터다. 중국 대륙은 그들에게 있어 약간은 두렵고 격리된 '낯선 이웃'이었다.

이는 세대 간의 거리이자, 정체성에 있어서의 경계선이다. 삼십여 년이 흐른 오늘날 중국과 홍콩의 경제적 지위는 사실상 비등하다. 대륙 사람은 홍콩에 오기 위해 철조망을 넘지 않아도 되며, 군경을 피하거나 신분을 버릴 필요도 없어졌다. 그러나 복잡한 입국 신청 없이 자유롭게 양측을 오갈 수 있게 되었음에도 '홍콩인 되기'란 여전히 하나의 경계를 뛰어넘는 과정이다.

과거 홍콩으로 이주해 온 대륙인 대다수는 늘 '대륙에서 떨어져 내려온 사람'이라는 명찰을 단 상태에서 한 걸음씩, 그리고 한 단계씩 융합과 적응을 향해 발을 내디뎠다. 주민증이 '초록색'에서 '검은색'으로 바뀌는 과정에서 자신의 존재가 서서히 받아들여지듯이 말이다. 그 과정을 거쳐서야 그들은 비로소 '홍콩인'이 될 수 있었다. 하지만 오늘날 대륙의 임산부는 홍콩에서의 출산 비용만 감당할 수 있으면 아이를 출생과 동시에 홍콩인으로 만들 수 있다.

●

 "선전에서 출산 검사를 받을 때에도 관련 전단지들을 쉽게 볼 수 있었어. 50만 위안을 내면 홍콩에서의 출산에 필요한 각종 서비스를 처리해준다고 하더라고." 임신 7개월차인 샤오야는 커다란 배를 꼿꼿이 내민 채 고개를 가로저었다.

그의 말에 따르면 원정출산은 이미 하나의 '산업'이 되었다. 그런데 입장을 바꿔 생각해보면 이해가 되기도 했다. 선전에서 돈을 벌지언정 자유로운 생활을 하고 싶다면 홍콩에 있는 게 낫기 때문이다. 현실적으로 홍콩 여권이 비교적 더 유용한 게 사실이기도 했다.

홍콩 출산 중개 웹사이트에서는 홍콩에 가서 아이를 낳을 경우 누릴 수 있는 이점들을 나열하고 있다. 거기에는 '관대한 인구정책', '태어나자마자 곧바로 홍콩 시민 자격 취득', '홍콩의 사회 복지', '홍콩에서 실시하는 12년 무상 교육 복지', '취업 및 성장에 있어서의 이익', '홍콩 여권으로 전 세계 135개국 비자면제 가능', '세계 최고 수준의 홍콩 의료 서비스' 등의 항목이 포함되어 있다.

홍콩 식품환경위생처FEHD에서 낸 통계에 따르면, 2009년 상반기 중국 대륙의 임산부가 홍콩에서 분만한 영아의 수는 1만 6700여 명으로, 홍콩에서 태어난 영아 수의 44퍼센트를 차지했다. 그리고 신생아 부모 가운데 약 78.3퍼센트가 홍콩인이 아니었다. 언론 매체는 이러한 현상을 보도하며 홍콩 원정출산의 목적은 '초과 출산'에 있음을 강조했다. 자녀를 하나 더 혹은 그 이상으로 출산하고자 대륙에서 벗어난 것이다. 자녀의 홍콩 거주권 취득을 목적으로 하는 경우는 소수였다.

"아이는 이후 홍콩인으로 사는 거죠. 고향 집에 가서도 체면이 서고, 비용도 산아제한법 위반 벌금보다 훨씬 저렴해요." 보도는 중간에 홍콩에서 아이 둘을 출산한 산모의 말을 인용했다. 인터뷰 내용에 따르면 10만 위안 정도의 지출은 충분히 그만한 가치가 있었다.

오늘날과 같은 태평성대에는 재난을 피해 고향을 떠나는 경우는 드물 것이다. 반면 '활로 모색'은 여전히 중요한 이동의 이유가 된다. 사람들이 북에서 남으로, 또 남에서 홍콩으로 이동하는 이유는 모두 더 잘살기 위해서다. 하지만 '잘'이라는 표현은 기준이 굉장히 주관적이다. 어떤 이는 물질적으로 만족스러워야 잘산다고 느낄 수 있고, 어떤 이는 자유로운 신분이나 공간을 갈망할 수도 있다.

오늘날 홍콩이 반환되고 경제활동이 활발해지는 한편 인구의 이동도 이전보다 용이해졌지만, 그럼에도 홍콩과 중국 사이의 경계는 소멸되지 못했다. 심리적 경계는 더욱 그러하다. 홍콩 사회에서는 늘 대륙의 손님들이 몰려드는 데 대한 불평이 터져 나오고, 대륙인들이 협소한 홍콩 땅에 대거 몰려들어 자신들의 자원과 기회를 박탈하고 부담을 가중시킬까 봐 우려하기도 한다.

이는 어쩌면 비좁은 땅에 사람이 넘치는 모든 소국과 소도시들이 가진 자기보호 본능일지도 모른다. 타이완 사회에서도 그와 같은 공포에 대한 우려가 나오고 있지만, 그럼에도 불구하고 공포는 배척의 성격을 띠고 사회 및 정책으로 나타나기도 한다.

때때로 정부가 주도적으로 그러한 편견을 조장하기도 한다. 홍콩의 사회운동가 예바오린叶宝琳이 과거 자신의 글을 통해 지적한 바에 따르면, 홍콩 정부는 각종 낙인찍기 방식을 통해 홍콩에 와서 출산하는 여성들을 궁지로 몰았다. 이를테면 대륙의 임산부들이 수시로 입원비를 체납하는 데다 공립병원으로 몰려드는 바람에 홍콩 의료당국은 매년 일억여 달러 규모의 초과 예산을 처리해야 하는데, 비용 완납을 거부하는 대륙 인사까지 입국할 예정이라고 떠벌리는 것이다.

예바오린은 이렇게 덧붙였다. "그러한 조치는 홍콩에 와서 분만하는 대륙 임산부의 수를 획기적으로 감소시키지 못했다. 그저 대륙의 임산부 중 35퍼센트 정도를 사설 병원으로 '내몰았을' 뿐이다."

'타자'의 목소리와 경험은 모든 사회에서 비슷한 운명과 마주한다. 그들의 목소리는 묻히고 가냘픈 헐떡거림만이 남는다. 그러나 일반화된 통계수치나 단순화된 이야기가 어떠하든지 간에 그들은 그저 그들로서 존재한다. 내가 궁금한 것은 그렇다면 홍콩에서 태어난 44퍼센트의 영아들은 훗날 스스로를 어떻게 바라볼까 하는 점이다. 자신을 홍콩인으로 볼까? 아니면 대륙인이라고 생각할까?

●

톈안먼 학생운동이 벌어지고 난 이후의 스무 번째 초여름 그리고 오월의 마지막 날, 홍콩 빅토리아 파크는 인파로 가득 메워졌다. 새까맣거나 하얀 깃발과 피켓이 〈피로 물든 풍채血染的風采〉의 노랫소리를 따라

허공을 떠다니면서 수만 명의 사람들에게 중앙정부를 향해 전진하라고 재촉했다. 노인이 휠체어에 앉은 다른 노인을 밀어주고, 어른들은 아이의 손을 잡아 이끄는 가운데 6·4 항쟁(1989년 6월 4일 베이징에서 발생한 이른바 '제2차 톈안먼 사건')을 바로잡자는 외침이 빗발쳤다. 평소 손님들로 북적이던 상업 지구가 이때만큼은 격앙된 전쟁터와 같았고, 규칙적인 구호가 마치 북소리처럼 홍콩 전역을 뒤흔들었다.

톈안먼 앞에서 유혈 진압이 일어난 지 어느덧 20년이 흘렀고, 홍콩 시민들은 천 리 밖 북쪽에 있는 중국 정부를 향해 시정을 요구했다. 그 외침의 역사 또한 20년이 되었다. 사실 중국 전역, 심지어 전 세계 어느 화교 지역권을 가도 '자본주의가 발달된 공리사회의 백 년 식민지'로 무시당하는 이곳 홍콩처럼 자신과 무관한 민주주의의 사산아를 고집스럽게 기억하는 곳은 찾아보기 힘들 것이다.

기나긴 시위행진이 끝난 그날 저녁, 우리는 완차이의 어느 집에서 고단했던 두 다리를 위로 뻗고 6·4 항쟁을 다룬 최신판 다큐멘터리인 〈유랑하는 아이流浪的孩子〉를 봤다. 세상이 어떻게 변해가든 집에 돌아가지 못하는 민주화 운동 인사에게 시간은 집을 떠나오던 그 시점에서 멈춰 있기 마련이다. 한때의 젊음과 기개는 역사의 렌즈 속에 갇혀 색이 바랬고, 집으로 돌아가고 싶어 하는 갈망만이 선명해졌다.

우리는 녹초가 되어 소파에 드러누워 파란만장한 삶을 묵묵히 음미하고 있었다. 그 탓에 옆에 뒀던 시원한 맥주는 그대로 잊혔다. 얼음이 녹으면서 맥주는 조금씩 떫어졌고, 다큐멘터리에 나오는 그들의 이야기처럼 갈수록 등이 뻣뻣해지고 어깨도 펴기가 힘들어졌다.

"홍콩인들은 왜 이렇게 6·4 항쟁에 집착하는 거야?" 다큐멘터리를 다 본 후 나는 이 질문을 하지 않을 수 없었다. 그해 홍콩에서는 6·4 항쟁과 관련된 수많은 서적이 출간되고 다큐멘터리가 만들어졌다. 이 다큐멘터리 또한 그 가운데 하나다. 홍콩 각계에서 다양한 캠페인을 개최했고 심지어는 나이가 어린 학생들까지 일련의 문화 행사 혹은 행위 예술을 기획하기도 했다.

"6·4 항쟁은 홍콩인들의 정체성을 바꿔놓았어." 지역 사회에서 보육 운동을 하는 천원중陈允中이 맥주를 건네며 말했다. 6·4 항쟁이 벌어진 해, 말레이시아 화교인 천원중은 교포 학생 신분으로 타이완에서 공부하고 있었다. 그는 대부분의 타이완 대학생들이 톈안먼 사건에 대해 무관심하다는 것을 느낄 수 있었다. 열성적으로 그 운동에 참여하는 홍콩과는 달랐다. "홍콩에서 그해 150만 명의 사람들이 거리로 나와 피는 물보다 진하다고 외쳤다고 해."

6·4 항쟁 당시 나는 겨우 초등학생이었다. 그땐 그저 멍하니 어른들을 따라 텔레비전 속 피가 낭자한 풍경을 보고 있었는데, 학생들이 확성기를 들고 돌아가며 발언한 것만이 기억에 남는다. 특히 칙칙하고 잡음 섞인 영상에서 흘러나온 "목숨 걸고 쓴 선서로 반드시 공화국의 하늘을 맑게 만들 것이다"라는 한 마디만큼은 지금도 잊지 못한다.

어렴풋이 떠올려보면, 타이완 내 대학들에서도 이에 상응하는 지원 활동이 이뤄졌고, 그것도 꽤 격렬했다. 그런데 20년 후 내가 다른 이의 회고를 통해 알게 된 바에 따르면, 당초 열정적으로 호소하며 참여한 이들은 대개 홍콩이나 마카오에서 온 유학생이었고 그밖에 타이완 학생들이 소수 있었을 뿐이었다. 대부분은 무관심했다.

타이완 학생들은 톈안먼 앞에서 벌어진 중국 학생들의 움직임을 통해 스스로의 위치를 되돌아보자고 주장했다. 그들은 맹목적으로 그 운동에 호응할 것이 아니라 자신의 영토에서, 자신만의 전선을 펼쳐야 한다고 생각했다. 그로부터 20년 후인 6월 4일 저녁, 오직 극소수의 타이완인들만이 모여 그 특별한 날을 기념했다. 그들은 은은한 촛불 속에서 당시 가졌던 입장과 의견을 나눴다.

중국 6·4 세대와 동년배인 그들 타이완 지식인들에게 북쪽에서 일어난 항쟁은 홍콩과 타이완 나아가 양안 관계의 차이를 더욱 부각시켜줄 뿐이었다. 다시 말해 홍콩인은 6·4 항쟁을 감정적으로 한층 더 가깝게 여겼지만, 타이완인은 이성적으로 소원한 편이었다.

●

그 해, 우리 타이완인 일행은 홍콩으로 날아갔다. 그리고 시위 행렬 틈에 끼어 "6·4 기념, 타이완은 신경 쓴다"라고 쓴 A4 용지 크기의 피켓을 들고 있었다. 하지만 우리의 모습이 '민주주의 놀이'에 함부로 끼어든 관광객처럼 느껴졌다. 그래서 앞으로 걸어가면 걸어갈수록 위축됐고, '우리는 누구를 대표하고 있는가?' 하는 의문이 들었다.

홍콩에서 전개되는 기념 캠페인들은 격앙되어 보였지만 바다 건너 타이완은 그야말로 고요했다. 그 이유는 간단했다. 6·4 항쟁이 홍콩을 뒤바꿔놓았지만 타이완에는 별다른 영향을 주지 않았기 때문이다.

"6·4 항쟁은 우리 세대 홍콩인들에게 가장 중요하고 확실한 민주주의 교육이자 애국 교육의 소재야." 시위 전날, 우리는 네이션 거리 골목에 있는 한 카페에서 량원다오梁文道를 만났다. 그는 1970년대에 태어난 홍콩의 지식인으로, 한땐 모두들 그의 글을 읽었었다.

처음 그를 만난 날 나는 자못 놀랐다. 정확하고도 부드러운 발음의 표준 중국어를 구사했기 때문이다. 알고 보니 나와 비슷한 연배인 그는 어렸을 적 나와 같은 '애국 교육'을 받았고, 중국어도 공부했다. 온종일 '어떻게 중화민국을 사랑할지' 공부했던 그는 홍콩으로 돌아와서야 홍콩인에게는 정치적 정체성이 없다는 사실을 깨달았다.

6·4 항쟁 이전까지만 해도 홍콩인들에게 '홍콩'은 지역적 관념에 불과했다. 백여 년 전 유니언잭의 수중에 들어가 버린 홍콩은 단 한 번도 '해가 지지 않는 나라'로부터 여왕의 백성으로 인정받지 못했다. 그렇게 조그마한 섬에 사는 사람들은 자신의 고유한 문화적 특징에 따라 살아왔고, 지금까지 국가라는 개념 안에 합쳐지지 못했었다.

량원다오는 영국이 홍콩에서 행한 최고의 통치 방식은 '런던이 모습을 드러내지 않은 것'이었다고 말하면서 웃었다. 본래 전 세계적으로 언어 및 역사 학습은 모두 국민 정체성 교육의 일환이 된다. 그런데 유일하게 홍콩만 그렇지 않았다. 홍콩 시민들은 영국과 중국 그 어느 곳으로부터도 정체성 교육을 받지 않았다. 홍콩인들은 중국어와 중

국사를 공부하기는 했지만, 스스로를 중국 국민으로 여기는 데에까지
는 나아가지 못했다. 학교에서 중영전쟁(아편전쟁)에 대해 가르쳐도 멀
리 미국에서 벌어졌던 전쟁처럼 받아들인 것이다. "오히려 홍콩으로
하여금 현대 중국의 민족주의에 대해 거리감을 갖게 했고, 이해하기도
개입하기도 어렵게 만들었지."

그런데 1989년 이후부터 그 세대 사람들이 나라를 사랑하기 시작
하면서 5·4운동(1919년 베이징 학생들이 중심이 되어 조직했던 애국 운동) 정
신에 대해 논하기 시작했다. 또한 민주주의를 크게 다루면서 평소에는
주로 가벼운 이야기를 쓰던 칼럼 작가까지도 갑자기 민주주의에 대해
이야기하기 시작했다.

●

홍콩인들에게 6·4 항쟁이란 '1997년 홍콩 반환'과 마찬가지로 절대 지
울 수 없는 기억 부호memory code다. 어쩌면 64와 97이라는 두 숫자는 표
현하거나 정리하기 힘든 복잡한 감정이나 사유에 대한 선명하고 단단
한 상징이 되었을 수도 있다. 평온한 일상만을 좇던 홍콩인들은 본래
무기력하다고 여겼거나 피해 왔던 '정치'를 똑바로 바라보기 시작했
다. 냉담하고 현실적이던 홍콩인들이 본격적으로 거리로 나선 것이다.
이제 6·4는 하나의 부호가 되어 단단하게 존재한다.

홍콩인들에게 1989년 6월 4일은 아주 먼 어느 도시에서 발생한, 심
지어 오래되기까지 한 옛일일 수도 있다. 그러나 그 기억은 그들 사이

에서 계승되어 매년 초여름마다 내려오고 있다. 요즘 홍콩 청년들 가운데 어떤 이는 6·4 항쟁 당시 막 옹알이를 시작한 아기였을 수도 있고, 엄마 뱃속에서 몸을 웅크린 태아였을 수도 있다. 어쩌면 아직 태어나지 않았을지도 모른다. 그런데 그런 어린 친구들까지도 지혜를 짜내 역사를 향해 발을 내딛는다.

일례로 한 청년은 톈안먼 성루같이 생긴 오리장을 만들어 '애국 오리의 사랑 이야기'라고 이름을 붙였고, 그 위에 이렇게 썼다.

"오리는 자기 자신과 새끼들이 가질 수 있는 인생의 의미가 결국 오리구이가 되는 데 있음을 알고 있을지라도 짝짓기를 포기하지 않는다. 우리도 마찬가지다. 살아 있는 동안 반드시 6·4를 바로잡지 못할 수도 있지만, 그 신념을 계승해나갈 책무를 잊어서는 안 된다."

그들 홍콩에서 민주주의와 인권을 논하는 세대들은 6·4를 기억하는 것으로 홍콩인들과 대륙인들의 정체성이 선명하게 구분된다는 것을 똑똑히 알고 있다. 그들은 6·4를 기념해야만 자신의 정체성을 지켜나갈 수 있다고 생각한다. 그런 그들에게 필요한 삶의 자세는 홍콩인 또는 중국인으로서의 정체성을 고집하는 것이 아니라, 그들 자신의 가치관을 지켜나가는 것이다. 그렇게 그들의 몸속에는 자유가 깊숙이 새겨져 있다.

마카오

세 권의 여권,
그리고 어디에도 없는 고향

마카오 세나도 광장 주변 일대는 아름답고 화려한 포르투갈식 색채가 넘쳐난다. 성당에서 행정 관저까지 펼쳐진 광활한 타일 바닥과 다채로운 색상의 건축물들이 위용을 뽐내며 이곳에 포르투갈의 식민지배 역사가 있었음을 말해준다.

그런데 광장 대각선 방향으로 인파가 붐비는 골목을 꺾어 들어가 펠리시다데 거리Rua da Felicidade에 이르면 그와는 전혀 다르게 곳곳에 암홍색의 등롱이 걸려 있는 풍경을 볼 수 있다. 그곳은 세나도 광장 주변과는 다르게 거무칙칙한 색채를 드러내는데, 신비로운 자태로 포르투갈 항해사의 한 페이지를 은은하게 장식하고 있다.

2008년 가을, 나는 마카오에 도착했다. 그리고 그 역사 속 한 페이지를 펼쳐 들고 그 위에 새겨진 활자들을 살펴봤는데, 생생히 살아 있는 활자에 비해 역사는 누렇게 색이 바래 있었다.

나는 펠리시다데 거리에 위치한 어느 오래된 여관에 묵었다. 홍콩의 영화감독들이 선호하는 촬영 장소이기도 한 그곳에는 식민지배를 당했던 당시의 자취가 짙게 배어 있었다. 등롱이 걸린 좁다란 문을 열고 들어가 2층으로 올라가면 풋사과 빛깔로 칠해진 목재 벽이 보였다.

실내는 어두컴컴하고 비좁았고, 객실에는 세월의 케케묵은 냄새가 희미하게 묻어났다. 침실은 목판으로 칸막이가 되어 있고, 위에 달린 선풍기는 삐걱거렸다. 아래로는 단조롭고 새하얀 침대와 묵직해 보이는 나무 탁자, 고풍스러운 옷장, 세면대가 있었다. 무늬와 색으로 장식

된 흰 자기도 보였는데, 침을 뱉거나 소변을 보는 용도로 쓰이는 것이다. 이 배낭여행객이 어렵사리 쟁취한 복고풍의 여관은 오래전 창가娼家였었다.

오늘날에는 펠리시다데 거리의 상점가가 여행 기념품들을 주로 팔지만 예전에는 정기 장터와 창가, 그리고 '바라쿤Barracoon'이 밀집해 있었다. 바라쿤은 '인력 사무소'라는 뜻과는 다르게 노예 수용소를 가리킨다. 식민주의자들은 중국에서 사들이거나 모집해온 노동력을 그곳에 모아뒀고, 세계 각국으로 팔려가기 전까지 수용했다. 그와 같이 사람을 사고팔아 취한 폭리의 규모는 아편에 못잖았다.

중국인들은 바라쿤을 '돼지새끼 집'이라 불렀고, 여기 팔려온 중국인 노동자들 또한 '돼지새끼'라고 불렀다. 한창일 때는 마카오에만 삼백 곳의 '돼지새끼 집'이 있었다. 당시 상파울루 거리에 있는 한 '돼지새끼 집'에서 큰불이 나는 바람에 그곳에 수용된 많은 사람들이 목숨을 잃었다. 그 비극은 중국 근대사에서 지우기 힘든 흉터로 남았고, 상처는 세계 곳곳의 중국인 거리로 퍼져나갔다. 화교들의 역사를 거슬러 올라가 보면 항상 희망으로 가득한 듯하면서도 피눈물로 얼룩진 이야기로 끝나곤한다.

그런데 아이러니하게도 '돼지새끼'들의 비참함이 입에서 입을 통해 바깥세상으로 퍼져나가도 '상품'의 공급원은 끊이지 않았다. 돼지새끼 집은 불법 도박장을 겸했는데 많은 이들이 도박빚을 갚기 위해 몸을 팔았기 때문이다. 돼지새끼 집은 해외 노동력 매매와 동시에 마카오의 도박 산업을 태동시켰다.

역사적 숙명인지 아니면 기괴한 장난인지는 몰라도 이백 년간 영광을 잃었던 마카오는 오늘날 카지노 특구 덕에 활로를 찾았다. 그곳 카지노와 관광호텔에서 일하는 저임금 노동자들은 대개 돈을 벌기 위해 동남아시아에서 온 이주 노동자들로, 저마다의 억양으로 영어를 구사하며 화려하게 치장한 세계 각국에서 온 손님들을 극진하게 모신다.

카지노에 발을 들여놓자 커다란 샹들리에, 다소 과장스러운 벽화, 정신이 아찔해질 정도로 사치스러운 차림새의 사람들이 눈앞에 펼쳐졌다. 문득 그 호화로운 광경에서 펠리시다데 거리의 옛 창가에 서 있을 때와 비슷한 인상을 받았다. 과거와 현재가 교차하는 마카오는 짙게 화장을 하고 얼굴을 내민 여성처럼 느껴졌다. 외모에 자신감이 없기 때문에 남들에게 맨얼굴을 보여주고 싶지 않아 하는 것처럼 말이다. 마카오는 우리에게 세월을 숨긴 채 화려한 겉모습만을 보여준다. 그리고 가슴에는 공허감만을 남긴다.

타이완에서 공부했었던 마카오 친구 아푸阿福가 알려주길, 마카오에는 학교 수가 적어 학생들은 부득이하게 홍콩이나 타이완, 심지어 구미로까지 유학을 떠난다고 했다. "그런데 또 지금은 마카오 학생들이 마카오에 남아 공부하길 원해. 카지노에서 일하면서 공부까지 할 수 있으니까 말이야. 학업을 이어나가더라도 재빠르게 기회를 잡으면 카지노에서 일할 수도 있어." 아푸는 잠시 뜸을 들이더니 덧붙였다. "카지노에서 일하면 어느 정도 시간의 여유가 생기고 돈 벌기도 좋거든."

그의 말에서 짐작할 수 있듯이 아푸는 마카오의 도박업을 나쁘게 생각하지 않았다. 화려하기만 한 향락산업으로 인해 자신들이 무언가를 잃었다고 보지도 않았다. 우리가 마카오의 어촌에 들르겠다고 하자 그는 굉장히 의아해했다. "거기 가서 볼 만한 게 있다고?" 아마도 오늘날 마카오인들은 조그마한 어촌과 피지배에 대한 기억 따위는 전부 다른 추억으로 바꾸거나 잊고 싶어 할 것이다. 하지만 어떤 기억은 버리기엔 아쉽고, 또 그렇게 해서도 안 된다.

●

16세기, 한 무리의 포르투갈인들이 중국 남쪽 주장珠江강 어귀의 조그마한 반도에 올라선 다음 현지인에게 물었다. "여기가 어딥니까?" 그때 한 어민이 마거묘媽閣廟(한국에서는 '아마 사원'이라는 이름으로 알려져 있다) 부근을 지나가고 있었다. 어쩌면 그는 막 향불을 피우고 복을 기원한 후 나오던 참이었을 수도 있고, 비바람이 순조롭기를 빌기 위해 가고 있던 참이었을 수도 있다.

그 어민은 난생 처음 금발에 푸른 눈을 가진 '이방인'을 보자 미심쩍어 하면서도 두려움과 호기심을 동시에 가졌다. 하지만 일단 있는 그대로 답했다. "마거묘입니다만." 이 대답이 불러일으킨 오해로 인해 가난하고 평범했던 어촌은 '마카오Macau'라는 이름을 얻게 되었다.

아마도 그 어민은 과거 정화 함대의 일곱 차례에 걸친 서양 원정을 보살펴 줬던 마조신媽祖(마거묘에서 모시는 신으로, 중국 남방 연해 및 남양 일대에서 신봉한다)이 이번에도 그와 똑같이 말라카와 인도의 고아果亞(인도 남서 해안에 있는 옛 포르투갈의 영토)를 돌아서 온 포르투갈인들을 이곳으로 인도했으며, 그 바람에 조용하고 따분했던 내항에 엄청난 격변이 닥치리라고는 상상조차 하지 못했을 것이다.

나는 마거묘만큼은 꼭 한 번 가보고 싶었다. 그래서 동료와 함께 마카오 시내에서 버스에 올라탔고, 십여 분도 채 지나지 않아 반도의 남서쪽 끄트머리에 닿았다. 도착해보니 보이는 것이라곤 기다란 해안뿐이었고 선박 한 척이 쓸쓸하게 정박되어 있었다.

버스가 우리를 떨구고 난 다음 고개를 돌려보니 그제야 적막하고 황량한 풍경이 눈에 들어왔다. 도대체 어디에 향불 자욱한 관광 명소가 있다는 거지? "마거묘가 어디죠?" 우리는 사람들에게 물으면서 지도를 찾아봤다.

해안에서 목적지 방향으로 한동안 걸어가니 드넓은 포르투갈식 광장과 해사박물관 옆으로 중국풍 사원 하나가 보였다. 포르투갈과 중국의 건축물이 나란히 서 있는 광경은 중국과 서양이 교차되었던 그 역사적 순간을 증명하고 있는 것 같았다. 그래서 눈앞의 풍경을 바라보며 역사의 퇴적층에 굳어진 화석을 감상하는 듯한 기분도 들었다.

포르투갈인들이 이곳에서부터 시작해 중국의 대문을 열어젖히면서 수많은 선박들이 고동을 울리며 항구를 드나들었고, 노동력과 물자를 대거 운송했다. 마카오는 더 이상 적막한 어촌이 아니었다. 동서 경계가 만나는 길목이 되었고, 번쩍이는 금은보화가 거쳐 갔으며, 세계

무역의 첫 절정을 맞이하는 곳이 되었다. 한적한 어촌이었던 이곳은 해상 실크로드의 중요한 거점이 되었다.

중국의 대학자인 지셴린季羨林은 이렇게 말했다. "중국 오천 년 역사 속 문화 교류에서 몇 차례의 절정이 있었는데, 그중 마지막이 가장 중요한 절정의 순간이었다. 바로 서양 문화의 유입이다. 그 유입의 시작점은 시간상을 볼 땐 명조 말기이자 청조 초기였고, 지역상으로 볼 땐 바로 마카오였다."

"서양 상품은 동에서 서로 가고, 돛은 바람을 타고 만 리를 간다(양화동서지, 범승만리풍洋貨東西至. 帆乘萬裏風)"라는 말은 당시 마카오라는 무역항의 풍경을 보여준다. 마카오는 여러 면에서 중국 역사상 '최초'라는 타이틀을 갖게 되었다. 이를테면 중국 최초 서양식 인쇄기, 최초의 서양식 신문, 최초 서양 유화, 최초 서양 악기 등처럼 말이다. 서양의 종교와 문화, 사상, 과학지식 역시 마찬가지로 이곳 항구를 따라 중국 내륙으로 흘러 들어가 중국 근대사에 스며들었으며, 그렇게 조금씩 오래된 대제국을 변화시켰다. 최초로 입궐한 예수회 선교사 마테오 리치 Matteo Ricci 역시 이곳에서 시작해 뭍에 올랐다.

●

1583년, 당시 서른 살의 마테오 리치는 세계지도 한 장과 자명종, 바이올린, 《기하원본幾何原本》(유클리드 원론), 그리고 성경책을 들고 세인트루이스호라는 이름의 상선에 올랐다. 반 년 간의 항해 끝에 마카오 땅에 오른 그는 선교활동을 벌인다. 당시 마카오에는 이미 예배당이 빽빽이 들어서 있어 동양의 바티칸이라 불렸다. 하지만 마카오는 그에게 종착점이 아니라 중간역이었다.

그는 우선 이곳에서 중국어와 사서오경부터 터득해야 했고 자신을 '중국인'으로 만들고자 했다. 그래야 이 낯선 땅에서 선교를 할 수 있을 것이라고 믿었기 때문이다. 중국에 진입하고자 한 선교사들은 거의 모두 그와 비슷한 경로를 거쳐야 했다.

청 말엽에도 남쪽은 여전히 서양에서 불어오는 바람을 맞이하는 창구였고, 그 가운데에서 마카오는 선진 사상이 싹튼 지점이었다. 《성세위언盛世危言》을 통해 광서제光緒帝, 쑨원孫文, 더 나아가 마오쩌둥毛澤東에게까지 영향을 끼친 정관잉鄭觀應이 바로 당시를 대표하는 인물이다.

그는 청 말기 변법자강운동이 시작될 즈음 입헌군주제를 주장했다. 하지만 여러 문제와 좌절을 겪은 후 심신 모두 지칠 대로 지쳐 마카오로 물러나 저술과 사색에 전념한다. 그렇게 물러났지만 그의 영향력은 줄어들지 않아, 쑨원과 막역한 지기가 될 뿐만 아니라 망명 중이던 캉유웨이康有爲를 돕기도 했다. 근대 중국의 유신파와 지식인들은 대개 그와 관계를 맺고 있다. 그가 머물렀던 마카오 역시 유신파와 혁명당의 주요 활동 지점이 되었다.

마거묘에서 깔사다 다 바라Calcada da Barra를 따라 북동쪽으로 쭉 걸어가면 꽤 큰 면적을 차지하는 링난嶺南(중국의 광둥, 광시, 하이난 등 일대를 포함하는 지역)식 옛 건축물 하나를 볼 수 있다. 바로 정관잉이 살던

저택인 만다린 하우스Mandarin's House(정가대택鄭家大宅)다.

　도착한 시간이 조금 늦었기에 들어가지는 못하고 입구만 서성였다. 그렇게 오래된 저택 앞에 서서 심혈을 기울여 《성세위언》을 집필했을 정관잉의 심경을 헤아려봤다. 그리고 이 집을 드나들었을 유신파의 다급한 발걸음, 혁명에 뛰어들기 이전 젊은 의학도였던 쑨원이 문턱을 넘어 정관잉과 시국을 논하며 지었을 표정을 상상해봤다.

　광둥의 가난한 시골마을에서 태어난 소년 쑨원은 부친을 따라 마카오에 와서 장사를 하면서부터 비로소 세상을 향한 포부를 품기 시작했다. "증기선을 처음 보니 신기하고 바다는 광활하여 서양 학문이 부럽고 세상을 탐구하고 싶은 마음이 생긴다"라는 쑨원의 말을 통해 당시의 포부를 엿볼 수 있다. 물론 쑨원이 혁명의 길로 접어든 곳은 홍콩이었지만, 의술을 행하거나 신문을 발행한 시작점은 모두 마카오였다. 심지어 그는 마카오에 집을 두기도 했다. 마카오는 쑨원이 의료인에서 구국의 길로 접어든 기점이었다.

　10월 10일(신해혁명의 시발점이 된 우창 봉기가 발발한 날) 당일, 나는 동료와 함께 마카오에 있는 쑨원의 옛 거주지를 찾았다. 흥미로운 경축 행사가 진행되고 있을 것이라고 기대한 것과 달리 문 앞에는 적막감만 돌았다. 자동차 몇 대만이 세워져 있었을 뿐 사람과 차 모두 드물었다. 앞에는 "경축 신해혁명. 오늘은 휴관일입니다"라는 문구만이 쓰여 있었다. 헛걸음을 한 것이다. 아무도 우리의 설레던 마음에 대꾸해주지 않았고, 외부 벽에 걸려 있는 '영상으로 보는 타이완'이라는 광고판만이 어색하게 우리와 마주 보고 있었다.

　마카오 사람들에게 그 "국부 기념관"은 학교 야외수업 소재 정도의 의미밖에 되지 않는 듯했다. 혁명이 시작되었던 그날에 마카오는 늘어지게 하품을 하고 있었다. 백 년 전 거세게 일었던 폭풍우가 자신들과는 무관하다는 듯이 말이다. 우리의 방문은 우리들만의 일방적인 소망이었던 것 같다. 적막감은 공감의 부재와 짝지어 있었고, 공감받지 못한 역사의 자취는 마카오의 지난 백 년처럼 무미건조했다.

●

마카오의 문화평론가 리잔펑李展鵬은 여권이 세 권이다. 하지만 그 가운데 그 어느 것도 그가 자각한 자신의 정체성과 일치하지는 않는다.

　"우리는 태어나자마자 포르투갈 여권을 갖게 돼." 리잔펑은 나보다 두 학번 높은 대학 선배다. 그의 가족들은 국공내전 이후 대륙에서 마카오로 도망쳐왔다. 덕분에 그는 포르투갈의 통치 아래 있는 마카오에서 자랄 수 있었다. "식민지 시기 포르투갈은 마카오를 통치할 마음이 없었어. 따라서 그 여권은 나의 신분을 보여준다기보다는 여행 때나 사용하는 증명서에 불과해." 그 여권을 가장 자주 사용한다고 해도 그것이 그와 포르투갈과의 관계가 깊다는 것을 증명하지는 못한다. 그저 가진 지 가장 오래됐고, 비교적 사용하기 편리한 여권일 뿐이다.

　그가 타이완에 입국할 때에는 타이완 여권을 쓴다. 그 여권은 1993년 그가 타이완에 와서 대학을 다닐 때 받은 것이다. "홍콩과 마카오는 당시 피식민지 상태였지. 자신이 정통임을 자칭하던 중화민국 정부는 홍콩과 마카오 교포를 같은 국민이라고 인정해줬어. 외세에게 잠시 통치를 당하는 처지에 놓였을 뿐, 우리는 여전히 같은 국가에 속했다는 거지." 리잔펑 스스로가 인정하듯이 타이완 여권은 드문드문 사용하는 편이었다.

1999년 마카오가 반환되면서 리잔펑은 세 번째 여권을 갖게 되었다. 바로 마카오 특별구 여권이다. "나의 공식적인 국적은 중국이야. 하지만 이 여권과는 아직도 아무런 관계를 정립하지 못했어."

그가 가진 세 권의 여권은 근대 마카오인들이 가진 정체성의 축소판이다. 모호한 위치를 선명하게 보여주기 때문이다. 《마카오 오백 년 기밀 해제解密五百年澳門》에서는 다음과 같이 말하고 있다.

"1950년 마카오 거리에 삼색 패루牌樓(중국인들이 경축 등을 목적으로 큰 거리에 길을 가로질러 세우던 시설물)를 세우면서부터 각 기념일마다 서로 다른 경축 방식이 행해졌다. 이를테면 10월 1일은 중화인민공화국(중국)의 국경일로, 패루를 톈안먼 모양으로 만들어 상단에 마오쩌둥 주석과 고위 관직자의 사진을 둔다. 10월 5일은 포르투갈 국경일로, 신마로Avenida de Almeida Ribeiro 우체국과 인애당회仁愛堂會에 태양등을 켠다. 그리고 10월 10일은 쌍십절雙十節(1911년 신해혁명과 1912년 중화민국 정부 수립을 기념하는 축일)로, 패루는 푸른색으로 바뀌고 청천백일기(타이완의 국기)가 그려진다."

하지만 마카오의 흐릿한 정체성은 오성기에 조금씩 편입되면서 선명한 하나의 현실로 굳어지고 있었다. 내가 마카오에 도착한 그해 10월, 마카오 세나도 광장의 패루에는 중화인민공화국의 국경일을 경축하는 문구가 내내 매달려 있었다. 그 경축 문구는 쌍십절 때까지도 그대로 자리를 지키고 있었다.

●

마카오에 있는 '핀토 리브로스Pin-to Livros'라는 독립서점에서 극단을 운영하는 서점의 동업자 아제이阿J와 만나기로 했다. 서점은 세나도 광장 부근 카페의 위층에 있었다. 서점 문을 열어젖히자마자 책 더미 사이를 마구 뛰어다니는 고양이가 눈에 들어왔다. 그곳에 진열되어 있는 책들은 거의 모두 홍콩과 타이완에서 출판한 중국어 번체자로 쓰인 서적들이었다.

아제이는 리잔펑과 달리 한 권의 여권, 바로 중화인민공화국의 여권만을 가지고 있었다. "나는 베이징에서 태어났거든." 베이징에서 마카오에 이르기까지 그는 한 번도 국가에 관한 정체성 문제를 고민해본 적이 없었다. 그런데 홍콩에서 공부하면서 6·4 항쟁을 마주했고, 다른 홍콩 학우들과 마찬가지로 충격을 받으면서 국가의 의미에 대해 다시 생각해보게 되었다. "6·4 항쟁은 나를 중국으로부터 멀어지게 만들었어. 차라리 스스로를 마카오인이라고 여기는 게 나았지." 차분하면서도 개성 있는 말투를 가진 아제이는 창문 앞 소파에 기대어 앉아 자못 진지하면서도 느긋하게 말했다. 이때 고양이가 가볍게 뛰어오르자 그는 고양이를 안고는 털을 가만히 쓰다듬어줬다.

이제이의 말을 들으면서 홍콩 링난대학嶺南大學의 조교수인 예인충葉蔭聰을 떠올렸다. 예인충 역시 마찬가지로 홍콩에서 공부하는 마카오인으로, 타이완에서도 대학원을 다녔지만 결국에는 홍콩에 정착했다. 그리고 홍콩의 사회운동에 활발하게 참여하면서 시민사회라는 의제에 힘을 보탰다. 한 번은 모임에서 우리는 그와 관련된 주제를 논한 적이 있는데 그의 답은 이랬다. "나는 내가 중국인이라고 생각해. 그러니 중국에 대해 일정 정도 책임이 있는 거지."

예인충이 태어난 당시 마카오에는 친親베이징 정권이 국민당 세력을 대체해 들어서면서 시민사회를 통제했다. '중화인민공화국'과 같은 날 태어난 그는 어렸을 적 생일 때면 온 길가에 오성홍기가 휘날렸고, 사람들은 국민당을 싫어했다고 한다. "하지만 마카오와 쑨원의 관계가 그렇게 가깝고, 국부 기념관까지 있는 걸요?" 예인충은 웃으며 내 질문에 답했다. "하지만 쑨원과 국민당이 결코 동일시된다고 볼 수는 없어. 쑨원은 공산당 마음속에서도 어느 정도 자리를 차지하는 걸."

예인충이 자라온 1980년대에는 마카오와 중국 간의 경계가 더 이상 명확하지 않게 되었다. 마카오 어딜 가나 오성홍기를 볼 수 있었고, 심지어 중학생 시절 그는 주하이珠海까지 가서 책을 사기도 했다. 문화대혁명 이후로 한창 대개방의 '문화 붐'이 일어난 시기이자, 서구 사상을 담은 각종 출판물들이 분출되어 나왔던 때였다. 식민지에 사는 청년이었던 예인충도 당시 중국인들과 함께 '계몽운동'을 경험했다. "그때가 아마 내 민족주의가 최고조에 달한 시기였지." 그런데 그는 지금까지도 여전히 당시 자신이 도대체 어떤 중국에 일체감을 느낀 것인지는 확실히 분간하지 못하고 있었다.

"내 마음은 아직 1980년대의 그 가난했던 중국에 머물러 있어. 사람들에게 미래를 끌고 나갈 수 있을 것이라는 믿음을 줬던(또는 그렇게 오해하도록 만들었던), 여러 모로 아직 미지와 미실현의 세계였던 중국 말이야." 이미 홍콩인으로 취급받고 있는 예인충은 그와 같이 미세한 부분들은 명확히 구분하기가 힘든 것이라고 강조했다.

사람들 개개인의 정체성은 저마다 다를 뿐만 아니라 자신을 구성하는 배경과 기억도 제각각일 수밖에 없다. 세 권의 여권을 가진 리잔펑은 리어우판李歐梵의 말을 인용해 "마카오인들은 역사의식이 없다"고 말했다. 포르투갈의 지배를 받던 당시 마카오 사회는 어떤 통치에 의해서라기보다는 그저 자연적으로 굴러갔고, 현지인들에게 그 어떤 이데올로기도 주입되지 않았을 뿐만 아니라, 대중매체도 제 역할을 하지 않기 때문이다. 마카오에서 역사 교육이 이뤄지지 않았음은 두말할 필요도 없다.

이후 마카오가 세계 유산 대열에 합류하기 시작하고, 카지노가 세워지고 나아가 반환 문제에 직면하게 되면서 마카오인들은 비로소 정체성 문제를 고민하기 시작한다. 당시 스물일곱 살이었던 리잔펑도 그제야 마카오 역사 탐색과 이해를 위한 여정을 시작했다.

"이후 나는 마카오 역사를 추적하기 위해선 콜럼버스가 항해했던 시기로 거슬러 올라가야 한다는 사실을 깨달았어." 리잔펑이 나중에 발견한 바에 따르면 마카오를 대항해시대에 대입해야만 마카오 자신과 세계와의 관련성이 파악되었다. "마카오의 답은 중국에 있지 않고 말라카, 피낭 혹은 고아와 같은 도시에서 찾아야 했어. 우린 식민지배 경험과 기억을 공유했거든."

●

30여 년 간 포르투갈 여권을 소지해온 리잔펑은 포르투갈어를 한 마디도 하지 못했고, 포르투갈 친구도 없을뿐더러 포르투갈을 가본 적도 없었다. 그러다가 2008년에서야 처음으로 포르투갈로 여행을 떠났다. 그는 뿌리를 찾기 위해서였다고 농담처럼 말했다. "가장 먼길로 가서 마카오를 찾았지." 그런데 그는 '낯설면서도 익숙한' 포르투갈 땅에 도착한 후에야 포르투갈에도 '뿌리'라는 것은 없다는 사실을 깨달았다.

"포르투갈의 유명한 타일 회화 장식품을 마카오에서도 흔히 볼 수 있거든. 그런데 그게 아랍에서 온 거였다지 뭐야." 리잔펑의 말에 따르면, 과거 포르투갈이 무어인Moors(아프리카 북서부에 살았던 무슬림들. 8세기에 스페인을 점령했다)의 지배를 받았기 때문에 타일을 활용한 회화 공예품뿐만 아니라 오늘날까지 아랍식 성보가 남아 있다. 식민 활동이 성행하던 시기 포르투갈로 흘러 들어간 아프리카 흑인 노예들은 현지 음악에 영향을 끼쳐 뜻밖에도 세계적으로 명성 높은 포르투갈 파두Fado

를 탄생시켰다. 게다가 아름다운 마누엘 양식Manueline(포르투갈의 후기 고딕 건축양식)은 인도, 중동, 이탈리아, 포르투갈의 양식을 하나로 모은 것이다. 그와 같이 세계 각지에서 가지고 돌아온 건축 양식은 당시 포르투갈인들이 세계를 누볐다는 확실한 증거다.

그 여정은 리잔펑에게 강한 충격을 남겼다. 여러 문화가 혼재되어 있는 곳에서 뿌리를 찾는다는 것은 무의미하다는 사실을 깨달았기 때문이다. 차라리 그 시간에 자기 자신을 되돌아보는 편이 나을 일이었다.

말레이시아

저는 말레이시아 사람이니
화교라고 부르지 마세요

2000년, 새 천년을 맞은 말레이시아 쿠알라룸푸르에서 처음으로 남양南洋을 만났다. 말레이시아의 수도는 고층 빌딩과 여러 현대식 시설이 가득한 것부터 얼굴 정면으로 몰아닥치는 무더위가 사람을 예민해지게 만드는 것까지 꼭 타이베이 같았다.

나와 친구는 택시에 올라탄 다음 늘 그래왔듯이 영어로 목적지를 말했다. 그러고선 중국어로 대화를 이어나갔다. 그런데 그때 택시기사가 백미러로 우리를 보며 웃더니 "쿠알라룸푸르에 오신 걸 환영합니다. 어디서 왔죠?"라고 물었다. 우리는 그의 중국어 인사말에 깜짝 놀라 어떻게 된 영문인지 이리저리 캐물었다.

알고 보니 기사의 본적은 중국 광둥으로, 그는 중국어뿐만 아니라 광둥어까지 할 줄 알았다. 게다가 우리가 웃고 떠드는 와중에 중간중간 몇 마디 주고받은 민난어閩南語(중국어의 방언으로 주로 중국 푸젠성과 타이완에서 쓰인다)까지도 알아듣고 반응했다. "우리 말레이시아 화교들은 화교들끼리 뭉쳐 지내다 보니 다른 이의 고향 말을 배우는 것은 흔한 일이죠." 기사는 웃으며 말했다. "많은 말레이시아 화교들이 학교에서는 영어와 말레이어를 배우지만 방학해서 집으로 돌아오면 중국어와 광둥어를 쓰거든요."

말레이시아에 대한 첫인상은 그렇게 택시 안에서의 '언어 탐구'로 시작되었고, 그것은 동남아시아 화교에 대한 나의 호기심을 발동시켰다. 나는 처음으로 말레이시아 화교들이 무척 많다는 사실과 함께 그들 간에도 서로 말이 다르다는 것을 알게 되었다. 그들은 같은 언어를 사용한다고 하지만 그 속을 들여다보면 큰 차이가 있었다. 서로 다른 어조를 통해 그 사람의 뿌리를 짐작할 수 있기 때문이다. 그 택시기사 역시 우리가 외지에서 왔다는 사실을 곧바로 알아챘다. 우리의 말투가 분명 그들과는 달랐기 때문이다.

나는 그러한 이른바 '말레이시아식 중국어'가 고향 말이 변형된 것임을 깨달았다. 차창 밖으로 이따금씩 중국어 간판을 걸어둔 상점이 눈앞을 스쳐 지나갔는데, 로마자로도 표기를 해두고 있었다. 그런데 아무리 봐도 영어로 번역한 것도 아니고, 중국어 병음도 아닌 것이 이상했다. 알고 보니 그것은 고향 방언의 병음법에 따른 것이었다. 이를테면 다챵大强, Da Qiang마켓의 경우 푸저우 발음으로 '타 키옹Ta Kiong'이라고 표기해두는 식이었다. 그뿐만이 아니다. 말레이시아에서는 가구점을 '쟈쓰항像佮'이라 부르는데, 여기서 쟈쓰像佮 역시 푸젠어 및 광둥어식 표현이다.

이상이 내가 피부로 느낀 '남양'이다. 하지만 중학생 때 교과서에서 남양을 마주했을 때는 이러한 부분들은 배우지 못했다. 나의 지리교과서 속 남양은 필리핀제도, 인도차이나반도, 말레이반도 등의 지명으로 세계지도에 인쇄되어 있었다. 또한 책에는 온통 판에 박힌 듯 뻔한 이미지가 가득했다. 이를테면 야자수, 모래사장, 비키니 따위 말이다. 시험 답안지에 우리가 써넣어야 할 정답들은 고무, 주석, 니켈 또는 구리와 같은 것들로 정해져 있었다.

●

오늘날 중국 대륙에서는 더 이상 남양이라는 단어를 쓰지 않는다. 그보다는 '말레이제도'라는 용어로 부른다. 어쩌다 가끔씩만 남양군도라는 이름으로 대체해 부르곤 한다. 그런데 일본식 언어 환경에서는 남양군도가 1차 세계대전 후 일본이 통치한 서태평양제도를 가리킨다. 그리고 이들 섬은 2차 세계대전 이후 미국이 접수해 관할했다.

지리적 명칭이란 과학적인 좌표가 아닌 역사에 의해 결정되는 것이다. 따라서 사람들은 역사 안에서 자신이 부르는 지명의 방위를 설정할 수 있을 뿐이다. 더욱이 동남아시아 화교들이 말하는 남양은 중국에서 고향을 등지고 떠나온 선조들의 유업을 가리킨다. 다시 말해 남양으로 간다는 것은 바로 타향이 고향으로 바뀌는 것을 의미한다.

그 당시 내 인생의 최대 목표는 대학 입시에 맞춰져 있었기 때문에 연합고사라는 관문만 잘 통과하면 그만이었다. 따라서 당시 내게 교과서 속의 '남양'이란 그저 방향감을 상실한 지식의 바다에서 나뒹구는 물방울에 불과했다. 내게는 그것을 건져서 자세히 탐구할 방법도, 여력도 없었다.

이후 나는 즈난산指南山의 산자락 부근에 있는 대학에서 공부하며 학생 기숙사에서 비로소 진정한 '남양'을 만났다. 개학 하루 전날, 내가 짐을 잔뜩 짊어지고 몸을 옆으로 기울인 채 문에 들어서자 이미 어느 정도 정리를 마친 룸메이트들이 따뜻하게 맞아줬다. 그 틈에서 맑게 빛나는 눈을 가진 두 친구가 함께 웃으며 나를 환영해줬는데, 바로 말레이시아에서 교포 자격으로 타이완에 공부하러 온 이들이었다.

그런데 우리는 같은 방에 살면서도 대화할 기회가 부족했다. 내 마음속에서 그들은 그저 조용하면서도 신비로운 존재였다. 그저 '어째서 저 친구들은 말레이시아인이면서 동시에 화교일까?'라는 의문을 살짝 가졌을 뿐이었다.

언어의 제약 때문인지 그들은 내 앞에서 별로 말을 하지 않았다. 간혹 어쩌다가 미간이 찌푸려질 정도로 알아듣기 힘든 말레이시아식 중국어 몇 마디를 내뱉었을 뿐이다. 그런데 또 다른 말레이시아 친구들과 함께 있을 때면 유창한 광둥어가 끊이지 않았고 웃음꽃이 만발했다. 그 광경을 바라보며 이런 생각이 들곤 했다. "저 친구들도 웃고 떠들 줄 알고, 저렇게 명랑했었구나."

그로부터 4년이 흐른 후, 나는 말레이시아 땅을 밟았다. 귓가에는 다양한 어조의 중국어가 들려왔는데, 그야말로 가지각색이었다. 그제야 비로소 룸메이트들이 썼던 언어가 이해되었다. 말레이시아식 중국어의 어조는 본래 이렇게 다양했던 것이다.

그렇게 한 걸음 한 걸음 이해하고, 그것들이 층층이 쌓이면서 비로소 '남양'의 진짜 얼굴이 서서히 그려졌다. 그 세계를 탐구하면 탐구할수록 과거 내가 놓쳤던 것들이 떠올랐다. 그 친구들의 웃는 얼굴, 광둥어로 재잘거리는 목소리, 억양을 고치기는 힘들지라도 전하는 내용만큼은 진실했던 말들 따위 말이다.

만약 그 시절로 돌아갈 수 있다면 그 친구들에게 미주알고주알 이런 질문들을 해보고 싶다. "그럼 너희 선조는 어디에서부터 온 거야?", "너희 나라에 관해 들려줄 만한 흥미로운 이야깃거리가 있니?", "너희 고향은 얼마나 아름다워?"

●

2010년, 나는 다시 남양에 갔다. 이번 여정의 주요 목적지는 말라카 Malacca였다. 그곳에 도착한 나는 작열하는 태양에 정신이 혼미해져 그늘지고 서늘한 정화 기념관으로 급히 피신했다. 그곳에서 문득 생각해보니 남양은 정화가 갔던 '서양'(정화가 서양으로 항해를 떠난 당시, 명에서 서양은 말라카 해협의 서쪽을 지칭했다)이기도 했다. 그런데 내가 문 뒤편의 홀 전경을 제대로 들여다보기도 전에 말레이시아식 중국어를 구사하는 한 여성이 앞으로 다가와 창밖의 햇살처럼 웃는 얼굴로 인사를 건넸다. 그러고선 내게 창고를 개조해 만든 그 기념관을 소개해줬다. 홀 안쪽에는 옛 우물도 하나 있었는데, 그는 힘주어 강조했다. "이게 바로 정화의 선원들이 판 우물이에요."

나는 정화에 관해 읽었던 기억을 더듬어보면서도 무심코 선반 위에 꽂혀 있는 여러 참고 서적들을 들춰봤다. 그런데 그 여성이 슬며시 책들을 밀어 넣더니 박력 있게 지도 한 부를 꺼내 내 손 위에 올려놨다. 내가 미심쩍은 얼굴로 쳐다보자 여성은 눈짓을 보내며 말했다. "여행객들은 돌아갈 때 전부 이 지도를 사간답니다."

갈색 종이로 된 그 지도는 양팔을 활짝 펼친 듯이 기다란 모양이었다. 지도 위에는 산봉우리, 하구, 항만이 그려져 있었고 이따금씩 교량, 사당, 기타 건축물들을 표기한 부분들도 보였다. 바로 저 유명한 '정화항해도'다. 지도는 오른쪽에서 왼쪽 방향으로 정화 선단의 항로를 펼쳐 보이면서 그들이 지나간 곳의 지명과 경관을 알려주고 있었다. 그들의 배는 난징南京의 바오촨창寶船廠에서 출범한 다음 룽쟝관龍江關에서 출항해 최종적으로 호르무즈 해협에 이르렀다. 거기서 가볍게 지도를 펼쳐보다 보니 삼십 분 정도면 다 둘러볼 수 있는 그곳 기념관만큼이나 정화의 서양행이 굉장히 쉬워 보였다.

당시의 경관을 묘사한 도화를 통해 살펴보니 이곳 창고 앞은 과거 행상인들의 발걸음이 끊이지 않고 노점상이 모여드는 등 크게 활기를 띠었던 곳이었다. 그런데 오늘날 말라카강 부근 다리 쪽으로 기대고 있는 기념관은 밋밋한 이층 건물이다. 그 외관만 봐서는 얼마나 깊은 역사적 의의가 있을지 상상하기 쉽지 않을 것이다.

우측으로 다리를 건너면 여행객과 행상인들이 모여드는 포르투갈 성당의 광장이 있다. 좌측으로는 소박하고 예스러운 정취를 풍기는 화교 지구로 곧바로 이어진다. 유독 기념관만이 그곳에 덩그러니 남아 자리를 지키며 언제 올지 모르는 여행객들의 방문을 기다리고 있다.

병마용을 연상시키는 정화 조각상은 문 앞에 똑바로 서서 중국과 서양의 역사가 만나 우쭐해하던 말라카 왕국의 몰락을 바라보고 있다. 혹시 정화는 관광객을 끌어 모으기 위해 인위적이고 부자연스러운 '고적古蹟'으로 덧칠하고 새로 단장한 소도시를 바라보며 차라리 바다로 돌아가고 싶어 하지는 않았을까?

정화의 명성은 콜럼버스보다 덜할지도 모른다. 하지만 정화는 콜럼버스보다 백 년 먼저 항해를 떠났다. '키 구척에 허리둘레가 열 뼘이며 외모는 수려하고 눈매가 부리부리한데 귀는 얼굴보다 하얗고 치아는 희고 고르며 호랑이처럼 걷고 목소리는 낭랑한' 이 삼보태감三保太監(삼보는 정화의 아명이며, 태감은 환관을 의미한다)은 영락 3년(1405년)에 해선 240여 척과 2만 7,400명의 선원을 이끌고 항해를 시작했다. 대륙 기질을 강조하는 중국 역사에서 그는 유일하게 해양 함대를 거느린 역사적 인물이다.

●

윈난雲南성 쿤양昆陽에서 태어난 정화는 원 시기 귀족의 후손이자, 중앙아시아에서 건너와 '색목인'으로 불렸던 이들의 자손이다. 무슬림인 그들 가문은 메카Mecca 순례를 평생의 숙원으로 봤다. 정화의 부친과 조부는 실제로 그 염원을 이루며 메카를 순례하는 여정을 통해 세상의 풍광을 널리 둘러봤다. 어린 정화도 아버지와 할아버지의 이야기를 통해 외지에 대한 동경을 품었다.

그런데 정작 그 꿈을 이룰 기회를 준 것은 원을 멸망시킨 적이었다. 명 영락제가 조선과 항해기술에 정통한 이 무슬림 자녀에게 함대를 이끌고 국위를 선양하도록 중국 밖으로 나갈 것을 명한 것이다. 그 대사업을 정화와 같은 이민족이 해야 했던 이유는 어렵지 않게 가늠해볼 수 있다. 한족의 유교문명에는 줄곧 모험심이 부족했기 때문이다. 그들은 항상 황색 땅에 발붙이고 평안을 유지하고자 했다.

'하서양下西洋(정화가 서양을 향해 내려갔다는 의미)'이라는 세 글자는 그래서 절묘해 보인다. 그 말은 북방에 수도를 세운 명 제국의 시각을 드러낸다. 즉 중원 중심적인 사고관에서 보자면 남만과 북적은 전부 유교 한족으로부터 길들여지지 않은 이민족으로, 중국 문명의 인지 지도 Cognitive map에서 하위에 속한다. 따라서 일곱 차례에 걸친 정화의 출항은 오늘날 우리가 이해하는 자유시장 교역을 위해서가 아니라 중화식 조공무역을 확대하려는 데 그 목적이 있었다.

정화 기념관 2층 전시실에는 원형 크기의 항해도가 진열되어 있었고, 바람을 타고 파도를 넘으면서도 무료했던 정화의 갖가지 해상 생활에 대한 소개도 있었다. 높이 20.3센티미터에 길이 630센티미터 크기의 항해 지도는 총 20쪽 분량에 109개 침로針路 항로, 네 폭의 항해 별자리도로 구성되어 있으며, 오백여 개의 지명이 담겨 있다.

가이드는 침침한 전시실에서 14세기 당시 정화가 어떻게 침로(24/48 방위 나침반 항해 유도)와 항해 별자리 기술(천문 항해 유도)을 사용해 망망대해에서 방향을 확인했는지 시범을 보여주기도 했다. 일찍이 송에서는 나침반 기술이 발명되었고 연안무역도 상당히 번성했다. 정화 항해도와 그 선단의 항해기술은 감탄과 동시에 궁금증을 자아냈다. '어째서 해양문명은 중국에서 일어나지 않았던 걸까?'

하필 그 시간대가 그랬던 것인지 내가 정화 기념관에서 마주친 이들은 전부 학생 혹은 가족 단위의 화교들이었다. 한때 찬란하게 빛났던 이곳 말라카는 중국과 말레이시아 사이를 잇는 역사적 연결점이었다. 중국인들은 이곳에서 자신을 볼 수 있었고, 말레이시아 화교들은 이곳에서 이민자들의 역사를 지켜봤다.

정화를 따라갔었던 선원들, 그리고 타향으로 시집온 명 공주를 따라간 시종들은 변화하고 떠들썩한 이 신흥 도시에 남아 현지 여성들과 결혼해 아이를 낳고 살며 뿌리를 내렸다. 그들의 후대를 놓고 남성은 바바Baba, 여성은 논야Nyonya라고 부른다. 영국 식민지기, 이들 바바와 논야는 식민주의자들에게 복종함으로써 특정 계급인 '현지 태생 화교Peranakan'가 된다.

그런데 나의 말레이시아 화교 친구들은 그 기념관을 그다지 인상 깊게 보지 않은 듯했다. 그 친구들 가운데 천민제는 어느 중국인과 이 기념관에 방문했었는데, 정화에 관해서는 그의 어릴 때 이름인 '삼보'에 관한 것밖에 몰랐다가 그때야 비로소 정화에 대해 보다 더 깊은 이해를 갖게 되었다고 했다. "어렸을 적 어른들은 삼보가 말라카에 온 이유가 말레이족을 말살하기 위해서였다고 하셨었지."

천민제의 회고에 따르면 화교는 내내 말레이족과 사이가 좋지 못해 방언으로 그들을 '판짜이番仔(외국인 혹은 원주민을 가리키는 멸칭)'라고 부르곤 했다. 그러면서 자연스레 화교들 사이에서는 말레이 무슬림의 문화 및 풍습에 대한 편견이 만연해졌다. 라마단이나 허리춤에 차고 다니는 칼 등 그들의 전통은 모두 다음과 같이 해석되었다.

"그것들은 전부 삼보가 그들에게 시킨 것이다. 그들에게 음식을 먹지 말고 굶어 죽으라고 가르쳐 주고, 허리춤에는 칼을 꽂게 해 지붕 위를 올라갈 때 걸려 넘어져 스스로 찔려 죽도록 했다."

정화는 중국에서는 위대한 역사적 상징이지만 말레이시아 화교의 마음속에서는 말레이족을 혼내주는 천지신명이 되었다. 천민제는 줄곧 그와 같이 차별이 만연한 환경 속에서 자라왔고, 그것이 이상하다고 느끼지 않았다. 그러다가 정화를 '제대로' 알게 되면서 비로소 자신의 주변을 돌아봤다. "정화가 무슬림인데 어떻게 말레이족을 말살하려고 했겠어?"

●

정화 조각상과 마주 보고 있는 어느 루프탑 카페에 들렀다. 카페 내부에는 타이완의 최신 유행곡이 흘러나오고 있었고, 밖에는 차이밍량蔡明亮 감독의 영화 포스터까지 붙어 있었다. 기념관에서 나온 나는 본능에 이끌려 카페로 들어갔다. 주인장은 짧은 수염을 기른 화교로, 이름은 린쉰링林訓凌이었다.

"누가 현지 태생 화교인지 어떻게 구분할 수 있죠? 어딜 가면 그들을 만날 수 있을까요?" 나는 스탠드바에 바짝 달라붙어 책을 뒤적이면서 그에게 물었다. 갑작스러운 물음에 주인장이 어리둥절해했다. "내가 바로 현지 태생 화교야."

"우리 할아버지께선 2차 세계대전 전에 푸젠성 난안南安에서 말라카로 오셨어. 내가 4세대라고 볼 수 있지. 어렸을 적부터 가족들은 전부 중국어를 썼고 나도 중국어 교육을 받았어." 린쉰링은 간략하게 집안 얘기를 들려줬다. 하지만 그 당시 그의 할아버지가 말라카로 온 이유에 대해선 그도 정확히는 알지 못했다. 다만 조부가 푸젠에서부터 해왔던 어업을 계속 밥벌이로 이어나갈 수 있도록 바다 가까이에 정착지를 마련했다는 것 정도만 알았다. "이곳 바다가 할아버지께 고향에 있는 것 같은 기분을 느끼게 해줬을 거야."

나는 여행서에 나와 있는 설명을 가리키며 물었다. "중국인과 현지인이 함께 낳은 바바와 논야가 현지 태생 화교 아닌가요?" 그런데 막 입을 뗌과 동시에 나는 그가 하는 말의 의미를 깨닫고 말을 삼킨 다음 웃어 보였다. 역시나 서양 여행서의 장단에 놀아나지 말아야 했다. 그는 말레이시아에서 태어난 화교인데, 어찌 현지 태생 화교가 아니라고 할 수 있겠는가? "최근 몇 년 사이 나는 우리 선조가 왜 이곳으로 왔는지 갑자기 궁금해졌어. 여태껏 뿌리를 찾아야겠다는 생각을 해본 적은 없었지만 선조들의 이야기를 잘 모르는 것에 대해선 항상 아쉬움을 가지고 있었어."

아직 파릇파릇한 청년인 주인장은 과거 자신의 철없던 시절을 이야기해줬다. 타이완 영화 〈맹갑艋舺〉처럼 그 역시도 청춘을 친구들과 몰려다니며 '의리'를 지키는 데 썼다고 한다. 듣다 보니 선조들의 이야기보다 그의 인생이 더 화려하고 파란만장하다고 느껴질 정도였다. 그러나 선조들은 이제 이 세상을 떠났으니 지금부터는 그가 새로운 이야기를 시작해야 했다. "내가 바로 말레이시아 현지 태생 화교야. 그 이야기는 이제 나에서부터 다시 시작되지."

●

내가 다시 남양을 마주한 것은 중국인들이 개척한 땅인 피낭에서였다. 이번에는 남양도 내게 그다지 큰 놀라움을 주지는 못했다. 어딜 가나 푸젠식 말투가 들리고 푸젠성 같은 느낌이 드는 상황에 이미 익숙해졌기 때문이다. 쿠알라룸푸르와 비교하면 피낭은 사방에서 중국의 느낌이 물씬 났고, 미세한 어조의 차이를 귀 기울여 듣지 않으면 중국의 어느 소도시나 타이완에 온 것 같은 착각이 수시로 들 정도였다. 중국의 기인인 구훙밍辜鴻銘 이야기 때문인지는 몰라도 피낭과 타이완의 루강鹿港 사이에는 어떤 연관이 있을지도 모른다는 생각이 계속 들었다. 어딘가 친숙하다는 느낌을 받았기 때문이다.

조상의 본적이 푸젠성 동안同安인 구훙밍은 피낭에서 태어났다. 타이완 루강의 구셴룽辜顯榮 집안과는 친지 관계로, 그의 아버지는 화교이고 어머니는 백인이다. 오늘날의 시각에서 보자면 그는 누가 뭐래도 현지 태생 화교다.

구훙밍은 어렸을 적부터 영특해 고무농장을 경영하는 영국인이 그를 양자로 삼아 해외로 유학을 보내줬다. 열 살 때 유럽으로 건너간 구훙밍은 갖가지 언어에 능통해지는 한편 철저하게 서구의 고전을 바탕으로 공부하고 생각했기에 조국으로부터는 점점 더 멀어져 갔다. 그렇게 서양인에 가까워지던 차, 1881년 싱가포르에서 리훙장의 명령을 받들어 아편무역 문제를 조사하고 있던 마젠중馬建忠을 만나면서 그의 정체성이 180도 바뀐다.

이후 그는 중국으로 떠나 다시는 남양으로 돌아오지 않는다. 당시는 서양 현대 사상이 중국으로 물밀듯이 들어온 시기로 사방에서 개혁과 유신을 요구하는 소리가 울려 퍼졌다. 그런데 반평생을 서구 학문에 매진해온 이 수재는 도리어 혁명을 반대하고 복위를 주장한다. 아직까지도 그가 왜 그런 선택을 했는지는 이해받지 못하고 있다. 이 '외국인'은 부패하고 노쇠한 옛 중국을 왜 그렇게 지키고자 했을까? 그는 '자신의 중국'을 어떻게 상상하고 이해한 것일까?

구훙밍과 같은 경우는 사실 특수한 사례로, 교육 수준이 높지 않은 대다수의 화교 이민자에게 있어서 중국은 애매모호한 하나의 명사에 불과하다. 조국을 향한 그들의 상상은 고향을 벗어나지 못하며, 그들의 정체성은 결코 그 큰 중국이나 중화민국, 중화인민공화국 따위가 아니라 영토, 방언, 생활습관에서 온다. 그들은 자신을 중국인이라고 하지 않고 당산唐山(화교가 조국인 중국을 가리키는 용어)에서 온 당인唐人이라고 말한다. 그와 같은 해외 화교들의 위패에는 고향 이름만이 새겨질 뿐, 중국의 행정구역 단위인 '성省'은 표기하지 않는다.

그리고 타향에서 그들의 사회적 관계는 대개 회관과 향우회를 벗어나지 않는다. 동향의 지원을 받아가며 이주하거나 이주 노동자가 될 뿐만 아니라 일상생활에서도 대부분 향우회가 제공하는 혈연적 도움에 의존한다. 커뮤니티 사회가 안정적이고 견고할수록 문화적 정체성은 그곳만의 특색을 갖고, 그럴수록 구성원들은 더욱 똘똘 뭉친다.

그런데 그와 같이 타향살이를 하면서 생긴 단결심은 청 말기 열강의 침략에 민족주의까지 더해지면서 '중국인'이라는 정체성으로 변했다. 해외 화교는 일말의 망설임도 없이 백 년 전 유신파와 혁명파의 지식인들을 후원했다. 쑨원이 세계를 유랑하며 민족주의로 화교의 단결을 호소했을 때, 명과 청 정부가 보기엔 '나라를 배반한 자'일 그들은 더욱 '국가'에 대한 소속감을 갖게 되었다.

●

1906년부터 쑨원은 그러한 해외 화교들을 '화챠오華僑' 즉 화교로 부르기 시작한다. "화교는 혁명의 어머니다"라는 명언은 바로 쑨원이 풀라우피낭의 화교를 두고 한 말이다. 피낭은 동맹회同盟會(쑨원이 중심이 되어 결성한 반청 혁명 조직인 중국 혁명 동맹회의 약칭)의 주요 혁명 거점으로, 혁명당 인사들은 이곳에서 신문을 발행하고 모금하며 혁명을 고취했다. 3·29 광저우 봉기 역시 쑨원이 피낭에 와서 황싱黃興, 후한민胡漢民 등과 같은 동맹회 간부와 기획한 것으로, 그 자금은 동맹회가 교육 명의로 말레이시아 화교들로부터 거둬들여 마련한 것이다.

따라서 혁명의 영광은 피낭 사람들의 자랑거리이기도 하다. 신해혁명 백 주년 전야,《광화일보光華日報》(말레이시아 전역에서 발행되는 중국어 신문. 특히 피낭에서의 매출이 가장 높다)에서 내놓은 백 주년 경축 깃발이 피낭을 뒤덮었다. 쑨원이 발행한 그 신문은 그가 세운 '중화민국'처럼 여전히 살아 숨 쉬고 있다.

우리는 특별히 과거 '쑨원의 근거지Sun Yat Sen's Penang Base'를 찾아갔다. 그곳은 관광객들에게 개방되어 있지만 실제로 찾아오는 이는 대개 현지의 화교 학생들이었다. 한가롭게 내부를 둘러보고 있던 우리는 문득 관람 가이드가 한 초등학생 그룹에게 중국어로 하는 질문을 듣게 되었다. "중화민국 수립에서 공이 가장 큰 사람은 누구일까요?"

아이들은 망연자실한 표정으로 멀뚱멀뚱 서 있었다. 덩달아 지켜보던 우리까지 멍해졌다. 그 질문에 대해 어떤 답이 적절할지 정말 몰랐기 때문이다. 그저 발걸음을 멈추고 누군가 답해주길 기다릴 뿐이었다. 오랫동안 기다렸지만 아이들은 여전히 침묵하고 있었다. 그러자 결국 가이드가 스스로 답을 했다. 그 목소리는 낭랑하면서도 확고했다. "당연히 풀라우피낭 사람들이죠. 우리 피낭 사람들이야말로 중화민국 수립에 가장 크게 기여했어요."

대학 후배인 량유쉬안이 바로 피낭에서 성장한 사례다. 그의 할아버지는 전란을 피해 당시 겨우 네 살이었던 아버지를 데리고 광둥 타이산台山에서 피낭으로 왔다. 그래서 아버지 세대부터 시작해 그 또한 중국에 대한 이해가 전혀 없었다.

플라우피낭의 발전사는 화교들로부터 시작된다. 빈랑섬으로 불리기도 했던 피낭은 과거 정화의 항해도에도 등장했는데, 최초로 화교들의 이민을 독려한 땅이었다. 따라서 화교들로 가득한 도시인만큼 소소 '당산'을 연상시킨다. 그곳 이민자들은 변형된 말레이어가 뒤섞인 푸셴어를 사용하고, 간판도 한자로 되어 있으며, 관혼상제를 치르고, 집을 떠나 타지에서 일을 한다. 그리고 음력을 기준으로 날짜를 세며, 중국의 경축일도 함께 보낸다. 량유쉬안은 그와 같은 환경에서 성장했고, 살면서 한 번도 자신이 '말레이시아'와 아주 깊은 연관을 맺고 있다고 생각해보지 않았다. "내게는 말레이시아 친구도 없는 걸."

우리가 언어, 문화와 국가의 관계를 떼어놓기 힘든 것처럼 말레이시아 화교 역시 마찬가지다. 국경 안에서는 이 모든 것을 따져 물을 필요도, 물을 수도 없다. 그의 신분은 국가가 심사해 발급한 신분증에 표시되어 있다.

"피낭에서는 중화민국에 대한 향수를 찾아볼 수 있어." 량유쉬안도 타이완으로 유학 갈 수 있는 가능성을 부정하지 않고 '중화민국'에 대해 친근감을 품고 있었다. 그런데 타이완에 와서 공부하다 큰 충격을 받는다. 대학교 입학식에서 총장이 교포 학생들을 향해 "여러분의 귀국을 환영합니다"라고 인사했기 때문이다. 그때 그는 머리를 한 방 맞은 느낌이었다. '나는 출국을 했을 뿐인데, 타이완에서는 왜 내가 귀국했다고 얘기하는 거지?'

타이완에서 처음 겪은 경험은 그로 하여금 뿌리 찾기에 대한 고민을 시작하고 자신의 '국가'를 인지하도록 했다. 그의 국적과 신분에 대해 의문을 갖는 타이완인들을 마주할 때면 그는 아무렇지 않게 이렇게 강조하곤 했다. "저는 피낭에서 왔고, 말레이시아 국적을 가지고 있어요. 동시에 화교이기도 하고요."

맨 처음 내가 그의 앞에서 '화교'라는 단어를 꺼냈을 때 그는 약간 거리를 두는 듯한 모습을 보였다. "내게 있어서 화교의 정의는 해외로 이민 간 중국인이야. 그들은 본래의 국적과 국가 정체성을 그대로 유지하고 있지. 하지만 나는 달라. 말레이시아에서 태어났고, 중국과 타이완에 대해 공동체 의식을 느끼지 못해. 내게 있는 거라곤 중국인의 혈통뿐이야."

●

동남아시아에서 태어난 화교들은 타이완의 중화민국 정부에 대해 확고한 일체감을 갖고 있지 않은 이상 결코 스스로를 '화교'로 칭하지 않는다. 중국 또한 마찬가지로 그들을 그렇게 부르지 않는다. 2차 세계대전 이후 민족주의가 대두되던 시기, 저우언라이는 반둥회의에서 화교에 대한 중국의 입장을 다음과 같이 선포했다. "해외 화교는 현지 정부에 충성을 다해야 한다. 또한 현지 정부의 법령을 준수해야 한다."

중국의 입장에서 이른바 화교란 '중국 국적의 신분을 가지고 국외로 이민을 간 자'였다. 비록 중국인들 대부분이 중화 사상 아래 국가와 종족의 차이를 똑똑히 가리지 못하고, 그에 따라 수시로 '화교'를 '중국인'과 동일시하기는 하지만 국가법령 상 화교와 중국인은 명확히 구분되어 있다.

그런데 '중화민국' 사상을 계승한 타이완의 경우는 다르다. 혁명 사업에 호응해준 해외 화교들의 성원에 보답하기 위해 타이완 정부는 법률과 정책에 있어서 중화민족 혈통을 가진 모든 이를 '화교'로 간주하고 '화교 정책'을 수립했으며, 전 세계에 널리 퍼진 화교 자녀들의 '귀국' 진학을 받아들였다.

"어떤 사람들은 교포 학생 신분으로 타이완에 와서 공부하면서 그제야 화교의 의미를 이해해. 그들은 그러한 정의를 받아들이지 못해 교포 학생에게 제공되는 각종 특별대우를 포기하고, 외국 국적의 유학생 신분으로 공부하길 원하지." 량유쉬안의 말에 따르면, 자신들의 세대는 현대 국가의 정의를 따르기 쉽고, 대신 민족의 역사나 혈통 따위는 인정하지 않는다. 더군다나 자신의 정체성을 애매모호하고 특수한 위치에 두길 원치 않기에 차라리 특권을 포기하곤 한다.

량유쉬안은 태어나 처음으로 출국한 곳이 타이완이었다. 그는 고향이 반복적으로 이야기해준 '중화민국'을 처음으로 경험하고, 그에게 익숙한 '중화문화 보존지'에 처음으로 가까이 다가섰다. 그러나 그러한 기대, 설렘, 긴장 따위는 "귀국을 환영합니다"라는 한 마디가 가져온 당혹감으로 대체되어버렸다.

이러한 경험은 타향에서의 자아 찾기로 이어졌다. 그는 말레이시아 교포 학생들과 자주 모임을 갖곤 했는데, 타이완 학우들과 자신과의 사이에 문화적 경계가 있다는 것을 깨달았기 때문이다. 그는 타이완 친구들이 적극적으로 사회를 바꾸고자 하는 모습을 보면서 왜 말레이시아에서는 그러한 일들이 발생하지 않는지 회의를 품기도 했다.

그는 처음으로 사귄 말레이시아 친구를 타이완에서 처음 만났다. 타이완에서 일어난 종족 갈등, 2·28 백색테러와 같은 움직임은 그에게 말레이시아에서의 침묵의 역사를 떠올리게 했다.

타이완에서 보고 느낀 모든 것들은 그에게 자신의 국가가 무엇이 부족하거나 넘치는지를 생각해보는 계기가 되었다. 그렇게 그는 외국에서 자신의 국가를 알아가기 시작했다. 그러한 경험을 거친 그는 이제 자신이 말레이시아 사람이자, 말레이시아 시민이라고 확실하게 말한다.

이후 그는 가족의 이야기를 기록으로 남기기 시작했다. 그 기록에는 예전에는 생각해보지 못했던 종족 갈등의 역사까지 포함되었다. 예를 들면 말레이시아에서 여전히 입 밖으로 꺼내지 못하는 5·13 사건 같은 역사들을 그는 이제 정면으로 바라보고자 했다.

자신의 신분과 정체성을 탐색한 이야기를 카메라에 담기 위해 량유쉬안은 학교로 돌아와 다시 한 번 교정 안에 세워진 "화교는 혁명의 어머니다"라는 문구를 바라봤다. 그는 비석을 가리키며 내게 말했다. "화교가 된다는 것은 정치 및 시민의 의무를 회피하는 도망에 불과해. 자신이 몸 담고 있는 국가와 영토에 대해 아무런 책임을 지지 않아도 되기 때문이지." 그가 보기엔 그러한 회피가 수많은 화교 이민자들이 혈연관계를 이용하면서도 한편으론 자신이 속한 사회나 국가에 녹아들어 가거나 직접 마주하길 원치 않는 이유이기도 했다.

●

2010년 1월, 나는 량유쉬안과 함께 중국과 홍콩의 합작 영화인 〈시월 위성十月圍城〉을 봤다. 영화는 여섯 명의 의인이 쑨원을 보호해 무사히 회의를 마치는 이야기를 담아내고 있다. 극중 양취원楊衢云, 이야기 전반에 등장하는 천사오바이陳少白, 마지막에 잠깐 나오는 쑨원 외에 나머지는 전부 허구로 만들어낸 서민들이다. 그들은 충심에서 혹은 효심 때문에 그것도 아니면 사랑을 위해 쑨원을 보호하는 대열에 합류한다. 영화 속 의인들은 시대에 휩쓸린 소시민들로, 영화와는 다르게 실제 역사는 그들에게 가혹했다.

중국 역사 속 주변부인 홍콩은 영화 속 소시민들을 통해 자신이 결코 변두리가 아니라고 외치고 있는 듯했다. 그들은 국가를 사랑하고, 얼마든지 시국을 바꿀 수 있는 힘도 가지고 있기 때문이다. 이는 한 편의 주선율 영화主旋律電影(정부의 지도 아래 국가의 이데올로기를 선양하는 정치색을 띤 영화)를 통해 역사 속 무명의 영웅들을 보여주는 것처럼 느껴지기도 한다. 꼭 '이름 없는 혁명의 어머니'처럼 말이다.

나는 홍콩의 창작자가 말하는 '애국' 콤플렉스를 재차 음미했다. 피식민지인으로서 홍콩인들이 사랑하는 것은 어떤 국가일까? 언론 인터뷰에 응한 천커신陳可辛 감독은 당시 이렇게 말했다. "몇 세대에 걸친 우리 집안의 화교 스토리가 바로 그와 같을 겁니다. 우리는 애국에 대해 다른 이들보다 망설임 없이 앞으로 나아갈 수 있습니다. 우리에겐 어렸을 적부터 사랑할 수 있는 국가가 존재하지 않았기 때문이죠. 그래서 우리는 애국에 대해 일종의 환상을 가지고 있습니다." 천커신의 아버지가 바로 태국 화교였다.

량유쉬안의 생각은 감독과 전혀 달랐다. 영화관을 나서며 량유쉬안에게 다시 농담을 건넸다. "그러니까 우리가 너희에게 감사해야겠네. 화교가 혁명의 어머니이니 말이야." 그러자 그는 정색하며 이렇게 대꾸했다. "다시는 아무도 나를 화교로 부르지 않았으면 좋겠어."

미얀마

어느 곳이 나의 국가인가?
무엇이 나의 역사인가?

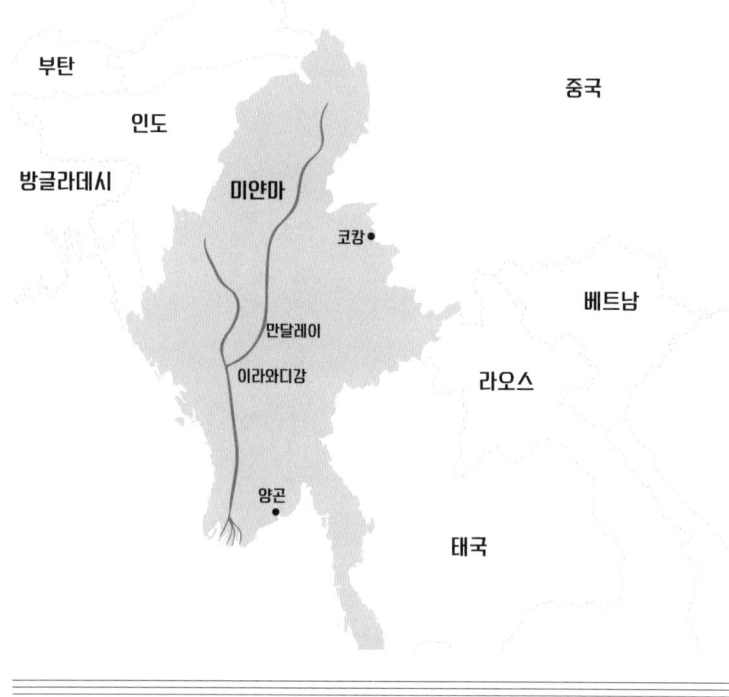

양곤으로 향하는 버스는 이미 짐으로 꽉 차 있어 올라타자마자 좁디좁은 복도에 몸이 끼었다. 나는 뒤에서 세 번째인 창가 쪽 자리를 찾아갔다. 바로 내 옆인 복도 쪽 자리에는 가벼운 옷차림의 건장한 청년 하나가 앉아 있었다. 그가 가지고 탄 커다란 플라스틱 바구니와 야채 통조림이 자리를 크게 차지했다. 나는 어렵사리 그의 무릎을 넘어 내 자리로 들어가면서 속으로 생각했다. '하여튼 미얀마 사람이란!'

"코리안?" 머리를 길게 땋은 히피가 뒤에서 영어로 물어왔다. 나는 고개를 내저으며 "프롬 타이완"이라고 대답했다. 잠깐 인사를 나눈 후 나는 의자에 몸을 파묻고 휴식을 취했다. 버스가 산길에서 흔들리며 가다가 시간이 얼마나 흘렀는지 갑자기 멈춰 섰다. 나는 영문을 알지 못해 고개를 돌려 가까이 있는 미얀마인에게 영어로 물었다. "이곳에서 잠시 쉬고 화장실에 갈 수 있는 건가요?" 그는 머리를 흔들며 알아듣지 못하겠다는 표시를 했다. 자포자기하려는 찰나, 그가 갑자기 느릿느릿 말을 꺼냈다. 생각지도 못했던 중국어였다. "밥 먹을 곳을 말하는 건가요?" 나는 곧장 몸을 돌려 똑바로 그를 보고 앉았다.

"화교세요?" 내 목소리가 약간 상기됐다. 그런데 그는 고개를 저으며 여전히 느릿하게 입을 열었다. "나는 중국인이에요." 나는 미간을 찌푸리며 속으로 중얼거렸다. '어떻게 자기가 중국인이라는 거지?' 그러면서도 대화를 이어나갔다. 그는 앞서 '타이완'이라는 단어를 듣고 내 말에 중국어로 응해본 것이었다. 하지만 그가 할 수 있는 중국어는 몇 마디 되지 않았고, 중국어를 접한 지 얼마 되지 않은 것처럼 보였다. 손짓 발짓을 다 써가며 대화를 이어가다가 마침내 퍼즐처럼 그의 이야기를 맞춰볼 수 있었다.

그는 타웅지Taunggyi에 살고 있으며, 내년에 싱가포르에 가서 친척의 후견을 받으면서 일하기 위해 8개월간 중국어를 공부했다고 한다. 그의 공부 목적은 문화적 정체성을 지키기 위해서일 것이라는 뻔한 생각과는 다르게 실용적인 성격이 강했다. 그런데 그는 여전히 내게 이 한마디를 강조했다. "중국인이니까 중국말을 할 줄 알아야 하죠."

그는 내가 미얀마 여정 도중 만난 첫 미얀마 화교였다. 이번 여정에서 만달레이는 가지 않았다. 그곳은 화교가 밀집한 도시로, 지연에 의해 여전히 문화와 언어를 어느 정도 간직하고 있는 화교들이 중국과 비교적 가까운 북부로 모인 경우였다. 그래서 당시 여행 내내 길가에서는 화교의 존재가 그림자처럼 바짝 붙어 따라다녔다. 이를테면 숙박업소나 길가의 작은 상점들은 한결같이 중국어로 된 달력을 걸어두고 있었다. 점원의 표현을 빌리자면 그것은 "주인이 화교이기 때문"이었다.

하지만 '화교 주인장'은 늘 보기가 힘들었다. 어쩌면 그와 같이 어디에서나 존재하면서도 언제나 볼 수 없는 모습이 바로 화교라는 종족이 미얀마 사회에서 살아가는 방식인 듯했다. 어딘가에 확실하게 속하지 못하고 불안정하게 휘청거리는 모습은 국사발 위에 둥둥 뜬 한 겹의 기름기처럼 보이기도 했다.

●

버스에서 만난 그 남성은 왜 스스로를 중국인이라고 칭한 것일까? 미얀마를 떠나올 때까지도 그 의문은 풀리지 않았다.

사실 답은 매우 간단했다. 타이베이에 돌아온 다음 미얀마 화교 친구 양중칭楊仲靑은 옅은 미소를 지으며 나의 물음에 답해줬다. "그가 자신을 중국인이라고 말한 이유는 그냥 중국어 실력이 부족해서야." 그의 설명에 따르면 미얀마어에는 '해외 화교Oversea Chinese'와 같은 단어나 그에 상응해 화교를 가리키는 용어가 없었다. 화교는 곧 '중국인'이고, 외국인일 뿐이다.

모든 미얀마인의 신분증에는 그의 종족이 표시되어 있다. 그런데 미얀마 화교들은 '중국인'으로 표기 되어 있다. 바꿔 말하면 미얀마 정부는 화교를 결코 '자신들의 사람'으로 보지 않고 있다. 그리고 미얀마 화교 사이에서도 이주해온 시간의 길이와 귀화 정도에 따라 서로 다른 여행증을 소지한다.

'신분증'은 미얀마인에게 국내 이동을 허용해주는 자격과 마찬가지다. 하지만 전란을 피해 미얀마로 도망쳐 온 수많은 '화교'들에게는 신분증이 없다. 별도로 방법을 찾아 스스로 만들지 않는 이상 그들에게 공식적인 신분은 없는 것이다. 일부 화교는 외국 거류증만을 가질 수 있을 뿐 온전한 신분은 받지 못한다. 심지어 그들은 자신의 거주지를 떠나 외지에 가려면 현지 정부에 보고해 등록부터 해야 한다.

이러한 취약한 신분 때문에 그들은 동네북이 되었다. 화교는 일을 보기 위해 먼길을 떠날 때, 심지어 다시 돌아올 때도 우선 목돈을 준비해 군인이나 경찰에게 건네야 한다. 따라서 화교들에게 있어 돈으로 문제를 해결하는 것은 그들 나름의 생존법이 되었다.

그래서 화교들은 미얀마에서 돈 벌 궁리만 한다. 그들은 정부의 배를 채워주는 희생양이 되기도 하면서 또 다른 한편으로는 경제적 우위를 앞세워 미얀마인들을 멸시한다. 마음속 깊은 곳에서부터 미얀마에 공동체 의식을 갖지 않는 것이다.

양중칭의 아버지는 2차 세계대전 당시 중국 윈난 텅충騰衝에서 미얀마로 이주해왔고, 다른 윈난 사람들과 마찬가지로 화교 밀집지에 정착했다. 양중칭은 제3세대 이민자로 이미 미얀마 신분증을 취득했다. 하지만 그의 아버지는 외국인 임시 거류증밖에 가지고 있지 못했다. 따라서 그가 만약 다른 도시에 가고자 한다면 반드시 경찰서에 보고해 다시 등록해야 했다.

2010년, 그의 아버지는 마침내 장기 거류증(준準국민 신분증) 신청을 할 수 있게 되었다. 투표권 획득 여부만 빼면 사실상 국민 신분증과 다름없는 증명이었다. "장기 거류증은 절대 쉽게 얻은 것이 아니야. 꼬박 50여 년 만에 신청할 수 있었으니 말이야." 양중칭이 말했다.

●

나는 미얀마에서 버스를 탔던 경험이 다시 떠올랐다. 버스가 갑자기 끼익 소리를 내며 멈춰 서자 앞뒤로 소란스러워졌고, 나 또한 깜짝 놀라 잠에서 깼다. 가까이 앉아 있던 그 미얀마 화교는 내게 버스에서 내리라고 소리쳤다. 동시에 뒷좌석에 앉은 한국인과 함께 여권을 소지하고 있으라고 일러줬다.

버스에서 내린 다음 우리 두 '외국인'은 누가 먼저랄 것도 없이 멍하니 서 있었다. 그때 허름한 미니버스 몇 대가 길가에 멈춰 섰고 탑승자들은 말없이 줄을 지어 검문을 기다렸다. 손에는 각자 신분증을 쥐고 있었다. 내 앞에는 까까머리의 미얀마인이 나타나 미소와 함께 서툰 영어로 자신의 도움이 필요한지 물었다. 그러고 나서 나를 '외국인' 구역으로 데려갔다.

검문관은 여권 겉표지를 아무렇게나 뒤집어보고 고개를 들어 대충 쳐다보면서도, 막상 승인하는 데에서는 신중함을 보였다. 그러고선 엄숙한 표정을 짓더니 가도 된다는 손짓을 했다. 문제가 없다는 말 따위는 시원하게 생략했다. 군사 정부에 대해 가지고 있던 나의 무서운 상상은 그렇게 아주 가뿐히 짓밟혔다.

그와 같이 국경 내에서 이뤄지는 검문은 나를 당혹스럽게 했다. 나는 옆에 있던 미얀마인이 신분증을 손에 들고 검문을 통과하는 모습을 지켜보다가 곧바로 다가가 연유를 물었다. 그의 설명에 따르면 검문은 단순히 신분을 검사하기 위한 것이었다. "별로 큰 목적은 없어."

그의 대답을 듣고 나의 미간 주름이 콧등까지 내려왔다. 전혀 납득이 가지 않았다. "신분 검사에는 분명한 목적이 있어야 하는 거야." 그러자 그는 머리를 갸우뚱하며 곰곰이 생각하더니 말을 이어갔다. "불분명한 사람이나 사방에서 멋대로 들어온 외국인들 때문에 그러는 게 아닐까?"

'불분명한 사람'이나 '사방에서 멋대로 들어온 외국인'이라니, 도대체 그게 무슨 말인가? 그의 설명을 그 자신도, 듣는 나도 이해하지 못했다. 하지만 다른 것은 몰라도 그의 손 안에 있는 신분증과 나의 여권이 이동이 제한된 그 국경에서 우리에게 이동할 수 있는 최소한의 자유를 준다는 사실만큼은 확실히 알 수 있었다.

●

타이완에서는 지역을 가리키는 '타이몐泰緬(태국–미얀마의 약칭)'이 '미얀마'라는 하나의 국가보다 더 유명하다. 아무래도 주옌핑朱延平 감독이 보양柏楊의 소설 《이역A Home Too Far》을 영화로 옮긴 덕이 클 것이다. 영화 속에 등장하는 태국–미얀마 지대에 홀로 남은 국민당 군대인 '고군孤軍'은 뤄다유羅大佑의 배경음악을 통해 '아시아의 고아The Asian Orphan'가 되었다. 〈아시아의 고아〉의 가락은 타이완인들에게 너무나도 친숙한 만큼 타이완인이라면 누구나 한두 소절 정도는 부를 수 있다.

"아시아의 고아가 바람 속에서 울고 있네.
아무도 너와 정정당당한 놀이를 하려 하지 않는구나.
모두가 네가 아끼는 장난감을 갖고 싶어 하는구나.
사랑스러운 아이야, 왜 울고 있는 거니."

국공내전 이후 국민당 군대는 거의 전멸된 채 타이완과 홍콩으로 후퇴하게 된다. 그런데 유일하게 리궈후이李國輝 장군의 부대만이 한 차례의 공산군 기습 후에 중국-미얀마 국경지대를 떠돈다. 그들은 삼천여 명의 부상병만으로 그 수가 네 배 이상에 달하는 미얀마군을 물리치고, 타이완 세 배 면적의 영토를 점거한다.

그러나 이들은 부상병들이 많아지면서 싸움을 멈추고 일상으로 돌아가고 싶어 한다. 미얀마 정부는 장제스 정부에 해결을 요청했고, 결국 연필 한 자루와 종이 한 장으로 이뤄진 서명이 일부 부상병을 타이완 땅으로 갈 수 있도록 해준다. 하지만 그대로 미얀마에 남은 이들도 있었으니, 그들은 이후 영영 고향 땅으로 돌아오지 못했다.

이들 미얀마에 남은 군인들의 사연은 언론에도 종종 등장한다. 뉴스의 대부분은 역사적 책임에 따른 정체성에 관한 문제제기다. "국가는 그들을 버린 것인가?", "남은 그들은 어디의 국민인 걸까?" 곤란한 역사 문제에 대한 해결책을 법률의 영역에서 찾을 수는 없다. 결국 국가는 문을 활짝 열고 그들이 특수한 신분으로나마 중화민국 국적으로 귀순할 수 있도록 했다.

나와 동갑인 샤오마小馬는 이른바 '고군의 후예'다. 그의 아버지 세대 사람들은 반평생을 전쟁으로 흘려보낸 끝에 무기를 버렸지만, 여전히 말채찍은 손에서 놓지 않았다. 마장수를 꾸려 태국-미얀마 변경 지대에서 양귀비를 운송했기 때문이다. 그들은 그것을 운명으로 받아들이고 그렇게 타향을 고향 삼아 살아갔다.

하지만 그들은 한순간도 '조국'을 잊지 못했고, 돈을 모아 자녀들을 자신의 국가로 돌려보낼 생각만 했다. 설령 그 국가가 저 멀리 발도 디뎌보지 못한 조그마한 섬일지라도 말이다. 그렇게 해서 샤오마는 '타이완인'이 되었다.

우리와 같이 날 때부터 중화민국 국적을 가진 '타이완인'들과는 다르게 그는 항상 자신이 '중화민국 국민'임을 강조했다. 샤오마는 자신이 미얀마에서 태어나 자라긴 했을지언정 미얀마라는 나라는 자신이 있을 곳이 아니라고 생각한다. "나는 어렸을 때부터 중화민국과 국민당밖에 몰랐고, 우리 아버지들이 하는 이야기들도 죄다 전쟁과 관련된 것들이었어. 계속 듣고 있다 보면 그게 바로 내가 살아야 할 세상이고, 나는 중화민국 국민인 것만 같았지."

●

미얀마 북부의 화교들에게 있어서 역사, 종족 그리고 자신을 마주한다는 것은 결코 수학공식처럼 명쾌한 일이 아니다. 쑨리런孫立人(중화민국의 장군)의 부대가 그 좋은 예다. 2차 세계대전 당시 쑨리런은 영국군과 연합해 미얀마에 있는 일본군을 공격한다. 그런데 그들 부대가 전투를 마친 후 집으로 돌아가려 할 때, 국공내전이 발발한다. 만약 고향으로 돌아가면 그들은 반드시 총구를 동포에게 겨눠야만 했다. 서로를 학살하는 비극을 보지 않기 위해 그들은 미얀마에 남는다. 미얀마 내 중화민국 체제 속에 남은 것이다.

"하지만 아버지 세대에게 어디 사람인지 물으면 그들은 뭐라고 대답할까? 아마 윈난이라고 답할 거야." 샤오마는 가볍게 웃고 있었다. 그들에게 있어서 국가라는 개념은 너무나도 추상적이었다. 그들은 그저 자신이 있는 곳을 받아들이고, 돌아가지 못할 집을 그릴 뿐이다. "결국 그들은 그 어느 곳의 사람도 아닌 거야."

"우리는 진작부터 줘수이강濁水溪(타이완성 중부에서 서쪽으로 흐르는 강)은 알았어도 이라와디강은 몰랐지 뭐야." 샤오마는 국가 관념을 가지고 있었다. 어렸을 적부터 타이완에서 보내온 교과서로 공부했기 때문이다. 이에 나도 모르게 이런 상상을 해보았다. 나와 같은 교과서를 낭독하고, 같은 연습문제를 풀며, 함께 국가를 부르고 있으며, 청천백일기가 하늘 높이 게양되는 모습을 함께 바라보고 있는 한 아이가 있다. 우리 둘은 똑같이 미얀마라는 국가에 대해 잘 모르지만, 그러면서도 동시에 중국 역사와 황화강黃花崗 봉기에 대해서는 잘 알고 있다. 그런데 그 아이는 바다 건너편에 살고 있다. 우리는 서로 다른 차원의 세상에 존재하면서도 같은 시공간의 사상 속에 들어가 있는 것이다.

가슴 깊이 조국을 품은 샤오마는 자이嘉義(타이완의 중부 도시)에 있는 대학교에 합격했다. 그런 그가 타이완에 도착하자마자 마주한 것은 '타이완어'를 사용해야 하는 낯선 환경이었다. 그에 더해 민주주의와 관련된 대사건까지 마주한다. 바로 타이완 최초의 총통 선거다. 이 역사적인 사건은 타이완인들을 들끓게 만들었고, 샤오마를 혼돈에 빠뜨렸다. 리덩후이李登輝가 총통으로 당선된 다음 본토화(타이완의 주체성을 추구하는 운동) 주장이 격화되었고 그 들끓는 분위기에 샤오마는 어지러울 지경이었다.

하지만 정체성을 둘러싼 의문만 아니라면 여전히 타이완은 그에게 있어 집이자, 꿈이다. 그는 타이완에서 이탈리안 레스토랑의 셰프가 되고자 하는 꿈을 이루고 싶어 한다. "어쨌든 누가 뭐래도 타이완의 생활여건이 미얀마보다 나아."

●

아마도 영화 〈이역〉의 영향이겠지만, 많은 이들이 국공내전 종결 전후 즈음을 미얀마 화교가 가장 많이 늘어났던 시기라고 생각한다. 하지만 실제로 더 많은 중국인들을 미얀마를 비롯한 외국으로 피난 가도록 만든 원인은 중국 공산당이 일으킨 수차례의 정치 운동이었다. 그중에서도 특히 지식인과 지주계급이 많이 떠났다.

내가 타이베이에서 알게 된 또 다른 미얀마 친구인 양용주楊永助의 아버지가 바로 문화대혁명 시기에 윈난에서 도망쳐온 사례다.

양용주의 할아버지는 윈난성 텅충騰衝의 지주로 문화대혁명 당시 목숨을 잃었다. 집안의 장남이었던 양용주의 부친은 가족들을 이끌고 산 넘고 고개 넘어 미얀마로 도망쳤다. 문화대혁명 때문에 할아버지가 돌아가셨기 때문에 그의 아버지는 중국 공산당을 극도로 증오했다. 그래서 그의 아버지는 미얀마의 국민당 유격대 활동에 참가한다. 그의 마음속에는 오로지 '반공 대륙反攻大陸(국민당의 정치적 구호로 중국 공산당에 의해 점령당한 중국 대륙에 반격을 가하겠다는 뜻이다)'하겠다는 일념만이 가득했다.

그러나 전쟁으로 가득한 환경에서 벗어나면서 복수는 머릿속에서만 맴돌 뿐 실천으로까지 이어지지는 못했다. 그럼에도 양씨 집안은 여전히 공산주의에 반대했다. 한 번은 양융주와 어릴 적 들었던 동요에 관해 얘기를 하던 중에 그에게 이런 말을 들었다. "어렸을 적 들었던 동요가 아직도 기억나. 아마 우리에게 반공과 항일을 가르치는 내용이었지. 도탄에 빠진 4억 동포를 해방시키자!"

"그 가사, 내게도 참 익숙한데요." 나는 참지 못하고 그를 따라 박장대소했다. 이어서 양융주는 의기양양한 얼굴로 말했다. "나는 국부유언國父遺囑(쑨원이 임종 직전 남긴 유언장의 일부)도 줄줄 욀 수 있어. 예전에 개회할 때마다 꼭 한 번씩 낭독해야 했거든."

양융주는 미얀마 화교 학교를 졸업한 이후 타이완으로 와서 공부했다. 그리고 친척의 후견을 받는 방식으로 중화민국 신분증을 취득했다. 양융주 역시 나와 동갑으로 미얀마 화교 모임 자리에서 처음 만났다. 그는 자신이 '중화민국 국민'이라고 강조했지만, 미얀마에 대해서도 일체감을 가지고 있다 보니 타이완 내 미얀마인 사회에서 굉장히 활발하게 활동하고 있었다. 따라서 내가 보기엔 그는 여전히 '미얀마인'이다. 그 역시도 비록 자신이 타이완에서 생활한 지 근 이십 년이되어 가지만 타이완인들 눈에는 자신이 여전히 '외부인'이라는 사실을 잘 알고 있었다.

한 번은 그가 나와 밥을 먹다가 솔직한 생각을 털어놓았다. "내가 타이완인지 아닌지는 그저 나 혼자 그렇게 생각한다고 되는 게 아니야. 다른 이들의 생각도 고려해야 하거든."

양웅주는 리덩후이가 민선 총통으로 당선되어 본토화라는 파도를 일으키던 바로 그때 타이완에 왔다. 당시 그 흐름 아래에서 수많은 문화와 역사가 고쳐 쓰였고, 그것은 많은 이들에게 크나큰 충격이 되었다. 나처럼 줄곧 한 방향으로 국민당 사상 교육을 받아온 사람도 그 시기만큼은 충격적이었다.

본토화 이전과 비교했을 때 크게 달라진 세태와 역사 교육은 나에게도 영향을 끼쳐 이전까지 국가 및 사회에 대해 가지고 있던 인식을 바꿔놓았다. 서핑보드 위에 올라탄 것처럼 파도의 꼭대기에서 중심을 잡고자 노력했지만 여전히 위태위태하게 휘청거렸다. 하물며 더 폐쇄적인 사회에서 나고 자란 미얀마 화교는 어땠을까? 그들은 어떻게 그와 같은 파도와 마주했을까?

그 당시 최우선 이슈는 '탈중국화'였고, 그다음이 '타이완인의 정체성'에 관한 것이었다. 파도가 하나씩 차례대로 휘몰아치면서 방향을 잡을 수 없을 정도로 거세게 양웅주를 향해 돌진했다. 더욱이 도처에서 울려퍼지는 "다른 성 돼지들은 돌아가라"라는 구호는 그를 두려움에 떨게 만들었다.

"그곳에서 나고 자란 다른 성省 사람들까지도 나가라고 외쳐대는데, 그럼 나는 어디로 가야 하는 걸까?" 중화민국 국적을 얻은 양웅주는 손 안에 신분증이 있어도 안심하지 못했다. "나는 타이완인이라고 할 수 있는 걸까?"

"지금 내겐 아무런 해답이 없어." 양융주는 미얀마에 대해 공동체의식을 갖지 못했고, 타이완에서도 정체성을 인정받지 못했다. 중화민국에 대한 감정이 여전히 깊고, 자신의 '상상된 국가' 속에 갇혀 있었으며 극적인 민족의 운명을 배우며 눈물도 흘렸었지만, 현실세계에서 그는 정체성에 대한 답을 잃어버렸다. "나 자신을 타이완인이라고 생각할 수 있는 방법이 없었지."

●

나는 중국의 음력설 이전에 미얀마에 도착했다. 그리고 때마침 양곤에서 설을 맞았다. 섣달그믐날 밤 당시 새로이 사귄 미얀마 친구 소에를 따라 양곤의 차이나타운을 걸으며 설 전후의 흥겨운 분위기를 구경하고 싶었다. 소에는 멀지 않은 곳에 보이는 사당을 가리키며 물었다. "너는 한 번 들어가 봐야 되지 않겠어?"

국민들이 주로 불교를 믿는 미얀마에서 사원을 찾는 것은 드문 일도 아니다. 하지만 사당은 화교 밀집지에 들어서야만 볼 수 있었다.

미얀마 북부에 윈난성에서 온 이민자들이 모여 있는 것과 달리 미얀마 중남부의 화교는 거의 다 명 당시 이주해온 푸젠성과 광둥성 출신 이민자들이다. 그들의 신앙은 타이완 혹은 중국 남부 연해와 비슷하다. 따라서 사당에 들어서자마자 익숙한 기운이 느껴졌다. 묘공廟公

(사당에서 향촉을 관리하는 사람)과 향불 연기, 붉은 초 등 하나하나가 전부 고향을 떠올리게 했다. 탁상 위에 향불을 들고 절을 올리는 여성의 얼굴은 온화했고, 등불 기름장 앞 어르신은 중국어 신문을 보는 데 정신이 팔려 있었다. 그 풍경 하나하나가 나의 향수병을 달래줬다.

사당 안에서 그곳의 햇살과 분위기에 흠뻑 취해 있을 때 묘공이 다가와 인사를 건넸다. 그는 중국어와 푸젠어로 대화를 해보려고 애썼지만, 기껏해야 문장이 아닌 낱개의 단어밖에 꺼내지 못했다. 그는 내가 알아들을 수 있게 말하려고 노력했지만 내 귀에 들려오는 말은 사실상 타이완이나 중국어와 유사한 음절이 뒤섞인 미얀마어였다. 대략 예순 정도 되어 보이는 노인은 이미 고향 말은 하지 못했다.

소에의 통역을 통해 그가 타이완 사람인 나와 만나게 된 데 매우 흥미를 느끼고 있다는 것을 알게 되었다. 그는 예전에 푸젠에 간 적이 있고 푸젠어도 조금 할 줄 안다고 했다. 그는 푸젠어로 나와 대화를 해보고 싶어 했다. "기회가 된다면 타이완에 가보고 싶어." 그것이 그가 푸젠어로 대화하고 싶은 이유였다.

소에도 더듬거리며 대화하는 것으로 봐선 통역이 정확하지는 않은 듯했다. 노인이 쓰는 말이 너무 멀고 오래된 것이어서 그런지, 아니면 내가 들을 줄 몰라서 그러는 것인지 '두 화교'가 제대로 대화하지는 못하는 것처럼 보였다. 어째서일까?

그저 나 같은 민난閩南 문화권에서 온 동포를 만난 설렘만은 오롯이 느낄 수 있었다. 하지만 여전히 그가 어떤 사연을 가지고 있는지는 제대로 이해하지 못했다. 떠나기 전, 묘공은 내게 그날 저녁 진심을 다해 사원으로 다시 초대해줬다. 섣달그믐날 밤이었기 때문이다. "우리 중국인들이 새해를 어떻게 맞이하는지 와서 보세요."

나중에서야 나는 그 노인이 왜 고향 말을 잊었는지 알 수 있었다. 1965년 당시 미얀마에서 일어난 반反화교 운동은 양곤 화교들이 신분을 버린 결정적인 역사적 사건이었다. 묘공이 아직 어렸던 당시 공산당 세력이 커지는 것에 두려움을 느낀 미얀마 정부가 반화교 운동을 일으킨 것이다.

이에 양곤의 화교들은 스스로를 보호하기 위해 자신들의 문화와 교육을 포기하고 미얀마 신분증을 얻기 위해 노력한다. 화교라는 꼬리표를 떼고 싶어 한 것이다. 이에 따라 그들은 사당 및 외적인 형식으로서의 문화는 지켜냈고 신분증에도 여전히 '중국인'이라는 주석이 달려 있었지만 결국에는 말을 잃어버렸다.

미얀마 군사 독재자 네윈Ne Win이 화교 혈통이라는 말이 있다. 그는 그러한 소문을 부정할 뿐만 아니라 반화교 운동까지 일으켰다. 그러나 '화교'라는 신분은 마치 기름얼룩처럼 그의 군용 외투에 묻어 지우려고 해도 지울 수 없었다. 사람들은 그가 화교라고 속닥거렸지만 그것이 진짜인지 거짓인지 확인할 길은 없다.

말레이시아 화교에 비해 미얀마 화교는 딱히 지위를 갖고 있지 못하다. 미얀마는 화교를 하나의 종족으로 보지 않기 때문이다. 화교에게는 참정권도 없다. 이를테면 양곤 화교들의 운명처럼 초기 화교 이민자의 문화와 언어는 여기서 국물 위에 뜬 기름기와 같다. 실제로 먹을 수 있는 게 아니라 그저 역사적 유물로서 국물 위에서 겉도는 것이다. 그것은 얼핏 하나가 된 듯해 보여도 결국엔 녹아들지 못했고, 그렇다고 말끔하게 걷어내지도 못했다. 사당의 향불 연기, 길가의 설맞이 물건들, 벽에 붙은 붉은 달력 등 모두가 지워지지 못한 기름얼룩이자 말끔하게 걷어내지 못한 기름 덩어리다.

●

섣달그믐날 밤, 나는 그 사당에 가서 새해를 맞이하는 대신 홍콩에서 온 여행객들과 함께 숙소 안에서 '우리들만의 제야 음식'을 먹었다. 사실 중국 문화를 계승했다고 여겨지는 타이완이나 영국의 지배를 받았을지언정 중국에 가까운 홍콩에서까지 '설맞이'라는 전통은 어느 순간부터인가 판에 박은 듯이 단조롭고 또 심심한 행사가 되어버렸다. 오히려 '타향'으로 여겨지는 곳들이 옛것을 제대로 간직하고 있었다. 세월에 의해 응고된 이 도시와 이민자들을 '전통'이라는 시각으로 바라보면 현대화로부터 공격을 받기 이전의 내 고향이 보였다.

차이나타운 거리는 온통 어릴 적 추억 속에서나 존재하는 과일 간식과 설맞이 용품으로 가득했다. 알록달록한 다과들은 설 명절을 맞아 엄청난 수의 색소들을 사치스럽게 휘감아 마치 축제처럼 성대하고 요란했다. 차이나타운은 그야말로 제대로 한바탕 경축하고 먹고 마실 준비를 하느라 북적였다.

사방을 뛰어다니는 아이들은 대부분 중국식 복장에 전통적인 머리 모양을 하고 있었다. 어떤 아이는 길가를 따라 사자춤과 용춤을 췄고, 상점에 가서 훙바오紅包(중국의 세뱃돈)를 달라고 조르며 행운을 기원했다. 또 어떤 아이는 곧바로 어른들, 특히 나 같은 여행객에게 손을 내밀며 세뱃돈을 졸랐다. 내 기억 속 낯익은 옛 풍경과 똑같았다.

유일하게 다른 점이 있다면 그러한 화교 꼬마들 중에 까만 피부를 가진 아이들이 있다는 것이었다. 바로 인도계 자녀들이다. 차이나타운 거리에서는 화교와 인도계 아이들이 함께 새해를 맞이하고, 함께 훙바오를 조르고, 함께 상점을 돌며 사자춤과 용춤을 췄다.

이와 같은 광경에서 양곤에는 서로를 구분 짓는 문화적 경계선이 없다는 것을 깨달았다. 마침 차이나타운 옆이 바로 인도 거리였다. 미얀마의 정치와 문화 중심인 양곤에서 이방인인 이들은 점차 자신의 문화를 잃어가고 있고 변두리에 놓인 처지였지만, 그런 만큼 서로 의지하고 더불어 성장해 나갔으며 각자의 문화를 함께 수용했다. 아이들 또한 마찬가지였다. 어쩌면 하누카Hanukkah(유대인들의 전통 축제) 때에도 마찬가지로 화교 어린이들이 함께 기뻐하며 경축할 것이다.

●

1965년 반화교 운동 속에서도 모든 화교가 타격을 받은 것은 아니다. 윈난과 이웃해 살고 있던 미얀마 북부 화교들은 공산주의에 반대하는 입장을 취해 화를 면했다. 명청 시기부터 바다를 건너 온 남부 화교에 비해 북부 화교의 선조들은 상대적으로 정치적 재앙에 자주 휩쓸렸다. 지난 백 년 간 그들은 이웃하는 윈난에서 산 넘고 강을 건너 미얀마로 왔고, 타향에서 거의 '작은 윈난'을 형성했다. 윈난 말을 하고, 윈난 음식을 먹으며 윈난 문화를 곧 '화교 문화'와 동격으로 만들었다.

하지만 도리어 그들의 정체성은 '중화민국'에 속했다. 1960년대 반화교 운동이 성행하던 당시, 중국 공산당에 반대하고 중화민국을 지지한 화교들은 중국어 교육과 자신들의 문화를 지킬 수 있었다. 동시에 그렇게 타국에서 고향의 전통을 지켜나가다 보니 '국가'와 '국경'은 그들에게 있어서 더욱 애매하고 난해해졌다.

그들의 국적은 '미얀마'이고 사는 곳도 미얀마지만 그들은 '중화민국' 즉 타이완을 자신의 국가로 여겼다. 그러면서도 또 그들이 두고 온 가족은 여전히 중국에 있었다. 중국과 미얀마 변경에 있는 화교들은 심지어 여전히 인민폐로 거래하고, 차이나 모바일 또는 차이나 텔레콤과 같은 중국의 통신 서비스를 이용해 연락을 주고받는다.

중화인민공화국(중국) 수립 이후 그곳을 처음으로 인정해준 나라가 바로 미얀마다. 이를 통해 그들의 관계가 얼마나 돈독한지 쉽게 짐작할 수 있다. 하지만 그럼에도 불구하고 양국 사이에는 여전히 많은 문제가 존재했는데, 그중 하나가 바로 국경 문제다.

중국 공산당 전 총리인 저우언라이가 1960년대 직접 미얀마에 와서 국경 문제를 처리했다. 미얀마 북부의 화교 혹은 윈난에서 온 '중화민국 국민'이 보기에는 그가 '땅을 떼어준 것'이다. 본래 윈난에 속하던

'코캉'은 미얀마 경내로 편입되었다. 한자 문화권에 속하는 코캉은 그렇게 미얀마의 '특별구'가 되고, 중국 말을 하는 코캉인은 미얀마의 '소수민족'이 되었다. 그리고 그곳에서 살던 '화교'는 중화민국에 의해 중화민국인으로 남았다가 이후에는 또 중국에 의해 미얀마로 보내진다. '조국'으로부터 이중 부정을 당한 심정은 어땠을까?

코캉의 애매함은 국경의 모호함을 반영하고 있는지도 모른다. 명말기 한 무리의 한족 이민자들이 코캉 지역을 통치할 수 있도록 봉해진 다음 중국 역대 왕조를 신하의 예로 섬겼다. 이후에는 영국의 통치 아래 '영국령 인도 제국'으로 편입된다. 그렇게 코캉은 식민주의자들의 양귀비 재배 천국이 되기도 했다.

2차 세계대전 이후 코캉은 주변의 소수민족과 함께 독립한다. 조금 더 후에는 중국 공산당의 지원을 받은 미얀마 공산당이 동북 지역을 장악하고 코캉을 점령해 전란이 끊이지 않게 되었다. 1989년이 되어서야 본적이 쓰촨四川인 반군 지도자 펑자성彭家聲의 통치 아래 코캉은 미얀마 정부와 휴전했으며, 군권과 재정권을 가진 특별 자치구 정부가 세워졌다. 오늘날 코캉 특구 또한 여전히 미얀마 정부와 종종 마찰을 빚기에, 이러한 이유에서 경제와 인프라 건설을 중국에 의존한다.

●

"특별 자치구 정부의 기념일 축전 때는 중국 정부 대표와 미얀마 정부 대표가 함께 관람대에서 열병식을 사열하는 모습도 볼 수 있어. 재미 있는 광경이지." 부모님 모두가 코캉 사람인 리쩌청李澤成이 말했다.

리쩌청도 교포 학생 신분으로 타이완에 와서 중화민국의 공민이 된 경우다. 날씨가 선선하던 오월의 어느 날, 우리는 중허中和구 화신로華新街에 가서 리쩌청을 찾았다. 화신로에는 타이완에 와서 정착한 수많은 미얀마 화교들이 모여 살고 있다. 따라서 미얀마 거리로 불리기도 한다. 그곳에서는 미얀마 친구를 아주 쉽게 만날 수 있고, 미얀마 정세에 관한 담론도 엿들을 수 있다.

왜 그랬는지는 몰라도 우리의 화제는 국적법 개정에서부터 시작되었다. 리쩌청은 달짝지근한 밀크티를 홀짝이며 원망하듯이 말했다. "타이완인 되기가 왜 이렇게 힘들까?" 그는 귀화를 신청했던 당시를 회상하며 한숨을 내쉬었다.

리쩌청은 태국-미얀마 고군의 후예도 아니고, 스스로도 '무국적'의 미얀마 화교임을 부정한다. 실제로 그의 귀화 경로는 이들과 달랐다. "우리는 무국적자가 아니야. 우리는 미얀마 여권을 손에 들고 타이완에 온 사람들이야." 그의 설명에 따르면, 비록 예전에는 미얀마에 대해 동질감을 느끼지 못했지만 국경선에 발을 딛고 나니 본래 어깨에 짊어지고 있던 '국가'가 바로 다른 이들이 자신을 인정해주는 '유일하고 합법적인 증거'라는 사실을 깨달을 수 있었다. 그리고 그 증거는 손 안에 있는 '미얀마 여권'이다.

따라서 리쩌청은 합법적인 방식으로 중화민국의 국적을 취득하고자 했다. 그렇게 아주 오랜 시간 공을 들였지만 그 과정은 그를 당황스럽게 했다. "그해 나는 중화민국으로 귀화를 신청했어. 그런데 담당자가 타이완 달러로 40만 원(한국 돈으로 약 1,700만 원)의 예금 잔액이 있음을 증명하라는 거야. 그래서 나는 컴퓨터 관련 전문 자격증들이 있으니 그 증명서를 보여주겠다고 말하면서, 그럴 경우 예금 증명이 필요 없는 건 아닌지 물었어. 그러자 40만 원 예치를 증명하는 쪽이 더 편할 거라는 대답이 돌아오지 뭐야."

리쩌칭은 중화민국 국제법 제3조 4항에 의거해 귀화를 신청한 것이었다. 조문에 따르면 외국인의 귀화에는 '상응하는 재산 혹은 전문 기술을 보유함에 따라 충분히 자립할 수 있거나 생활이 보장될 것'이 요구된다. 하지만 담당자의 대답은 리쩌칭을 아연실색하게 만들었다. 공무원은 설마 40만 원을 내보이기만 하면 4항에 부합한다고 생각했던 것일까? "그렇다고 한다면 중간에 돈을 잠시 예치해두기만 하면 모든 교포 학생이 40만 예금 증명을 할 수 있는 것이 되잖아."

"타이완의 귀화 규정은 재산소득 증명이나 기술 공인자격을 필요로 해. 만약 둘 다 없다면 오백만 타이완 달러 이상의 가치를 지닌 부동산을 가지고 있거나 노동위원회가 공포한 기본급의 두 배를 임금으로 받는다는 것을 증명해야 해."

여기까지 듣고 있던 나는 말문이 막혔다. "그럼 나도 타이완인이 될 자격이 없는 게 아닐까??" 귀화 자격을 듣고 나니 내가 모르던 다른 차원의 세계로 잘못 들어선 것 같았고, '타이완인'이라는 나의 신분이 기묘할 정도로 운 좋게 얻은 것이라는 사실을 그제야 깨달았다. 애초에 그 국가에서 태어났기 때문에 자연스레 국적을 취득했고, 따라서 "타이완인이 되기" 위해 어떤 조건이 필요한지에 대해 심각하게 생각해 본 적이 없었다.

그래도 리쩌칭은 운이 좋은 편이었다. 그는 타이완에 남아 일할 수 있고, 체류권이 있으며 나아가 국적 신청의 기회를 얻었으니 말이다. 그리고 최종적으로는 귀화에 성공했다. 정부가 미얀마 교포 학생들에게 졸업 후 일 년 간의 체류권만 주기 때문에 미얀마 교포 학생들은 그 일 년 동안 열심히 일해 학비를 갚고 미얀마로 돌아갈 돈까지 모아야 했다. 또는 어떻게든 타이완에 남을 방법을 궁리해야 했다. 그것이 합법이든 불법이든 간에 말이다.

그렇게 미얀마 화교들이 특수한 조건으로 타이완인 신분을 취득하는 갖가지 노하우를 축적하자 타이완 정부에서는 이들의 체류 자체를 경계하게 되었다. 그래서 한때 타이완은 미얀마 교포 학생들이 타이완으로 공부하러 올 수 있는 문을 아예 닫아버리기도 했다.

"교포 학생들에게 '귀화할 방법은 없다'라고 알려주는 것과 마찬가지였지." 리쩌칭은 타이완 정부가 싱가포르 정부처럼 유능한 외국 국적의 인재들을 붙잡아두지 못하는 한계를 비판했다. "타이완은 저출산 현상을 우려한다면서도 왜 기꺼이 타이완 사람이 되겠다는 사람들은 받아들이지 않는 걸까? 우리가 타이완인이 되는 게 그렇게 걱정스러운 걸까?"

●

날씨가 맑고 아름다운 오후, 이와 같은 무거운 화제들이 오가면서 한숨이 호수 위 잔물결처럼 흩어졌다. 우리는 밀크티를 홀짝이며 차마 어떻게 표현해야 할지 모를 기분을 그저 삼키기만 했다. 한편으론 이렇게 찻집 밖의 작은 탁자에 둘러 앉아 대화를 나누다 보니 미얀마로 다시 돌아온 것 같은 기분이 들기도 했다.

미얀마에서는 현지인들과 대화하고 그들이 토해내는 이야기들을 들으며 그곳에서 살아간다는 게 어떤 맛인지를 음미했었다. 미얀마인들은 굉장히 달게 마시고 맵게 먹는다. 혀에 부딪히는 극도로 강렬한 맛은 미얀마 군부가 그들에게 선사하는 부당함과 고난의 맛과 같았다. 그들은 살아가기 위해 그것들을 전부 삼켜야 했다.

미얀마 화교들은 상상의 피난처를 세우듯이 청천백일기와 자신의 국가적 정체성을 꼭 붙들고 있다. 나 같이 타이완에서 태어나 자란 사람은 중화민국이라는 신분을 제대로 쳐다보지도 않고 있을 때, 그들만이 그 허황된 상상 속 국가와 둥둥 뜬 기름때 같은 민족의 운명을 단단히 부둥켜안고 있다.

베트남

그래서 타이완 사람들의 가격은
얼마나 되나요?

"타이완 사람들은 베트남에 와서 장가들길 좋아한다죠?" 호찌민시에서 벗어나 공항으로 향하던 도중 택시 기사가 물어왔다. 그가 고개를 들어 백미러 속에 담긴 우리 얼굴을 바라보며 던진 질문이다. 나와 동료는 어찌할 바를 몰라 서로 멍하니 쳐다보다가 말끝을 흐리며 대답했다. "그렇죠 뭐." 한 달간의 베트남 여정 동안 그러한 질문을 받는 일이 비일비재했다. 그에 견줄 정도로 많이 받는 질문은 천수이볜에 관한 것뿐이었다. 백미러에 비친 우리 표정이 어색하게 일그러져서인지 기사는 웃어 보였다.

"내 친구가 그러는데 베트남 신부가 싸기 때문에 그렇대요. 그럼 당신네 타이완 여자들은 아주 비싸겠네요?"

그 말은 우리가 이번 여행 중에 마주한 마지막 질문이었고, 우리는 그의 호기심을 받아줄 수 있는 여유를 이미 다 소진한 상태라 결국 침묵을 택했다. 그러고선 창밖의 푸른 하늘로 고개를 돌렸다. 때마침 비행기 한 대가 공중을 가로질러 가고 있었다. 혹시 저 비행기는 타이완을 향해 날아가는 걸까? 저 안에 남은 생을 타향에 바치려는 베트남 신부가 타고 있지는 않을까?

호찌민 국제공항은 인파로 번잡하고 어수선해 보였다. 그날 오후 타이베이로 향하는 비행기가 네댓 편이 있다는 스크린의 안내를 통해 타이완과 베트남 사이의 항로가 분주하리라 짐작했다. 그 비행기를 통해 '운송'되는 것은 대부분 타이완 상인 혹은 베트남 신부였다.

2002년의 일이었다. 그해 하루 평균 150여 명의 베트남 신부가 비행기를 타고 타이완으로 향했다고 한다. 이 숫자는 공항 안팎에서 제대로 실감할 수 있었다. 사방에 출국 준비 중인 베트남 여성이 보였고, 죄다 긴 머리를 하고 있었다. 어떤 이는 머리를 어깨 위에 아무렇게나 흩뜨려 놓았고, 그와 달리 동여맨 사람도 있었다. 옷차림은 가벼워도 짐은 많고 무게가 상당해 보였다. 탑승구 앞에 줄을 따라 앉아 대기 중인 이도 있었고, 나지막한 목소리로 대화를 주고받는 모습도 보였다. 공중전화 앞에 서서 서투른 중국어로 통화를 하는 사람도 있었다. 발밑에 놓인 게 타이완 백화점의 쇼핑백인 것으로 보아 타이완으로 여행을 가는 게 아니라 타이완으로 '되돌아가려는 것'이었다.

문득 여행 중 알게 된 베트남 여학생이 떠올랐다. 그는 타이완에서 공부할 때 국적 때문에 베트남 신부로 오해받고는 했다면서 펄펄 뛰었다. 시집을 가려고 타이완에 왔느냐는 조롱을 받기도 했다고 한다. 심지어 그가 타이완에서 알게 된 베트남 친구는 이민처 공무원으로부터 이 따위 질문을 받기도 했단다. "타이완에 남자친구가 있나요?", "혹시 타이완으로 시집온 건가요?", "베트남으로 돌아가면 일거리는 있나요?"

타이완 여성들의 '가격'을 물었던 택시 기사의 질문을 받은 다음, 나는 베트남 학생들의 분노를 새삼 떠올렸다. 보름 전 베트남 땅에 발을 다딘 그 순간부터 그러한 감정은 줄곧 그림자처럼 나를 따라다녔다. 특히 베트남 남부 냐짱Nha Treng에 갔을 때, 타이완에서 '국제결혼'을 하러 온 사람들을 만나면서 마음이 복잡해졌다.

●

냐짱은 모래사장과 파도로 유명한 베트남 남부의 관광 명소다. 우리는 냐짱에서 섬으로 들어가는 배에 올라탔다. 배 위에는 시끌벅적한 한 무리가 시선을 끌었다. 우리는 우리가 그들이 떠들어대는 말을 알아듣는 유일한 승객임을 금세 알아차렸다. 그들은 우리가 한참 동안 듣지 못한 우리의 모국어로 떠들고 있었다. 타향에서 만나니 동향인을 쉽사리 알아볼 수 있었다. 그리고 우리는 그들이 말로만 듣던 전설의 '구혼 집단'임을 알게 되었다. 그들은 결혼식을 올리기 전에 여행객들이 많이 찾는 모래사장으로 단체관광을 온 듯했다.

그들 틈에는 굉장히 시원시원하고 활달해 보이는 왕ォ씨 성을 가진 여성이 껴 있었는데, 바로 국제결혼 정보 회사 측의 책임자였다. 모나지 않고 부드러운 몸가짐은 그를 붙임성 있고 다정한 사람으로 보이게 했으며, 깔끔한 단발은 자신감 넘치는 그의 눈빛을 더욱 돋보이게 했다. 나는 그가 의욕 넘치고 유능한 여장부임을 한눈에 알아차렸다.

듣자 하니 그는 회사의 복잡한 업무들을 처리하느라 일 년 내내 손에서 일을 놓을 새가 없다고 했다. 그리고 해당 업계가 한창 호황인 만큼 숨도 못 쉴 정도로 바쁘다고 호탕하게 말했다. "베트남 여성에게 장가들고 싶어 하는 사람들이야 차고 넘쳤죠."

탕唐씨 집안의 아들이 바로 그런 사람 가운데 하나였다. 배 위에 올라탄 그들 무리는 탕씨 집안 사람들로, 친척들도 탕씨 부자를 따라 '신부를 고르기 위해' 베트남으로 왔다고 한다. 그들은 마음에 드는 여성을 단번에 골랐고, 곧바로 결혼식을 올릴 예정이었다.

"타이완 남성들은 베트남 신부를 무척 좋아해요. 야무지고 사랑스럽기 때문이죠. 신부들은 타이완에 가면 행복해질 수 있다고 생각하는 데다, 집으로 돈을 부칠 수도 있어요. 그에 비해 중국 대륙의 신부는 좀 별로죠. 타이완을 자신의 도약대로 삼으려 하니까요." 왕팀장은 타이완-베트남 혼인 시장이 활발한 이유를 이렇게 설명했다.

일흔이 넘은 탕씨 할아버지가 수심 가득한 얼굴로 말하길, 자신의 아들은 성격이 너무 순박해 그 나이 먹도록 여자친구 한 번 사귀지 못했다고 한다. 타이완 여성들이 남성을 고르는 데 지위나 재산을 따지는 편이라는 뜻을 에둘러 말한 것이다.

2002년, 내가 베트남으로 여정을 떠난 그해 '외국인 신부'는 사회적으로 큰 이슈였다. 베트남인들만 토론을 벌이는 게 아니라 타이완에서도 외국인 신부 문제는 하나의 '현상'이 되었다. 무수한 저작과 다큐멘터리가 쏟아졌고, 관련 토론회와 세미나가 곧잘 열리기도 했다.

그러나 일부 타이완 여성들은 탕씨 할아버지의 생각에 결코 동의하지 않았다. 토론회에 참여한 한 여성은 이렇게 비판했다. "성격 때문에 타이완에서 장가를 못 든다는 말은 핑계죠. 타이완 여성이 외국인 신부보다 덜 착하고 온순하지 않다고 하는데, 그야말로 가부장적인 사고입니다!" 그러한 여성들은 남성이라는 족속이야말로 문제가 많다고 푸념한다.

어쩌면 오늘날 여성들의 당당함을 "그 수준을 따라오지 못하는" 타이완 남성들이 버거워하는 것일지도 모르겠다. 특히 먼 지방 혹은 사회적, 경제적으로 약자인 남성은 자신에게 선택권이 많다고 생각하지 않는다. 그들은 그저 순종적인 여성을 얻길 원할 뿐이다. 동남아시아 여성들은 바로 그 조건에 부합하는 유일한 대안이다.

왕팀장은 외국인 신부를 아내로 맞는 것이 일종의 '함께 나눌수록 좋은 일'로 볼 수 있다고 했다. 주변 이웃 간에 서로 소개해주면서 공동으로 맞선단을 구성한다는 얘기다. 혹은 건너 건너 서로 소개를 해줄 수도 있다. 따라서 한 마을의 남성들이 한 동네의 베트남 여성들과 단체로 짝을 짓는 일도 어렵지 않게 볼 수 있다.

그런데 그들은 자신의 신부를 어떻게 선택하는 것일까? 미스 왕은 이에 관해서는 알려주지 않았다. 하지만 나는 다큐멘터리 〈메이눙의 외국인 신부〉를 떠올렸다. 맞선을 보기 위해 나온 여성들이 나란히 앉아 있으면 남성들이 신부를 골랐다. 신랑 당사자는 후보들 가운데 예쁜 사람을 골랐지만, 그의 가족들은 '신뢰가 가는 사람'을 고르는 경우가 많았다. 다음으로 이틀 이내로 신부 값을 보내면 결혼식을 올릴 수 있었는데, 그 과정은 자전거 한 대를 사는 것마냥 간단했다.

미스 왕은 싱가포르인들도 베트남 신부에게 장가를 든다고 말했다.

그들은 타이완인들보다 기민하게 행동하는데, 신부를 고른 다음 싱가포르로 돌아가 하룻밤을 치른다. 신부가 베트남에 남아 국적 취득을 기다리는 동안 어떤 짓을 할지 모르기 때문이다.

　이것이 베트남에서 벌어지는 혼인 '거래' 시장의 실체다. 시대가 아무리 바뀌어도 성별에 더해 국적이라는 족쇄는 피하지 못할 필연으로 현실화된다. 그리고 어떤 조건으로 따지든 '상품'은 반드시 존재한다.

●

비행기가 하늘 높이 날아올랐고, 구름송이 너머로 푸른 남중국해가 보였다. 우리가 냐짱을 떠나 타이완으로 돌아올 무렵까지 탕씨 할아버지의 아들은 돌아오지 못하고 있었다. 그는 베트남에서 잠시 대기하고 있어야 했는데, 그의 신부가 몇몇 절차를 꼭 거쳐야만 베트남을 떠날 수 있기 때문이었다. 또한 신부는 타이완에서 삼년을 거주한 후에야 비로소 진정한 '타이완인'이 될 수 있다. 참고로 덧붙이자면 여기에는 신부가 우선 베트남 국적을 포기할 것이 포함된다.

　타이완 사회는 외국인 배우자를 대할 때 매매혼을 중심에 놓고 바라보면서 낙인을 찍곤 했다. 우리는 사랑이 아니라 조건에 의해서 성립되는 결혼이 우리가 사는 세계의 가치관과 어긋난다고 여긴다. 하지만 대부분이 망각한 사실이 있으니, 바로 우리 이전 세대만 해도 중매인의 말에 따라 혼인을 맺는 일이 일상다반사였다는 점이다. 그 시절 자유연애 따위가 어디 있었겠는가.

오늘날에 이르러서도 혼인 시 두 집안의 '수준'이 걸맞아야 한다는 관념은 여전히 굳건히 자리를 지키고 있다. 혼사 또한 당사자가 아닌 그들 어른들 간의 합의도 거쳐야 한다. 전통적인 관념에서 혼인이란 늘 사랑이 아닌 재산 및 노동력의 '생산'을 위한 행사였다.

인류학의 관점에서 볼 때, 혼인에는 항상 사회적 재산의 교환과 분배가 동반된다. 각 종족 문화는 저마다의 결혼 예절과 풍속을 지니고 있고, 이를테면 "당신이 빈랑나무 열매를 보내오면 나는 돼지를 잡는다"와 같은 것도 모두 자원과 지위의 재분배에 속하는 것이다.

베트남 남부 어느 농촌 마을의 경우 상당수의 젊은 여성들을 타이완으로 시집보냈는데, 결혼과 동시에 그 여성 집안의 지위가 종전과 달라진다고 한다. 가족의 국제결혼으로 인해 그들에겐 집을 새로 지을 정도의 돈이 생긴다. 그런데 똑같이 그 길을 가고 싶어 조언을 청하는 친척을 마주하면 그들은 그 간청을 단칼에 거절한다. "이제 우린 타이완인의 친척이야. 너희와는 다르다고." 타이완으로 한 발 들어선 순간 지위 또한 한 단계 높아진 듯이 행동하는 것이다.

과거 타이완의 농경시대에서 그랬던 것처럼 베트남 여성들은 어린 나이에 결혼하고 아이를 많이 낳아야 한다고 생각한다. 하지만 당시 베트남 정부는 인구 증대를 막기 위해 한 가정에 자녀를 둘까지만 낳을 수 있도록 제한했다. 만약 그것을 초과하면 셋째부터는 호적 신고가 불허되었고, 공무원의 경우엔 가장의 공직이 박탈됐다. 그럼에도 베트남의 산간지대에서는 여전히 자손이 많아야 다복하다는 믿음에 따라 열 몇 살에 불과한 어린 신부가 아이 여럿을 양팔로 안고 잡은 모습을 늘 볼 수 있었다. 이러한 풍경은 그들이 여성의 가치를 '생산력'에 있다고 보기 때문에 생긴 것이다.

타이완 남성들이 동남아시아로 가서 신부를 찾는 이유도 바로 '생산력' 확보를 위해서다. 그것은 가문 보존을 위한 것일 수도 있고, 노동 인구의 증대를 염두에 둔 것일 수도 있다. 반대로 외국인 신부에게 있어서 국제결혼은 인생을 건 선택이다. 그들은 멀리 타이완까지 시집을 가는 것이 썩 내키지 않을지라도 교사 월급이 30달러에 불과한 고향보다는 타지에서의 새 삶이 더 나을 것이라는 기대 때문에 고향을 떠난다.

하지만 그들은 그 선택으로 완전히 다른 세계관과 수많은 꼬리표를 감수해야 하는 인생이 될 수도 있다는 점은 미처 상상하지 못했을 것이다. 몇 년 전 타이완의 한 입법위원이 베트남 신부의 몸속에는 고엽제 여독이 있기 때문에 그들이 타이완 남성과 결혼해 아이를 낳으면 '악화가 양화를 구축'할 일이 벌어질 수 있다는 망언을 내뱉었다. 그의 주장은 사회적으로 큰 논란을 불러일으켰다. 그러나 차마 입 밖으로 꺼내지 않았을 뿐, 그와 같은 '후진국'에 대한 편견은 사회 곳곳에 숨어 있고, 많은 이들의 마음속을 떠돌고 있는 것 또한 사실이다.

●

이러한 사건을 언급하면 많은 베트남인들이 분개할 수 있다. 베트남 친구인 라오뤄는 내게 솔직한 생각을 얘기한 적이 있다. 그의 말에 따르면 타이완 남성은 장가들기 위해 베트남에 와서 예쁘고 건강한 여성을 고르지만, 정작 베트남 신부를 얻는 남성들 가운데 일부는 결함을 가지고 있다. 그런데 어째서 거꾸로 베트남인이 문제가 있는 건 아닌지 의심한단 말인가?

저널리스트인 랴오윈장廖云章으로부터 여러 해 전 그가 베트남에서 유학하고 있을 때 겪었던 일을 들은 적이 있다. 당시 한 젊은 여성의 어머니가 먼 길도 마다 않고 베트남 남부 농촌에서 호찌민시까지 그를 찾아와 도움을 요청했다. 그는 마음에 큰 상처를 입은 채 딸의 사연을 이야기했는데, 집안 형편이 어려워 딸을 핑둥屛東(타이완 가오슝시 동쪽에 있는 도시)으로 시집보낼 수밖에 없었다고 한다.

그런데 나중에서야 남성에게 약간의 정신장애가 있음을 알게 됐다. 딸은 그에게 성적 학대까지 받았다. 하지만 이 '베트남 신부'는 수중에 가지고 있는 돈도 없었고 외출도 자유롭게 하지 못했다.

그러던 어느 날 고향 사람의 도움을 받아 탈출할 수 있었고, 한두 달간 불법으로 일하다가 베트남으로 돌아왔다. 그렇게 딸은 타이완에 있는 반 년 동안 아무것도 '건진' 게 없었다. 얻은 것이라곤 대장암뿐으로, 뒤늦게야 자신이 대장암 말기에 접어들었음을 알게 된다. 그래서 있던 땅까지 팔아 병을 고치러 태국까지 갔지만 결국에는 세상을 등졌다. 이에 어머니는 크게 상심하고 어찌할 바를 몰라 베트남에 있는 타이완인을 찾아 붙잡고 하소연하며 어떻게 이 억울함을 풀지 계속해서 묻고 다녔다. 하지만 도대체 누굴 찾아가야 그 억울함을 풀 수 있을까?

타이완으로 시집온 베트남 신부들은 고향 마을 내에서는 부러움을 한몸에 받고 또 집안이 부유해질 것이라 기대했을지는 몰라도 베트남 정부의 생각은 달랐다. 정부는 그러한 국제결혼에 대해 회의와 멸시의 입장을 가지고 있었다. 베트남 여성부는 타이완과 한국으로 시집을 가는 여성들이 품격이 떨어지고 나라의 체면을 깎아먹는다고 누누이 비판했고, 어느 조사 보고서를 인용해가며 수많은 베트남 신부들이 국가와 문화에 대한 이해가 부족하다고 지적했다. 말 그대로 웃음거리에 불과하다는 것이다.

서로가 서로를 무시하는 사례는 이 말고도 수두룩하다. 한 지인의 아들은 괜찮은 학벌을 가진 베트남 아가씨와 사랑에 빠져 결혼하고 싶어 했다. 하지만 여성 쪽 집안에서 극구 반대했다. 베트남 아가씨는 가족들로부터 "네가 가난하기라도 하니?", "타이완에 시집갈 정도로 가난한 거야?"와 같은 말로 질책을 당했다. 타이완인과 베트남인 간의 혼인에는 혼인을 혼인 자체로 볼 수 없을 정도로 강한 편견이 생겼다.

라오뤄는 내게 베트남 친구들 사이에서 오갔던 이야기 하나를 들려줬다. 베트남 신부에 대한 승인 업무를 담당하는 한 공무원이 어느 날 열여섯 살 정도 되는 아이를 데려와 혼인 신청을 하려는 노인을 보게 되었다. 노인에게 물은 끝에 그는 눈앞에 있는 어린 아이가 곧 소아마비 환자에게 시집갈 예정임을 알게 되었다. 사정을 듣고 차마 두고 볼 수 없어 노인에게 얼마를 받고 시집을 보내는지를 물었다. 노인은 2,000달러라고 답했고, 결국 공무원은 여자아이 손에 그 돈을 쥐어 주고 매매혼에서 벗어나도록 해줬다. "지금은 그렇게 하지 못해. 베트남 정부가 중개 혼인의 경우 양측의 나이차가 스무 살이 넘지 않도록 정해뒀거든. 장애가 있는 이에게 보내지도 못하게 하고 말이야."

베트남은 유교문화의 영향을 받아 계급이 명확하고 매매혼을 인정해주지 않는다. 따라서 나를 포함한 타이완 여성들은 현지인들의 비웃음을 산다. "우리는 또 타이완에는 변변한 여자가 없어서 여기까지 와서 신부를 찾는 줄 알았지 뭐야." 하지만 베트남 정부의 입장에서 국제결혼은 단순한 문제로 끝나지 않는다. 만약 그들이 혼인에 실패해 베트남으로 돌아오면 나라가 온통 '실패한 혼인의 쓰레기장'이 되기 때문이다. 그들은 이혼한 베트남 여성을 사회에 부담이 되는 존재로 받아들인다. 뿌리 깊은 가부장적 사상이 아직도 남아 있는 탓이다.

동시에 혼인을 그르친 베트남 여성은 자칫하면 국적을 잃는 대가를 치를 수도 있다. 예를 들어 타이완 공민으로서의 신분과 국적을 취득하기 위해 대기하는 동안 이혼하면 무국적자로 남게 될 수 있기 때문이다. 이 또한 여성들이 마주할 수 있는 딜레마일 것이다.

자신의 나라를 벗어나는 순간 우리 모두는 이방인이 된다. 그리고 낯선 환경과 언어에 적응해보려고 애쓴다. 나 같은 여행객에게 있어 떠난다는 것은 잠시 동안의 문화 충격을 느끼는 데 불과하다. 타국의 언어를 알아듣지 못해도 영어로 말을 하고 달러를 쓴다. 국경을 넘나들며 자본으로 말하는 문화 소비자인 셈이다.

그런데 우리는 종종 낯선 환경에서 자신의 국가를 비롯해 그동안 외면해왔던 문제들을 재인식하도록 요구받을 때가 있다. 나 같은 경우에는 베트남인으로부터 '왜 타이완 사람들은 베트남 여성에게 장가들길 좋아하는지'라는 질문을 받았을 때, 그리고 중국-베트남 국경을 넘으며 입이 있어도 해명하지 못하는 억울한 상황과 조우했을 때와 같은 경험들이 끊임없이 내게 물었다. 타이완인은 어떤 사람들인가? 타이완인들은 어떻게 비치고 있는가? 만일 타이완 여성인 나와 베트남 여성의 신분이 바뀐다면 나는 괴롭고 슬프고 벗어나고 싶지 않을까? 이 나라엔 전부 나쁜 인간들만 있다고 생각하진 않을까?

나는 타이완에 대한 실망감에 걸려 넘어지곤 했다. 하지만 타이완에 정착한 지 십여 년이 된 베트남 화교 라오뤄는 타이완의 선한 면도 일깨워줬다. "많은 타이완인들이 외국인 신부와 노동자의 권리 획득을 위해 목소리를 내고 있어. 그러한 이들의 존재도 무시 못하지."

●

타이완에 돌아온 지 몇 년 후, 베트남에서의 경험을 인연으로 장정을 알게 되었다. 그가 베트남어를 공부한다고 했을 때, 그의 현지인 친구가 그에게 함께 베트남을 여행하자고 권했다고 한다. 그는 조금도 망설이지 않고 그곳으로 향했다.

그리고 길고 긴 여정을 통해 그는 자신이 '아무것도 알아듣지 못하는' 신세에 처해 있음을 발견한다. 그는 스스로를 지킬 힘을 갖고 있지 못했다. "만약 그들이 나를 어떻게 하려고 들어도 손 쓸 도리가 없지."

타향에 발을 딛고 들어섰을 때 사람도 땅도 낯설어 어리둥절하고, 눈도 귀도 먼 것처럼 안절부절해지는 것은 한 번이라도 이방인이 되었다면 누구나 느낄 수 있는 반응들이다. 그러한 경험이 장정으로 하여금 《쓰팡바오四方報》라는 신문을 창간하도록 만들었다.

"타오위안桃園(타이완 북서부에 위치한 현)에 있는 베트남인 보호소에 가봤니?" 그의 질문에 나는 고개를 가로저었다. "기회가 되면 한번 가봐. 내가 예전에 그곳에서 베트남인들에게 중국어를 가르친 적이 있거든." 장정의 말에 따르면 곤경에 처한 베트남인들을 돕는 그 보호소에는 수많은 '도피 이주 노동자'들이 있었다. 그리고 그들의 이야기는 하나같이 눈물과 억울함으로 범벅이 되어 있었다. 고용주의 폭력이 아니면 성적 학대가 주된 하소연이었지만 그들은 누구를 찾아가 어떻게 도움을 요청해야 할지 몰랐다. 베트남에 가기 전에 그는 수시로 그곳에 방문해 중국어를 가르쳤는데, 그곳 베트남인들은 보호소에 들어왔다가 곧 나가기 때문에 중국어 수업도 기초적인 수준에 머물렀다.

"어느 날은 베트남 사람 하나가 탁자 위에 있던 신문을 펼치더니 기사 상단의 사진을 골똘히 들여다보면서 그 위에 있는 글자가 무슨 뜻인지 너무 궁금하다고 말하지 뭐야. 이번 생에 그 정도 수준까지 중국어를 터득하기는 어차피 글렀다면서 말이야. 그때 나도 모르게 이런 생각이 들었어. 맞아! 왜 그들은 반드시 중국어를 이해하지 못하면 안 되는 걸까? 그들이 무기력한 이유는 정보를 갖지 못했기 때문이 아닐까? 왜 그들이 읽을 수 있는 신문이 없을까?"

장정은 베트남 체류 당시 중국어로 된 신문이 간절했던 경험이 떠올랐다. 자연스럽게 생각은 동남아시아 신부나 이주 노동자들 역시 자신의 모국어로 된 신문을 보고 싶어 할 것이라는 데에까지 미쳤다.

《쓰팡바오》는 이주 노동자와 베트남 신부들의 향수병을 자극하기 위해 발간된 것이 아니다. "일단 그들에게 무대를 제공해준 거지. 무시당하지 않고 자신 있게 목소리를 낼 수 있는 무대 말이야." 장정의 말에 따르면 본래 베트남 사회에서 엘리트 축에 속했던 많은 베트남 신부들이 편집에 참여하고, 글을 쓰며, 정보를 나누는 식으로 발간 작업에 동참했다. 그리고 그 과정에서 서서히 스스로의 가치와 자신감을 되찾았다. 더 이상 목소리를 잃지 않게 된 것이다.

●

나도 내가 사는 도시에서는 이방인이다. 이곳에서 나는 세 들어 살면서 출퇴근하고, 밥 먹고, 노는 등 평범한 일상을 보낸다. 이 도시에 산 지 어느덧 십여 년의 세월이 흘렀기에 과거 살았던 어떤 곳보다 더 오랜 시간을 이곳에서 보낸 셈이 되었다. 이제 이곳은 내게 가장 익숙한 고향이 되었다.

고향이 된 이 도시에서 때때로 새로이 발견하는 것들이 있다. 예를 들면 세 들어 사는 집 아래층에 작은 가게 하나가 개업했는데 오전에는 아침거리를, 점심 무렵에는 베트남 쌀국수를 판다. 그곳 주인장과 점원은 모두 베트남인이다. 그 가게에 관심을 갖고 나서 보니 주변에 간식을 파는 작은 가게부터 고기집까지 상당수 가게의 안주인이 외국인이었다. 또 한 가지 뒤늦게나마 발견한 것이 있다. 그들 역시 이 도시를 구성하는 하나의 풍경이 되었다는 것이다.

이따금씩 깊은 밤 열차 객실에서 입이 있어도 아무말도 하지 못해 힘들었을 때의 억울함, 홀로 떠난 여행에서 조우한 여러 가지 무기력한 순간들이 떠오르곤 한다. 그래서 내가 사는 도시 속의 이방인들을 보고 있자면 그들도 목소리를 가지고 있는지, 하고 싶은 말이 있는지 궁금해진다.

오늘날 베트남의 이미지로 인식되곤 하는 쌀국수, 전통 의상은 사실 베트남 고유의 것들이 아니라 전부 캄보디아에서 온 것이다. 베트남에 온 프랑스인들이 노점에서 파는 쌀국수를 보고 베트남 고유의 음식이라고 착각했던 것뿐이다. 나의 국가, 나의 도시에도 그런 착각과 오해가 있지 않을까? 음식만 해도 이동과 전파 과정에서 뒤섞이면서 새로운 맛으로 다시 만들어지곤 하는데 하물며 사람은 어떠하겠는가? 외국인 신부들이나 이주 노동자들이 조금씩 이 도시, 이 땅으로 들어오면 그렇잖아도 이미 이민 사회에 속하는 이 나라는 한층 더 복잡해질 것이다. 그럴수록 필요한 것은 침묵이 아니다. 그 반대로 함께 목소리를 내주는 자세가 절실해진다.

나는 언젠가 그런 날이 오길 바란다. 하지만 그날을 위해 아직 한참은 더 걸어가야 할 것 같다.

나가는 글

당신과 나는
우리가 될 수 있을까?

"여행이 우리에게 제공해주는 도피라는 것도 역사 속 불행들과 마주하게 만들기밖에 더 하겠는가? 위대한 서구 문명은 지금 우리가 누리고 있는 수많은 기적을 낳았다. 하지만 동시에 그 기적에는 부작용도 따라왔다."

프랑스의 인류학자 레비 스트로스Claude Levi Strauss는 《슬픈 열대Tristes Tropiques》에서 자신의 여행 및 현지 조사 기록을 사늘하게 풀어낸다. 그는 여행 문학을 비판하면서도 책 속에서 자신이 여행 중에 본 것들을 되돌아본다. "우리가 세계 각지를 여행하며 맨 처음 보게 되는 것은 우리 자신의 오물이다. 인류의 면전에 내던져진 오물 말이다."

《슬픈 열대》는 짙은 비관주의로 가득 차 있다. 그는 세계화가 가져온 문제와 서서히 용해되고 소멸된 여러 종족 문화를 바라보며 깊게 탄식한다. 프랑스의 전후 정서 또한 레비 스트로스에게 영향을 미쳤는데, 그는 이렇게 말하기도 했다. "여행, 그것은 허황된 약속으로 가득 채워진 마술 상자다. 변질되거나 훼손되지 않은 보물을 더 이상 제공해주지 못한다. 사방으로 확산되고 극도로 흥분한 문명은 해양의 침묵을 깨뜨려 다시는 예전으로 돌아갈 수 없도록 만들었다."

2차 세계대전이 끝나고 수많은 비非서구문화가 제국의 장화 아래에서 쏟아져 나왔다. 저명한 인류학자들도 바로 이때 대거 두각을 드러내면서 그러한 종족 문화의 산증인이 되었다. 그들의 현장 조사지는 전부 제국의 변경이었고, 그 지역 사람들의 목소리는 수년간의 피식민지 경험을 거치며 서서히 수면 위로 떠올랐다. 세계의 다원성 역시 비로소 사람들이 보고들은 것 속에서 생생하게 모습을 드러냈다.

물론 그와 같이 쏟아져 나온 '문화'들이란 게 무대 위 어릿광대처럼 언론에 의해 왜곡되어 일시적으로 나타난 것인지도 모른다. 하지만 인류학자가 할 일이 바로 그런 곳에 가서 그곳 사람과 문화를 소환해내는 것이다. 인류학자의 여행이 필요한 이유는 바로 여기에 있다.

●

내가 처음 '개발도상국'으로 불리는 곳들을 향해 자유여행을 떠난 때는 인류학 연구소에 들어가기 이전인 여름방학이었다. 9·11 테러가 발생한 지 일 년이 되어가던 당시, 주변에서는 여전히 문명충돌론을 놓고 계속해서 토론이 벌어지고 있었고, 새뮤얼 헌팅턴Samuel Huntington이 말하는 '세계화와 문명충돌론'과 에드워드 사이드Edward W. Said의 '오리엔탈리즘'이 대립하듯이 논쟁했다.

하지만 국가와 국가, 지역과 지역 간의 갈등은 토론을 한다고 해서 더 명확히 알 수 있는 게 아니다. 나 또한 그러한 풍경을 비관했었다. 다만 다시 책을 집어든다고 해서 곧바로 해답을 얻을 리는 없었지만 연구의 영역으로 가면 최소한 속세로부터 도망칠 수는 있었다.

연구소에서 나는 경계boundary 이론을 공부했다. 경계 이론은 우리 주변에서 종족 분쟁이 왜 계속해서 발생하는지를 해석하는 학문이기도 하다. 사회인류학자 프레드릭 바르트Fredrik Barth는 종족 간의 경계선이 한 종족 집단을 타 집단과 구분해주는 기준이 되며, 또 그 종족을 존속시켜나가는 힘이 될 수 있다고 봤다.

모든 종족 집단에는 그 나름의 특색과 문화적 소재가 있다. 다시 말해 혈통, 지리, 친족, 언어 등보다 문화와 역사적 기억에 바탕을 둔 집단의식이야말로 종족의 정체성을 규정하고 종족이 종족으로서 존속하는 데 있어 기준이 되어준다.

물론 경계를 표시하는 문화적 특징은 바뀔 수 있다. 마찬가지로 집단의 문화적 특징과 집단의 조직 형태도 변할 수 있다. 다만 외부와 자신을 구분 짓는 것으로 정체성을 만들어나가는 집단의식의 시기별 변화 또한 그 자체로 문화적 특징이 될 수 있을 것이다. 나아가 그러한 변화의 흐름을 가지고 종족 문화를 연구할 수도 있을 것이다. 보다 간결하게 풀어 다시 얘기하자면, '자신'과 '타자'를 구분하는 경계를 유지하고 있는 종족 집단은 계속해서 존속해나갈 수 있다는 말이다.

이는 우리가 어렸을 적 책상 위에 선을 긋고 짝꿍에게 경고하곤 했던 기억을 떠올리게 만든다. "금을 넘지 마!" 우리는 그렇게 자신의 범위를 설정하고 지켰지만, 이따금씩 필통을 슬그머니 선 밖에 두기도 했고, 책가방을 약간 밀거나 팔꿈치를 이용해 몰래 선을 넘기도 했다. 그래놓고는 상대방이 살짝이라도 내 영역을 침범하면 고함을 지르기도 했다. "너 지금 금 넘은 거야!" 그러고선 원수를 보기라도 하는 것처럼 매섭게 상대방을 노려봤다.

●

많은 경우, '국가'는 나와 너를 구분하는 경계선이 된다. 하지만 국가와 국경이 나와 당신의 차이와 갈등을 설명해줄 수 있을까? 그리스의 거장 테오 앙겔로풀로스Theo Angelopoulos는 영화 〈황새의 정지된 비상 The Suspended Step Of The Stork〉에서 방송국 기자인 알렉산더가 그리스 국경 지대에 가서 한 인터뷰를 빌려 국경 문제를 끄집어냈다. 바로 알바니아와 그리스 사이에 하양, 파랑, 빨강 등 삼색으로 그려진 그 선 말이다. 여기서 국경을 수비하는 대령은 알렉산더에게 말한다. "이 선을 넘으면 출국하거나 죽거나 둘 중 하나야." 기관총으로 무장한 맞은편 보초는 몰래 국경을 넘으려는 자를 사살하고자 경계를 서고 있었다.

그런데 양측의 군대가 반대편에서 사람이 넘어오는 것을 막으려 하는 것과 동시에 양측 사람들은 강의 물결을 따라 함께 노래를 부르고 또 듣는다. 심지어는 강 건너 서로를 바라보며 결혼식을 올리기도 한다. 그 신랑 신부는 어렸을 적부터 함께 자란 소꿉친구이고, 결혼식에 참석한 하객들은 같은 마을의 사람들이다. 그럼에도 자신들 사이에 멋대로 국경선이 그려짐으로써 각각 서로 다른 나라에 소속되는 바람에 이웃의 결혼식까지도 상상에 맡겨야 하는 처지가 되었다.

하지만 또 국경을 넘는 게 뭐 어떻단 말인가? 죽을 수도 있지만, 살아서 다른 나라에 도달할 수도 있다. 살아서 무사히 그리스로 도망친 난민은 모두들 그리스 국경지대의 작은 마을에 모여 산다. 그런데 그들은 전란으로부터 도망쳤다고 생각했으나 또다시 '죽음의 경계'와 마주한다. 종족 갈등이 불러일으킨 살육을 보게 된 것이다. 대령은 유감스러워 하며 말한다. "국경을 넘어오는 이유가 그저 자유를 찾기 위해서라니, 나는 도저히 이해를 못하겠어. 여긴 하늘이 버린 곳이고, 세계는 아주 작아졌어. 아무도 기독교도와 무슬림 간의 갈등인지, 쿠르드인과 터키인의 갈등인지 아니면 혁명가와 투기꾼의 갈등인지 분간하지 못해. 이곳에서는 그들을 모두 투기꾼이라고 부르지."

난민 캠프에서 사람들은 쥐 죽은 듯이 살아가고 있다. 신앙과 문화가 서로 다르기 때문에 작은 갈등도 언제든 일촉즉발의 상태로 비화될 수 있기 때문이다. 그들은 매일같이 생사의 경계선에 닿지 않기 위해 고군분투한다. 그들은 어렵사리 경계를 탈출했지만, 또 다른 경계와 또다시 마주한다. 경계선은 어느 곳에나 존재한다. 우리를 늘 따라

다니는 그림자와 같다. 정체성의 경계는 바로 우리의 그림자다.

이러한 정체성의 경계선은 계속해서 변한다. 따라서 '내가 누구인지'를 명확히 규정하려면 우선 항상 '내가 누가 아닌지'부터 똑똑하게 알고 있어야 한다. 이러한 이야기들은 보통 여행이나 이동에서부터 시작된다. 여행이나 이동(이민 혹은 이주 노동)은 '본래 그래왔었던' 상태를 바꾸는 행위다. 그것들은 우리를 일상의 자리에서 벗어나 일상 범위 밖의 사람들과 접촉하게 만든다. 감각은 변화된 낯선 환경을 통해 자극을 받는다. 더욱이 국경을 넘는 여정은 국가와 자신 간의 관계를 깨닫게 해준다. 그리고 우리는 여행을 하기 위해 합법적으로 신고한 여권 한 권을 꼭 지니고 있어야 하는데, 그 여권이 바로 우리가 자유롭게 국경을 넘을 수 있는 신분임을 증명해준다. 그렇게 우리는 여권을 손에 들고 가서 본인이 누구인지 선포해야 한다.

●

나는 십여 년 간 국경선 안팎을 떠돈 끝에 국경, 신분, 정체성에 관한 책 한 권을 쓰게 되었다. '인류학'을 등에 업은 여정은 나의 세계관을 다시 구축했다. 예전에는 내가 지루한 학술연구 따위에 몸을 던질 것이라고는 상상도 하지 못했다. 물론 여전히 스스로를 인류학자라고 일컫기에는 가야 할 길이 멀다. 그럼에도 인류학을 공부한 경험은 분명 나를 보다 예리하게 다듬어줬고, 마주했던 거리와 골목 곳곳의 모든 정보, 말, 동작에 섬세하게 반응하도록 만들어줬다.

또한 나는 만남 하나하나에 마음을 열어두고, 감각을 깨워 마주치는 모든 문화가 가져다주는 자극을 있는 그대로 받아들일 수 있게 되었다. 그리고 적극적으로 다가가 경청함으로써 우리네 소시민들의 소소한 한탄에서 저마다의 사연을 이끌어낼 수 있게 되었다. 모든 인류, 생명, 인생은 미시적인 것으로 구성되며, 그러한 미시적인 것에 관심을 기울일 때 비로소 거시적인 이야기가 진정으로 의미를 지닐 수 있게 된다는 것을 깨달았다.

세계화와 문명충돌에 대해 의문을 느끼던 무렵 여행 속에서 듣게 된 이야기들은 내게 적잖은 숙제거리를 줬다. 또 한 번 《슬픈 열대》를 인용하니 독자 여러분의 양해를 바란다.

"인류학자는 인류의 한 구성원이다. 하지만 그는 심원한 관점으로 인류를 연구 및 평가하고 싶어 한다. 그 관점은 그가 개별 사회, 개별 문명 각각의 특수한 상황을 등한시하게 할 수 있을 정도로 넓고 깊다. 그의 일상과 연구는 그를 자신이 속한 사회로부터 점점 더 멀어질 수밖에 없도록 만든다. … 이미 그토록 전면적이고 갑작스러운 환경의 변화를 겪어봤기에 그는 오랫동안 치유되지 않는 무근성無根性에 물든다. … 결국 그는 그 어느 곳에서도 자신이 제대로 된 위치에 있다고 생각하지 못하게 된다. … 몸을 고향에 두면, 심리적으로 그는 이미 불구가 된다."

레비 스트로스의 말은 내가 왜 항상 타이완을 벗어나려고 하는지, 왜 익숙한 곳으로부터 떠나고 싶어 하는지, 그리고 왜 또 다시 멀지 않은 타향으로 계속해서 여행을 떠나는지를 설명해준다. 나는 타지에 서야 비로소 나 자신이 누구인지, 내 고향이 어디쯤 있는지를 알 수 있을 것만 같은 생각이 들곤 한다.

●

이 책에 나오는 내가 방문한 곳들은 하나같이 타이완과 유사한 문화 및 역사를 지니고 있다. 여기에는 종교, 언어, 이민, 음식, 식민지배 및 일제의 침략과 같은 역사적 경험까지 전부 포함된다. 그렇기에 안타까운 점이 하나 있다. 오늘날 수많은 타이완 사람들이 동남아시아로 가서 경제 활동을 하고, 동남아시아인들 또한 마찬가지로 타이완으로 몰려와 결혼 이주 여성이나 이주 노동자로 살아가고 있다. 사정이 이러한 만큼 서로에 대한 충분한 이해와 교류가 있어야 할 텐데, 둘 사이에는 여전히 이유 모를 서먹함, 경계심, 긴장감 따위가 존재한다.

그들은 우리와 아주 가까이 있지만 우리는 그들을 제대로 이해하지 못하고 있다. 하지만 이웃들조차 이해하지 못하면서 어떻게 우리가 스스로를 제대로 인식할 수 있겠는가? 나는 우리 타이완 사람들의 마음 속에 우리와 함께 살아가는 이웃들의 존재가 미미하다는 사실을 깨닫기 시작했다.

이웃 국가들을 많이 여행하고 여러 언어들을 공부하면 할수록 그들과 타이완이 멀고도 가까운 관계를 맺고 있으며, 타이베이의 옛 지명 가운데 많은 것들이 타갈로그어와 말레이어에서 왔음을 알게 됐다. 나아가 그들 국가에서 일어나는 크고작은 역사적 사건들이 타이완의 역사에도 영향을 미치고 있음을 알게 됐다. 그러한 상호 작용은 내가 보고들은 경험들에서 반복적으로 나타나면서 어떤 울림을 만들었고 자극을 줬다. 그 과정에서 나는 타인을 이해하는 일을 겁낼수록 편견과 폭력이 복제되어 퍼져 나가고 대물림될 수 있다는 것을 깨달았다. 심리적 경계를 강화할수록 갈등은 반드시 생겨나게 된다.

●

베트남에서의 그 '오해의 국경' 사건을 겪고 몇 년이 지난 다음, 타이베이에서도 비슷한 일이 있었다는 이야기를 들었다. 타이완의 한 사범대학으로 중국어를 배우러 왔던 베트남 학생이 겪은 일이다. 당시 타이완에 막 입국해 아직 학생증을 받지 못했던 그는 타이완대학에서 공부 중인 말레이시아 친구와 함께 식당에서 아르바이트를 하고 있었다.

그런데 무슨 일 때문인지 둘은 악의적이게도 '대륙 밀입국자'로 신고를 당했고, 곧 경찰에 불려가 심문을 받았다. 당시 경찰은 학생증을 소지한 말레이시아 학생에게는 눈에 띄게 호의적으로 대했지만 언어가 통하지 않는 베트남 학생은 구금시킨 다음 냉담하게 대하다가 본국으로 송환시켜 버렸다고 한다.

이 이야기를 내게 들려준 이는 바로 베트남 학생과 함께 아르바이트를 했던 말레이시아 유학생이었다.

  그 경험담을 듣다 보니 기시감이 느껴졌다. 다짜고짜 베트남어로 된 서류에 서명하라고 몰아붙여졌던 경험이 곧바로 떠오른 탓이다. 그래서 제대로 해명하지도 못하고 쫓겨난 베트남 학생의 억울함을 충분히 이해할 수 있었다. 문득 이런 생각이 들었다. 타이완에 있는 이방인들에게 의심이나 편견을 가질 때, 자신 또한 타지에서 얼마든지 비슷한 처지에 놓일 수 있다는 생각을 하지 못하는 걸까? 대단찮은, 정말 기본적인 역지사지에 불과하다.

  설령 나, 당신, 그를 구분 짓는 모든 경계선을 마음속에서 말끔히 지워내지는 못할지라도, 적어도 그러한 경계선이 존재하지 못하도록 노력해볼 수는 있다. 그 경계선이 잠깐이라도 부드럽게 풀리도록 마음을 열 수도 있다.

  이 책의 마지막에서 나는 이런 제안을 하나 드리고 싶다. 국경을 넘고, 역사적 경계와 심리적 경계를 뛰어넘어 다른 국가, 다른 종족, 다르다고 생각했던 모든 이들을 새로이 인식해보는 것은 어떨는지. 그들이 바로 우리이고, 우리가 그들이 될 수도 있음을 빠르게 발견할 수 있을 것이다. 이러한 역지사지를 거치고 난 다음에야 우리는 비로소 진정한 '우리'가 된다.

사람이 존재하는 한 반드시 그어지는
슬픈 경계선

1판 1쇄 발행 2020년 6월 22일
1판 2쇄 발행 2025년 4월 2일

지은이 아포
옮긴이 김새봄
펴낸이 고병욱

펴낸곳 청림출판(주)
등록 제2023-000081호

본사 04799 서울시 성동구 아차산로17길 49 1010호 청림출판(주)
제2사옥 10881 경기도 파주시 회동길 173 청림아트스페이스
전화 02-546-4341 **팩스** 02-546-8053

홈페이지 www.chungrim.com **이메일** cr2@chungrim.com
인스타그램 @chungrimbooks **블로그** blog.naver.com/chungrimpub
페이스북 www.facebook.com/chungrimpub

ISBN 979-11-5540-169-9 03900

※ 이 책은 저작권법에 따라 보호를 받는 저작물이므로 무단 전재와 무단 복제를 금합니다.
※ 책값은 뒤표지에 있습니다. 잘못된 책은 구입하신 서점에서 바꾸어 드립니다.
※ 추수밭은 청림출판(주)의 인문 교양도서 전문 브랜드입니다.